Johannes Oberdick

Die Schutzflehenden

Johannes Oberdick

Die Schutzflehenden

ISBN/EAN: 9783743311848

Hergestellt in Europa, USA, Kanada, Australien, Japan

Cover: Foto ©Thomas Meinert / pixelio.de

Manufactured and distributed by brebook publishing software
(www.brebook.com)

Johannes Oberdick

Die Schutzflehenden

VORWORT.

In der vorliegenden Ausgabe der Schutzflehenden des Aeschylus
verfolge ich zunächst den Zweck, zu untersuchen, in wieweit sich
der Text durch eine sorgfältige Vergleichung der Scholien mit der
handschriftlichen Ueberlieferung feststellen lässt. Desshalb habe
ich auch an den Stellen, wo sich keine sichere Grundlage für die
Wiederherstellung des Textes findet, die Lesarten des Mediceus unverändert gelassen und dieses durch ein Kreuzchen vermerkt. Wenn
somit die Ausgabe vorwiegend kritisch ist, so habe ich desshalb
doch nicht die Exegese vernachlässigt. Eine gesunde Kritik stützt
sich ja vor allen Dingen auf eine eingehende Erklärung. Die
Leistungen meiner Vorgänger habe ich überall, soweit mir dieselben zugänglich waren, sorgfältig berücksichtigt. Auch solche
Conjekturen, welche ich zwar für verfehlt halte, die mir aber der
Beachtung werth schienen, habe ich im Commentare erwähnt.
Nun ist aber der Umfang der Arbeiten über Aeschylus so gross,
dass es für denjenigen, der nicht dort seinen Aufenthalt hat, wo
er in seinen Studien durch reichhaltige Bibliotheken unterstützt
wird, fast unmöglich ist, sich mit allen einschlägigen Forschungen
vertraut zu machen. Möge mir daher dieser Umstand zur Entschuldigung dienen, wenn ich entweder Wichtiges übergangen, oder
unwissentlich eine Conjektur mitgetheilt haben sollte, die bereits
publizirt ist. Ueber die Hilfsmittel nun, welche mir bei der Ausarbeitung dieses Buches zu Gebote standen, habe ich in dem An-
hange ausführlich gesprochen. — Von dem grössten Vortheile für
die Wiederherstellung der Parodos war mir der Umstand, dass
dieselbe von Westphal in dem von ihm geleiteten Aeschyluskränzchen, welches sich im Winter 1858/59 zu versammeln pflegte und
an dessen belebenden Einfluss auf meine Studien ich mich stets
nur mit der grössten Dankbarkeit erinnern kann, kritisch behandelt

wurde. Zugleich fühle ich mich verpflichtet, demselben bei dieser Gelegenheit für die gütige Zusendung einer Anzahl von Aushängebogen (p. 1—144) seines neuesten Werkes »Prolegomena zu Aeschylus« meinen Dank abzustatten. — Von mir selbst sind folgende hierhin gehörige Arbeiten erschienen:

1) Kritisch-exegetische Bemerkungen zu Aeschylus in der Zeitschr. für österr. Gymnasien. 1865.

2) Notizen zu Suidas s. v. *Δίδυμος* und *Ἡρακλείδης Ποντικός*. Zeitschr. f. österr. Gymn. 1865.

3) Kritisch-exegetische Bemerkungen zu den Supplices des Aeschylus. XV. Bericht der Neisser Philomathie. Neisse bei Jos. Graveur. 1867.

4) Ueber die Ausgaben der Supplices und Perser von Weil und der Perser von S. W. Teuffel. Zeitschr. f. österr. Gymn. 1868.

5) Notizen zu den Supplices und Pers. schol. v. 918. ibid. 1868.

Die Einleitung behandelt nun die Trilogie im Allgemeinen und die Schutzflehenden im Besondern. Ich habe mich nach dieser Beziehung hin kurz fassen können, da über diesen Gegenstand in der trefflichen Ausgabe von Kruse, Stralsund 1861, durchaus ausreichende und erschöpfende Untersuchungen vorliegen. Alsdann verbreite ich mich über die Handschriften und Scholien. Vorzugsweise suche ich die den Scholien zu Grunde liegenden Quellen zu sondern und klar zu legen, sowie die Methode bei Benutzung derselben festzustellen. Hierauf folgen der Text und der kritische und exegetische Commentar. Die Dindorf'sche Verszählung, auf welche ich bei den Citaten zurückgegangen bin, ist am Rande des Textes vermerkt.

Somit übergebe ich denn mein Büchlein der Oeffentlichkeit. Sollte auch nicht alles, was ich zur Wiederherstellung des Textes beibringe, Beifall finden, so hoffe ich doch, dass man nicht verkennen wird, wie ich mich überall bestrebt habe, auch die entlegensten Spuren der Ueberlieferung zu verfolgen und in den Geist des Dichters so viel als möglich einzudringen.

Glogau, im Mai 1869.

Joh. Oberdick.

EINLEITUNG.

1. Den argivischen Sagen von der Io, der Tochter des Inachus, sowie von ihren Nachkommen, dem Aegyptus u. Danaus, und deren Söhnen und Töchtern entnahm Aeschylus den Stoff zu einer Trilogie, deren einzelne Stücke folgende waren: 1) die Schutzflehenden, 2) die Thalamoserbauer, 3) die Danaiden. Hierzu kam wahrscheinlich 4) das Satyrspiel Amymone. Vollständig sind uns blos die Hiketiden oder Schutzflehenden erhalten, während von den übrigen Stücken nur dürftige Bruchstücke auf uns gekommen sind. Dass die Schutzflehenden das Anfangsstück der Trilogie gebildet haben, wird jetzt wohl allgemein anerkannt und von Keinem angefochten. — Belus, der König von Aegypten, welcher von der Io im dritten Gliede abstammte, hatte zwei Söhne, den Danaus und Aegyptus. (Vgl. Apoll. II., 1, 4.) Dem Letzteren wies er als Aufenthaltsort Arabien zu, während dem Danaus Libyen zuertheilt wurde. Später entspann sich zwischen beiden Brüdern ein Streit über die Regierung, und da nun die Aegyptiaden die Töchter des Danaus zur Ehe begehrten, flüchteten sich diese sammt ihrem Vater nach Argos, der Wiege ihres Geschlechtes. — Hiermit beginnen nun die Hiketiden. Von der Gemeinde der Argiver wird auf den Antrag des Königs derselben, Pelasgus, beschlossen, die Schutzflehenden aufzunehmen und ihnen Hilfe zu gewähren. Da erscheint ein Herold der verfolgenden Aegyptiaden und versucht, die Jungfrauen mit Gewalt fortzuführen. Nachdrücklich wird derselbe aber von dem Könige zurückgewiesen und er geht ab, indem er dem Lande den Krieg androht. Unter Jubelhymnen ziehen nun die Danaiden in die Stadt. —

1

2. Schwieriger ist es mit der Feststellung des zweiten Stückes, des Mitteldramas. Zunächst kommen zwei Namen für dasselbe in Betracht, Θαλαμοποιοί und Αἰγύπτιοι. Für den ersten hat sich Hermann entschieden und zwar mit Recht; nur ist er darin im Irrthum, dass er die Söhne des Aegyptus den Chor bilden lässt und diese als Θαλαμοποιοί auffasst. Dieses ist aber durchaus unmöglich, denn da die Aegyptier nothwendig als roh, ungeschlacht und übermüthig geschildert werden müssen, damit ihre Ermordung gerechtfertigt wird, wie können ihnen da überhaupt Chorlieder in den Mund gelegt werden und wie soll man sich dieselben denken? Wer übernahm ferner nach der Ermordung derselben die Chorpartien; etwa, wie Hermann glaubt, ihre Diener? Ist überhaupt ein solcher Wechsel der den Chor darstellenden Personen möglich? Daher fasst Kruse mit vollem Rechte Θαλαμοποιοί als Femininum und versteht darunter die Danaiden, welche den Bau des Thalamos überwachen und zugleich den Chor bilden. Sehr schwierig ist es ferner, den Inhalt des Stückes zu bestimmen, da die unbedeutenden Fragmente keinen Anhalt geben. Folgende Punkte haben wir jedoch festzuhalten: den Krieg der Aegyptier gegen die Argiver, das Kriegsunglück der Letztern, den Thronwechsel in Argos und als Mittelpunkt des ganzen Stückes die grosse Hochzeit der Aegyptiaden und Danaiden. Der Dichter konnte aber nach meiner Ansicht unmöglich alle diese Sachen in einem Stück zur Darstellung bringen; in die Zeit zwischen dem 1. und 2. Stücke müssen nothwendig diejenigen Ereignisse fallend gedacht werden, welche den Hauptgegenstand des Mittelstückes, die Hochzeit motiviren. Dahin gehören aber augenscheinlich der Krieg der Aegyptier gegen die Argiver, der unglückliche Verlauf desselben für die Letzteren und die Thronbesteigung des Danaus. Während des ganzen Verlaufs des zweiten Stücks muss nothwendig Danaus schon als König von Argos gedacht werden, im vollsten Besitze der Herrscherwürde; denn nur als solcher kann er die Gemeinde von Argos berufen und mit den Aegyptiern Verträge abschliessen. Die vorgenannten Ereignisse aber wurden theils in einem Prologe erzählt, theils von Danaus in dem Dialoge entwickelt, worin er seine Töchter für den von ihm gefassten Plan gewann. Das Bedenken Kruse's gegen diese Annahme kann ich in keiner Weise theilen und durchaus

nicht einsehen, in wiefern Aeschylus dann, wie Hermann meint, inscius und ineptus gewesen sei. Der Dichter soll eine einheitliche, in sich zusammenhängende und abgeschlossene Handlung im Drama darstellen. Nehmen wir aber an, dass sowohl der Herrscherwechsel in Argos, als auch die Hochzeit der Danaiden und der Söhne des Aegyptus in einem Stück behandelt worden seien, so hätten wir zwei Haupthandlungen, von denen jede den Stoff zu einem Drama bilden würde. Den Gang der Ereignisse, die dem 2. Stücke vorausgingen, denke ich mir nun folgendermassen. In Folge des fortdauernden Kriegsunglücks sieht Pelasgus die Unmöglichkeit ein, seine Pflicht gegen die Danaiden, sowie die Satzung der argivischen Gemeinde zu erfüllen und die Jungfrauen gegen ihre wilden Vettern zu vertheidigen. Daher wandert er aus, wie dieses Droysen gut entwickelt hat und zwar nach der wahrscheinlichen Vermuthung von Klausen nach Thessalien (Suppl. 254—259); während die Königswürde von Argos dem Danaus übertragen wird. Dass Pelasgus aus Feigheit geflohen sei, wie Droysen annimmt und dass derselbe »ganz der Mann dazu gewesen sei, ein Reich zu verlieren«, dafür finden wir in den Schutzflehenden gar keinen Anhaltspunkt, was Weil (Einl. p. VIII.) mit Recht hervorhebt. Pelasgus wird vielmehr als ein Mann von bedächtigem, umsichtigem Charakter gezeichnet, dem es zwar schwer wird, sich zu entschliessen, den Danaiden Schutz und Hilfe zu gewähren, da er die Noth und das Elend voraussieht, was über sein Volk kommen wird, der aber kühn und entschlossen den Verfolgern der Jungfrauen entgegentritt und diese mit aller Macht vertheidigt, sobald er dieses einmal als seine Pflicht erkannt, und das Volk von Argos auf seinen Antrag den Beschluss gefasst hat, den Schutzflehenden Beistand zu leisten. Am Besten leuchtet dieser mannhafte Charakter des Königs aus dem Dialog zwischen ihm und dem ägyptischen Herold hervor. Worte, wie:

οὗτος, τί ποιεῖς; ἐκ ποίου φρονήματος
ἀνδρῶν Πελασγῶν τήνδ᾽ ἀτιμάζεις χθόνα;
ἀλλ᾽ ἦ γυναικῶν ἐς πόλιν δοκεῖς μολεῖν;
κάρβανος ὢν δ᾽ Ἕλλησιν ἐγχλίεις ἄγαν·
καὶ πόλλ᾽ ἁμαρτὼν οὐδὲν ὤρθωσας φρενί.

(v. 911—915.)

und ἀλλ᾽ ἄρσενάς τοι τῆσδε γῆς οἰκήτορας
εὑρήσετ᾽ οὐ πίνοντας ἐκ κριθῶν μέθυ. (952)
kann kein Feigling sprechen. Beschützen kann er aber die Danaiden nicht mehr, ausliefern darf er sie nicht, und so entzieht er
sich diesem Dilemma durch die Auswanderung, indem er die Königswürde freiwillig niederlegt und dem Danaus überlässt. Hiermit beginnt nun das zweite Stück. Die ganze Handlung desselben dreht
sich um die Hochzeit. Mit Zustimmung der Gemeinde von Argos
hatte Danaus den Plan gefasst, seine Feinde durch List zu ver-
nichten. Die Töchter sollen ihnen zum Scheine vermählt werden;
aber in der Hochzeitsnacht sollen diese die jungen Männer erdolchen.
Es wird nun mit den Aegyptiern Frieden geschlossen, der Thalamos erbaut und die Hochzeit gefeiert. Der Rede des Danaus gehören vermuthlich folgende Verse an:

δεινοὶ πλέκειν τοι μηχανὰς Αἰγύπτιοι.

und:

ἀπάτης δικαίας οὐκ ἀποστατεῖ θεός.

ψευδῶν δὲ καιρὸν, ἔσθ᾽ ὅπου τιμᾷ θεός.

Das einzige sichere Fragment aus dieser Tragödie, welches
sich augenscheinlich auf den Bau des Thalamos bezieht, überliefert
Pollux VII, 122.

ἄλλος δέ μοί τις Λέσβιον φατνώματι
κῦμ᾽ ἐν τριγώνοις ἐκπεραινέτω ῥυθμοῖς.

Die Lesart ἄλλος δέ μοί τις statt ἀλλ᾽ ὁ μέν τις rührt von
Hartung.

3. Das dritte Stück, die Δαναΐδες, enthielt das Gericht über
die Hypermnestra. Das blutige Werk war vollbracht; die Bräute
haben ihre Gatten getödtet, mit Ausnahme der Hypermnestra, welche
den ihr angetrauten Gemahl Lynceus rettete. Die eigentliche That
hüllte der Dichter in das Dunkel der Hochzeitsnacht. Unser Stück
enthielt einen blossen Bericht über dieselbe. Danaus klagt nämlich
die Hypermnestra vor einem argivischen Gerichte an, ihre Pflicht
verletzt und gegen Vater, Schwestern und die Stadt gefehlt zu
haben, da sie das Gebot, welches der Vater und die Gemeinde gegeben hatten, nicht erfüllte. Der Schutz der Aphrodite aber rettete
die Jungfrau. Die Göttin selbst führte vor Gericht ihre Vertheidi-
gung und hierhin gehört das Fragment 45, worin sie ihre gewaltige

Macht schildert. So wird Hypermnestra freigesprochen und nun mit
Einwilligung ihres Vaters die Gattin des Lynceus, dem zugleich die
Nachfolge in der Königswürde zugesichert wird. Hierdurch wird
aber auch Hera versöhnt, die Beschützerin der Söhne des Aegyptus, und die Feindschaft, die sie gegen das Geschlecht der Io
hegte, findet so ihr Ende. Dass Aphrodite, wie Weil meint, am
Schlusse dieses Stückes dem Pelasgus befohlen habe, in die nörd-
lichen Theile seines Reiches, also nach Thessalien zu ziehen und
dem Danaus die Herrschaft zu überlassen, davon haben wir nirgends eine Andeutung. Zudem ist es auch durchaus nicht wahrscheinlich, dass die Göttin der Liebe sich mit Staatsangelegenheiten
befasst habe. Schliesslich müssen wir, wie ich bereits eben erwähnte, annehmen, dass Danaus während des zweiten Stückes bereits König war, da er sonst unmöglich im Namen des Staates
Verträge schliessen konnte. — Folgende Bruchstücke aus den Danaiden sind uns erhalten:

I. fgt. 44.

κἄπειτα δ᾽ εἶσι λαμπρὸν ἡλίου φάος
ἕως ἐγείρω πρευμενεῖς τοὺς νυμφίους
νόμοισι τέρπων σὺν κόροις τε καὶ κόραις.

(schol. Pind. Pyth. III, 27. θέντων libr. θέλγων Heyne
νόμοις ἰδόντων Hart. τέρπων Oberd.)

Vermuthlich gehören diese Verse in den Bericht über die Ermordung der jungen Männer.

II. fgt. 46.

καθαίρομαι γῆρας. (Heysch.)

Die Freude verjüngt den Danaus.

III. fgt. 45.

Ἐρᾷ μὲν ἀγνὸς οὐρανὸς τρῶσαι χθόνα,
ἔρως δὲ γαῖαν λαμβάνει γάμου τυχεῖν.
ὄμβρος δ᾽ ἀπ᾽ εὐνάεντος οὐρανοῦ πεσὼν
ἔκυσε γαῖαν. ἡ δὲ τίκτεται βροτοῖς
μήλων τε βοσκὰς καὶ βίον Δημήτριον·
δενδρῶτις ὥρα δ᾽ ἐκ νοτίζοντος γάμου
τέλειός ἐστι· τῶν δ᾽ ἐγὼ παραίτιος.

(Ath. XIII, p. 600)

4. An die Trilogie schloss sich endlich höchst wahrscheinlich

als Satyrspiel die Amymone an. Den Stoff erzählen Hygin. fab. 169. Apoll. II, 1, 4 u. A. — Nach Apollodor schickt Danaus seine Töchter aus, um Wasser zu suchen, da Poseidon die Quellen hatte versiegen lassen. Bei dieser Gelegenheit wirft Amymone ihren Speer nach einem Hirsche, trifft aber einen schlafenden Satyr, der nun ihr Ungebührliches zumuthet. Da erscheint Poseidon und befreit die Jungfrau. Nachdem sich dieselbe ihrem Retter ergeben hatte, zeigt ihr der Gott zum Dank die Quellen von Lerna. Etwas anders erzählt Hygin die Begebenheit. — Vgl. Strabo VIII, c. VI. 371, Paus. II, 37, 1. schol. zu Eurip. Phoen. 195. Serv. Aen. IV, 377. Prop. II, 26, 47. Die uns erhaltenen Fragmente dieses Satyrspiels sind: σοὶ μὲν γαμεῖσθαι μόρσιμον, γαμεῖν δ᾽ ἐμοί. (Ammon. s. v. γῆμαι p. 37. Hermann I, 315., δὲ μὴ libr. δ᾽ ἐμοί Bachmann, Anecd. II. 375, 9.) und κἄγωγε τὰς σὰς βακχάρεις τε καὶ μύρα. (Athen. XV. p. 690 C.)

Beide Verse sprach vermuthlich der Satyr zur Amymone. Zu der Rede des Poseidon an den Satyr gehören schliesslich die von Hesychius überlieferten Worte: θρώσκων κνώδαλα. — Mit Recht macht Droysen darauf aufmerksam, dass in dieser faktischen Ironie über die Jungfräulichkeit der Danaiden, da Amymone dem Ζηνὶ τῶν κεκμηκότων (Suppl. 158) schliesslich den Poseidon im Schatten des Waldes vorziehe, der sicherste Beweis für die Richtigkeit der Annahme liege, dass eben dieses Drama zu unserer Trilogie gehört habe. Unverkennbare Anspielungen auf dasselbe finden sich aber auch Suppl. v. v. 996—1002.

5. Was die Zeit der Aufführung anlangt, so hat Kruse (Einleit. p. 25—30) überzeugend nachgewiesen, dass die Trilogie im Allgemeinen in die Jahre 461—460 zu setzen sei. So wäre also dieselbe ziemlich gleichzeitig mit der Orestie. Auch Droysen ist derselben Ansicht. Zunächst kann nämlich nicht geleugnet werden, dass Aeschylus in dem letzten Stücke der Trilogie wenigstens, in den Danaiden, von der Sophokleischen Neuerung Gebrauch machte und den dritten Schauspieler einführte. — In der Gerichtsscene müssen unbedingt Aphrodite, Danaus und Hypermnestra zusammen aufgetreten sein; am Schlusse des Stückes ist das gleichzeitige Auftreten von Danaus, Hypermnestra und Lynkeus mindestens im höchsten Grade wahrscheinlich. In den Supplices war aber ein dritter

Schauspieler unnöthig, da in demselben der Chor selbst Träger
des Pathos ist und ihm gewissermassen die Rolle des Protago-
nisten übertragen ist. — Hieraus folgt dann, dass die Trilogie nach
Ol. 77, 4 (469/8) aufgeführt wurde, da in diesem Jahre Sophocles
seinen ersten Sieg davontrug.

Nun aber weisen die politischen Anspielungen, die zweifelsohne sich in den Schutzflehenden finden, mit zwingender Nothwen-
digket auf die Jahre 461/60 als die Abfassungszeit unserer Trilogie
hin. Zwar bin ich weit davon entfernt, in den Dramen des Dichters
eine Illustration der politischen Tagesgeschichte von Athen zu sehen.
Jedes Kunstwerk hat seine innere Berechtigung und findet seine
Erklärung in sich selbst. Aber der Dichter steht doch mitten in
seiner Zeit; mit den Leiden und Freuden seiner Nation ist er auf
das innigste verwachsen. Sollten wir uns daher verwundern, wenn
in den Schauspielen sich Anklänge finden von dem, was das poli-
tische Leben der Nation bewegt? Wie sind nun die Segenswünsche
auf Argos, die den speziellen Verhältnissen des Landes genau entsprechen, die Lobsprüche, die den Argivern dafür ertheilt werden,
dass sie treu und fest an dem einmal geschlossenen Vertrage, an
dem Beschlusse der Gemeinde halten, und Krieg und Niederlage
nicht scheuen, um ihrem gegebenen Worte treu zu bleiben, anders
zu deuten, als von einer innigen Bundesgenossenschaft zwischen
Athen und Argos, die zu der Zeit bestand, als Aeschylos die Danaiden-Trilogie zur Aufführung brachte! Es war nun aber im Jahre
461, als das Schutz- und Trutzbündniss von Argos mit Athen zu
Stande kam, ein Bündniss, dessen Spitze gegen Sparta gerichtet
war, das die Athener durch die Zurückschickung des Cimon mit
seinen 4000 Hopliten auf den Tod beleidigt hatte.*) Dass nun den
Athenern alles daran lag, dieses wichtige Bündniss mit einem Lande,
das als Vormauer gegen die Heere von Sparta dienen konnte,
aufrecht zu erhalten, ist klar genug, und die Sache war von einer
solchen Bedeutung, dass wir es wohl zu würdigen wissen, wenn
der patriotische Dichter auch das Seinige dazu beizutragen suchte,
die Freundschaft zwischen den beiden Staaten zu befestigen. —
Die Gründe nun, welche Weil (Einl. p. VIII) hiergegen anführt,

---

*) Vgl. Droysen a. a. O.

um zu beweisen, dass die Schutzflehenden zu den ältesten Stücken des Dichters gehören, sind nicht stichhaltig. Vorzüglich will er dieses aus der Beschaffenheit der Chorlieder begründen. Haec ita comparata sunt, so heisst es bei demselben, ut Supplices, si non tempore superstitum tragoediarum antiquissima, quod ut verisimile est, ita affirmari nequit, at forma antiquissimae tragoediae proxima videatur.« Zeigen nun aber nicht die Chorlieder im Agamemnon, von dem wir wissen, dass er Ol. 80, 2, also 458, affgeführt wurde, einen ganz wunderbar alterthümlichen Charakter? Tritt nicht gerade in diesem Stücke der Chor durchaus in den Vordergrund, so dass auf ihn von je 100 Versen, wie Kruse berechnet hat, 50 fallen? Kurz, dieses kann kein Grund sein, die Supplices zu den ältesten Stücken zu zählen; wenn wir dieses Kriterium festhalten wollten, so müssten wir die Orestie für noch älter erklären. — Ueberhaupt aber, um das schliesslich hier noch zu erwähnen, stehen sich die Danaiden-Trilogie und Orestie sehr nahe. — In beiden Werken erscheint der Dichter auf der Höhe seiner philosophisch-religiösen Entwickelung, in beiden zeigt sich die durch den Dichter veredelte Volksreligion in ihrer grössten Blüthe, in beiden tritt uns der Zeus-Begriff so geläutert und rein entgegen, wie es auf dem Boden der griechischen Religion überhaupt möglich war. Hierzu kommen endlich noch die Aehnlichkeit in der Composition der Eumeniden und Danaiden, sowie sprachliche Analogien.

6. Wir kommen nunmehr zu der Frage über die Zahl der Choreuten. Mit Recht weisen die meisten Forscher die Ansicht einiger zurück, dass dem Mythus entsprechend 50 Choreuten aufgetreten seien, obgleich auch bei Pollux (IV, 110) sich die Nachricht findet, bis zu den Eumeniden des Aeschylos habe der tragische Chor aus 50 Personen bestanden. Dieses Menschengewimmel auf der Bühne würde die Zuschauer blos in Verwirrung gebracht haben. Wahrscheinlich waren ihrer 15, wie dieses Böckh, Hermann, Schmidt, Kruse annehmen. Weil ist mit Schulze geneigt, der Zahl 12 den Vorzug zu geben, ohne jedoch für diese Ansicht besondere Gründe zu entwickeln. Ueber die Dienerinnen, deren jede Danaide eine hatte, und ihr Auftreten am Schlusse des Dramas werde ich weiter unten noch Gelegenheit nehmen zu sprechen. Hier sei nur soviel bemerkt, dass Schönborn und Kruse wohl Recht

haben, wenn sie annehmen, dass dieselben beim Betreten der Orchestra von Seiten des Chors am Eingange derselben stehen blieben. Am Ende des Stückes besteigen sie dann auf den Ruf ihrer Herrinnen die Bühne und ziehen im Gefolge derselben in die Stadt, indem sie sich am Schlussgesange betheiligen.

7. Die Composition der Supplices ist nun im Allgemeinen einfach; nur im ersten Epeisodion zeigt sich das, was wir dramatische Verwickelung nennen, und gerade dieser Theil des Dramas ist es, welcher ein hohes psychologisches Interesse darbietet. Es handelt sich nämlich für die Supplices darum, den König zu bestimmen, ihnen Schutz zu gewähren. Nicht leicht löst sich nun bei demselben der Zwiespalt, in den ihn die doppelte Pflicht versetzte, sein Volk vor Kriegsgefahren zu bewahren, und den Fremdlingen, die zu dem Altare der Landesgötter ihre Zuflucht genommen hatten, Hilfe zu leisten. Lange zögert er, aber endlich siegt doch das Gefühl der höheren Pflicht und indem er die Nothwendigkeit erkennt, den Groll des Zeus, des Flüchtlingshortes, zu vermeiden, da entschliesst er sich endlich, im Interesse der Fremdlinge zu handeln und die Gemeinde zu versammeln, damit ihnen durch Volksbeschluss der Schutz vor den Verfolgungen der Aegyptiaden zugesichert würde. Nun entwickelt sich die Handlung leicht und glatt. Dem Antrage des Königs giebt die Gemeinde sofort ihre Zustimmung; der ägyptische Herold, welcher die Jungfrauen fortschleppen will, wird durch das blosse Erscheinen des Pelasgus und durch dessen drohende Worte vertrieben und nun ziehen die Schutzflehenden sammt ihrem Vater in die Stadt ein. Ebenso einfach ist die Zeichnung der Charaktere. Der König Pelasgus ist, wie wir oben sahen, bedächtig, umsichtig, überlegend, aber er handelt kräftig und entschieden, sobald er erkennt, dass es die Pflicht von ihm verlangt. Danaus erscheint als kluger und schlauer Mann, voller Erfahrung, voll Menschen- und Weltkenntniss. Er ist es, der den Plan zur Flucht nach Argos entworfen hat, er hat den Zug geleitet, er tritt überall im Drama auf, wo es nöthig ist, seinen Töchtern gute Rathschläge zu ertheilen und ihnen die Regeln anzugeben, wie sie zu sprechen und zu handeln haben. Diese Ueberlegenheit erkennen auch die Töchter willig an; ohne ihn entscheiden sie sich für nichts. Daher kann er sie auch für alle seine Absichten mit leichter Mühe

gewinnen. — Der ägyptische Herold dagegen tritt mit dem wilden
Trotze eines Barbaren auf. Sein Benehmen ist roh, seine Sinnes-
art grausam und gewalthätig. Er scheut sich nicht, Hand an die
Jungfrauen zu legen und die hellenischen Sitten verachtend, den
hellenischen Göttern trotzend, sie bei den Haaren von den heiligen
Altären zu schleppen. So tritt der Charakter des Herolds in
grellen Gegensatz zu der hellenischen Mässigung und es wird hierdurch zugleich die Schilderung des Seelenzustandes der Jungfrauen
begründet. Wenn nämlich der Diener so rücksichtslos, so ungeschlacht ist, so können wir uns seine Herren unmöglich anders
denken und wir begreifen nun das Benehmen der Jungfrauen, das
uns sonst masslos erscheinen würde, ihre Furcht vor dem Ehebünd-
nisse, das ihnen doppelt verhasst ist, das Entsetzen, als sie das
Schiff gewahren und den Herold aussteigen sehen, da ihnen nunmehr das schrecklichste zu drohen scheint, in die Arme ihrer wilden Vettern fortgerissen zu werden, ihren Entschluss, den nur das
Bewusstsein des jammervollen Geschickes, das ihrer wartet, erklären kann, ihrem Leben mit eigener Hand ein Ende zu machen,
wenn ihnen keine Hilfe und kein Schutz wird. Indem nun aber
der Dichter von vornherein den Charakter der Jungfrauen voller
Gluth und Leidenschaft darstellt, zeigt er uns zugleich die Möglichkeit der fernern Entwicklung des Dramas. Von diesen Jungfrauen können wir wohl erwarten, dass sie im Stande sind, in der
Hochzeitsnacht ihre neuvermählten Gatten zu erdolchen. — Unter
den Chorgesängen ist namentlich die Parodos eine wahre Perle der
chorischen Lyrik in Beziehung auf Inhalt sowohl, wie auf Form.
Die übrigen chorischen Partien des Dramas treten hiergegen völlig
in Schatten. Bloss im dritten Stasimon wendet der Dichter wieder
seine gewaltige Kraft an, um uns das masslose Entsetzen und die
an Verzweiflung grenzende Angst der Jungfrauen in den lebhafte-
sten Farben darzustellen.

8. Was endlich die Idee der Trilogie anlangt, so kann ich
der Meinung Welckers nicht zustimmen, dass die poetische Einheit
und der Zielpunkt derselben in der Entstehung des Danaervolkes
liege. Hierin kann ich entschieden nur nebensächliche Momente
erkennen; die sittliche Grundidee vielmehr ist die Ehe*), die gegen-

---

*) Vgl. Kruse p. 21.

seitige Zuneigung schliesst, und die auf fester sittlicher Grundlage beruht. Dass dem so sei, zeigt uns eben der Ausgang des Dichtwerkes. Weil Lynceus göttliches und menschliches Recht.ehrte, weil er auch im Thalamos edle Mässigung zeigte und von dem erworbenen Rechte keinen Gebrauch machen wollte, wenn nicht die angetraute Gattin freiwillig sich ihm hingebe, so gewann er der Hypermnestra Herz und sie rettet ihren Verlobten als Jungfrau. Mit Recht macht Kruse auf die Bedeutsamkeit dieses Zuges aufmerksam, der so allgemein überliefert ist, dass selbst Ovid ihn nicht leugnet, wenngleich er sich die Sache nur aus der Trunkenheit des Lynceus erklären kann. — Denn so begreifen wir, dass das Paar auch der Hera Huld und die Einwilligung des Vaters gewann. Augenscheinlich ist übrigens, um das hier noch nebenbei zu bemerken, dass der Dichter die Charaktere der Hypermnestra und des Lynceus von vornherein so anlegte, dass sie sich von ihren Geschwistern vortheilhaft unterschieden. —

9. Die Grundlage der Kritik des Aeschylus bildet der Codex Mediceus oder Laurentianus, plut. XXXII. 9, aus dem Anfange des 11. Jahrhunderts. — Dindorf glaubt nun, alle übrigen Handschriften seien aus demselben abgeschrieben, welche Ansicht von vielen Kritikern gebilligt wird. Indessen hat Keck Agam. p. 198 nachgewiesen, dass der Venet., Flor. und Farn. nicht aus demselben stammen. — Auch der Parisinus zeigt in den Supplices Spuren, welche auf eine vom Mediceus unabhängige Quelle hinweisen. Endlich hat Heimsoeth mit Evidenz gezeigt, dass der Wiener Codex der Perser eine durchaus selbständige Handschrift repräsentirt. Wenn sich hieraus nun auch ergibt, dass wir die Ansicht, als ob der Mediceus die Grundlage aller übrigen Aeschylus-Handschriften sei, fallen lassen müssen, da ja nach dem Gesagten klar ist, dass sämmtliche Handschriften eine gemeinsame Quelle haben, die uns verloren gegangen ist, so wird doch dadurch dem Mediceus seine hohe Bedeutung nicht genommen, da wir in demselben unzweifelhaft den lautersten Abfluss jener Quelle haben. Diesen alten Codex nennt Keck den Alexandrinus, indem er vermuthet, dass derselbe von Alexandrien nach Byzanz gebracht sei. Aus demselben wäre eine Abschrift noch in Uncialen angefertigt, der cod. Byzantinus; dieser sei nun die unmittelbare Grundlage des Mediceus.

10. Der Mediceus selbst ist in Minuskeln geschrieben, während
an den Rand desselben von der Hand des διορθωτής die Scholien
in Uncialen notirt sind. Dieser διορθωτής war ein Grammatiker,
welcher den Text des Mediceus mit dem Archetypus verglich, ausgelassene Verse hinzufügte, Schreibfehler corrigirte und überhaupt
Conjecturen sowohl zum Text, als auch zu den Scholien machte.
(Dind. Aesch. 5. Aufl. p. IX.) Da nun die Scholien im Grossen
und Ganzen auf den exegetischen und kritischen Arbeiten der
alexandrinischen Philologen beruhen, was ich weiter unten genauer
nachweisen werde, so sind sie natürlich für die Kritik von der
grössten Wichtigkeit. Die Alexandriner hatten ja bei weitem bessere
Handschriften, als wie sie uns vorliegen. Daher repräsentiren die
Scholien, soweit sie auf die Alexandriner zurückgehen, den ältesten
und besten Text. Es sind nun aber nicht blos im Mediceus Scholien enthalten, sondern auch die übrigen Handschriften bieten dergleichen in reichlichem Masse, namentlich zu Prometheus, den
Sieben gegen Theben und den Persern. Man glaubt nun und
namentlich ist durch Dindorf diese Meinung aufgebracht worden,
dass die Scholien der übrigen Handschriften durchaus auf den
Scholien des Mediceus beruhen, nichts wesentlich Neues bieten
und neben dem aus dem Mediceus Geschöpften nur unwichtige Bemerkungen der jüngsten byzantinischen Grammatiker enthalten.
Dieser Meinung bin ich schon in meinen früheren Abhandlungen
über Aeschylus entgegengetreten; auch Heimsoeth bekämpft in
seinen Werken diese Ansicht mit vollem Rechte. — Es ist nämlich bei Vergleichung der sogen. alten und neuen Scholien, und
zwar nicht blos der längern Commentare, sondern auch der kurzen
Interlinearglossen durchaus klar, dass beide aus ein und derselben
ältern Scholiensammlung geschöpft sind. Der einzige Unterschied
ist der, dass die Scholien des Mediceus ein kürzerer Auszug und
im Ganzen weniger durch die oft absurden und kindischen Bemerkungen der jüngeren Byzantiner entstellt sind, während die neuern
Scholien theils zwar die alte Paraphrase vollständiger bieten, anderseits aber viel planloser zusammengestellt sind und eine grosse
Menge grammatischer und exegetischer Erklärungsversuche der byzantinischen Grammatiker enthalten, so dass es oft schwer ist, das
Korn von der Spreu zu sondern; namentlich rühren die bei Din-

dorf unter B verzeichneten Noten wohl grössten Theils von Thomas Magister her. Zur Begründung dieser meiner Ansicht gestatte ich mir, die Scholien zu den ersten Versen der Septem mitzutheilen:

Σχολ. παλ.

1) *Χρὴ λέγειν· λείπει τὸν ἐκεῖνον· καίρια δὲ τὰ ἀναγκαῖα, παρακαίρια δὲ τὰ ἄδικα.*

2) *ἐν πρύμνῃ· ἐν ἐξουσίᾳ.* Offenbar hat sich der Epitomator verschrieben, statt *πρᾶγος· ἐξουσίαν* und *ἐν πρύμνῃ· ἐν ἀρχῇ.*

3) *οἴακα νωμῶν· τὸν τῆς πόλεως κυρερνήτην.* l. *τὴν τῆς πόλεως κυβέρνησιν.*

4) *εἰ μὲν γὰρ εὖ πράξαιμεν· τῆς εὐπραγίας ἡ αἰτία ἐπὶ τοὺς θεοὺς, τῆς δὲ δυσπραγίας ἐπὶ τοὺς ἄρχοντας* (ἀναφέρεται add.).

6) *εἷς· ἀντὶ τοῦ μόνος·*

7) *πολυρρόθοις· λοιδόροις· τὸ ὑμνεῖσθαι μέσον.* Hierfür ist augenscheinlich zu schreiben: *ὑμνοῖθ'· λοιδοροῖτο· τὸ ὑμνεῖσθαι μέσον.*

Σχολ. νεωτ.

1) *Κάδμου πολῖται· ὁ Ἐτεοκλῆς προλογίζει καὶ παρασκευάζων τὸν λαὸν ἅπαντα τῶν Θηβαίων πρὸς φρουρὰν τῆς πόλεως, φησὶν, ὦ Κάδμου πολῖται, ἤτοι ὦ Θηβαῖοι, πρέπει λέγειν τὰ καίρια καὶ τὰ ἐνδεχόμενα, ἢ τὰ ἀναγκαῖα, τὸν ἄνθρωπον ἐκεῖνον ὅστις φυλάσσει καὶ ἔχει καὶ φέρει τὸ πρᾶγος, ἤγουν πρᾶγμα και ἐξουσίαν ἐν πρύμνῃ ἤγουν ἐν τῇ ἀρχῇ, νωμῶν καὶ κινῶν καὶ οἰκονομῶν οἴακα πόλεως, ἤγουν τὴν τῆς πόλεως κυβέρνησιν, μὴ κοιμῶν καὶ κομίζων καὶ ἀναπαύων τοὺς ὀφθαλμοὺς ἐν ὕπνῳ. τροπικῶς δὲ τῷ λόγῳ ἐχρήσατο ὁ ποιητής, πρύμνην μὲν τὴν ἀρχὴν ὀνομάσας τῆς πόλεως, οἴακα δὲ τὴν ταύτης κυβέρνησιν. A.

4) *εἰ μέν γὰρ εὖ πράξαιμεν· εἰ μὲν γὰρ καλῶς, φησὶ, πράξαιμεν, τῆς εὐπραγίας ἡ αἰτία ἐπὶ τοὺς θεοὺς ἀναφέρεται, τῆς δὲ δυςπραξίας ἐπὶ τοὺς ἄρχοντας· διὸ καί φησιν, εἰ δ' αὖτε καὶ πάλιν συμφορὰ καὶ δυστυχία τύχοι, ἤγουν ἐὰν δυστυχήσωμεν καὶ κακῶς πάθωμεν (ὅπερ εἴθε μὴ γένοιτο) ὁ Ἐτεοκλῆς ἂν (τουτέστιν ἐγὼ) εἷς ὢν πολὺς κατὰ πόλιν ὑμνοῖτο καὶ λοιδοροῖτο*

καὶ ὑβρίζοιτο ὑπὸ τῶν πολιτῶν διὰ κακῶν καὶ πολυστρόφων ὕβρεων καὶ ψόγων καὶ ὀνειδισμῶν, ὧντινων τούτων ὁ Ζεὺς γένοιτο ἀλεξητήριος, ἐπώνυμος τῇ πόλει Καδμείων, ἀντὶ τοῦ οὕτως ὀνομαζόμενος ἐν Θήβαις· τοῦτο γὰρ

8) Ζεὺς ἀλεξητήριος· ἀλεξητή- ἔχει ἐπώνυμον ἐν Θήβαις ὁ Ζεὺς
ριος Ζεὺς ἐν Θήβαις τιμᾶται. φησὶν   καὶ ἐκεῖ Ζεὺς τιμᾶται ἀλεξη-
οὖν, συμφώνως ἑαυτῷ τιμῷτο.   τήριος. φησὶν οὖν, συμφώνως
ἑαυτῷ τιμῷτο. A.

Es ist nicht nöthig, noch mehrere Stellen anzuführen, da diese wenigen zur Unterstützung meiner oben ausgesprochenen Behauptung völlig genügen; nur auf ein Scholion mache ich beiläufig noch aufmerksam, welches auch in anderer Beziehung wichtig ist, nämlich zu Prom. 1066. πῶς με κελεύεις κακότητ᾽ ἀσκεῖν· πῶς με κελεύεις κακίαν ἀγαπᾶν καὶ μισεῖν τοῦτον; διά τινα Ἰφικράτην στρατηγόν· λαβὼν γὰρ δῶρα προὔδωκε τὸν οἰκεῖον στρατὸν τοῖς ἐναντίοις.

Aus demselben ergiebt sich nämlich, wie einer der bedeutendsten Aeschyluskenner erkannte, mit Evidenz, dass der Prometheus um 358 v. Chr. wieder aufgeführt wurde; denn˙ in diesem Jahre war es, als Chares den Iphikrates wegen Verrätherei anklagte*)

---

*) Diese Ansichten über das Verhältniss der byzantinischen Scholien zu denen des Mediceus hatte ich schon 1859 niedergeschrieben. Eine damals abgefasste Abhandlung über diesen Gegenstand blieb ungedruckt. Später erschien dieselbe im XV. Jahresbericht der Neisser Philomathie 1867. — Heimsoeth hat ebenfalls erkannt, dass der schol. A die alte Paraphrasis vollständiger biete, als der Med. und wenn er sagt: „Quo vero diligentius quis utrumque scholiastam ponderavit, eo altius erit ei perspectum, codicem Mediceum neque unicum veterum scholiorum fontem esse, neque praestantiorem, sed scholiastam A. eosdem commentarios vetustiores et adhibuisse et rectius atque copiosius transcripsisse" so stimme ich demselben durchaus bei, nur mit der Modification, dass ich annehme, beide Scholiasten haben eine gemeinsame ältere Scholiensammlung excerpirt, die vollständiger und genauer war, als der schol. A. u. der Mediceus. — Keineswegs aber ist der schol. Med. ein Excerpt aus schol. A., wie dieses Heimsoeth (Nachtr. p. 172) behauptet. Statt eine Reihe von Beweisstellen zu geben, verweise ich auf das in jeder Beziehung ausreichende schol. zu Prom. 128, welches die Richtigkeit meiner Behauptung mit Evidenz feststellt. Der Scholiast A. selbst aber gehört der späteren byzantinischen Zeit an. Hierfür spricht z. B. das Scholion zu Pers. 177. στέλλω τὸ ἀποστέλλω, ἐξ οὗ καὶ ἀπόστολος und der Gebrauch des Wortes δεξιά = χείρ für στρατιά, welcher Umstand auf die späteste Zeit hinweist. Vgl. Pers. 918.

11. Um nun aber die Bedeutung der Scholien für die Kritik würdigen zu können, müssen wir genauer auf den Ursprung derselben eingehen. Die grammatische Wissenschaft bei den Alten galt hauptsächlich als interpretatio poetarum. (Suet. ill. Gr. c. 4. Cic. de div. I, 51, § 116.) Als Theile derselben wurden nach Aristarch bei Dionys. Thrax Gramm. p. 269 angesehen: τὸ τεχνικόν, die Sprachwissenschaft, τὸ ἱστορικόν die historische Interpretation, (rerum et hominum notitia) und τὸ ἰδιαίτερον oder κριτικόν, die Kritik. Auf gleicher Anschauung fusst des Quinctilian Erklärung von der Grammatik, unter die er Sprachwissenschaft, Exegese und Kritik begreift. (Qinct. inst. rhet. I. 4, §. 2—7.) Vgl. Graefenhan, Gesch. der Philologie I, p. 343, 344. In diesem Sinne interpretirten die alexandrinischen Philologen die dichterischen Erzeugnisse, indem sie die Früchte ihrer Thätigkeit theils in den ὑπομνήματα, theils in besonderen Schriften niederlegten. Vgl. Graefenhan II, p. 4. Lehrs, de Arist. stud. Homer p. 25. Die uns überlieferten Scholien enthalten die dürftigen Reste der alexandrinischen Gelehrsamkeit. Dieselben entstanden aus dem Bestreben, die Forschungen der Gelehrten zum allgemeinen Gebrauche kurz zusammenzudrängen. Vgl. Bernhardy, Gr. Lit. I., 386. Diese Auszüge verdrängten aber bald die Arbeiten der früheren Grammatiker, wurden von neuem verkürzt und interpolirt, bis sie endlich die Gestalt erhielten, in der wir sie besitzen. Was die Scholien zu Aeschylus speciell angeht, so sind diese weit dürftiger, als die zu den andern tragischen Dichtern, weil die Grammatiker ihre Studien mehr auf Sophocles und Euripides richteten. Indessen sind sie noch immer so beschaffen, dass wir die Thätigkeit der Alexandriner in ihnen nachweisen, sowie höchst erfreuliche Beiträge zur Erklärung und Kritik des Schriftstellers aus ihnen schöpfen können. Vieles ist in dieser Beziehung in den Ausgaben von Hermann, Hartung, Weil und anderen geschehen; es hat auch nicht an Gelehrten gefehlt, welche das Verhältniss der Scholien theils zu den alexandrinischen Gram-

---

ὀτοτοῖ βασιλεῦ ἀγαθῆς στρατιᾶς· ὁ χορὸς ἰδὼν τὸν Ξέρξην ὀδυρόμενον φησὶ πρὸς αὐτὸν, φεῦ, ὦ βασιλεῦ τῆς ἀγαθῆς δεξιᾶς κ. τ. λ. und hierzu Anonym. (τὰ μετὰ Δίωνα bei Müller fgt. hist. Gr. min. IV, 195) ἀλλὰ τῇ σῇ δεξιᾷ κελεύωι καὶ διατυπῶν πάντα κατώρθουν. Καὶ γὰρ σὺ αὐτὸς, ὦ βασιλεῦ, οὐ τῷ σώματι σου ἰσχύων ποιεῖς, ἀλλὰ τοῖς στρατιώταις σου κελεύων.

matikern, theils zum Text festzustellen suchten. Vgl. Francken, disputatio critica de antiquarum Aeschyli interpretationum ad genuinam lectionem restituendam usu et auctoritate. Traiecti ad Rhenum 1845. — Richter, de Aeschyli, Sophoclis, Euripidis interpretibus Graecis. Berol. 1839. Frey, de Aeschyli scholiis Mediceis. Bonnae 1857. Vor allem aber gehören hierhin die Schriften Heimsoeth's: 1) Die Wiederherstellung der Dramen des Aeschylus. Bonn 1861. 2) Die indirecte Ueberlieferung des äschylischen Textes Bonn 1861. 3) Kritische Studien zu den griechischen Tragikern. Bonn 1865. 4) de interpolationibus commentatio altera. 5) de diversa diversorum mendorum emendatione commentatio tertia, in qua de interpolationibus agitur. 6) de ratione, quae intercedat inter Aeschyli scholia Medicea et Scholiastam A. 7) de scholiis in Aeschyli Agamemnonem scholiasta Mediceo vetustioribus. Bonn. 1868.

12. Gab man dem Urtext eine andere Form, so dass man das Werk des Dichters in Prosa übertrug, oder die Prosa in metrische Form brachte, so nannte man dieses Metaphrasis und einen solchen Uebersetzer μεταφραστής. So bekam Simeon Logotheta diesen Beinamen. Vgl. Graefenhan II, 76. Bernhardy, Gr. L. I, p. 203. In dieser Weise übte Epicharm eine Methaphrásis der Lehren des Pythagoras, indem er dieselben in Verse brachte. Vgl. Diog. Laert. VIII., 78. Um 500 v. Chr. soll der Logograph Akusilaos von Argos die Gedichte des Hesiod in Prosa aufgelöst und für sein Eigenthum ausgegeben haben (Clem. Alex. strom. VI, p. 629), was wohl dahin zu modifiziren ist, wie Graefenhan (I, 225) meint, dass er zu seinen Genealogien die Eöen des Hesiod benutzte. Paraphrasis war das praktische Uebersetzen oder die Umschreibung von Schriften, wie z. B. die in einem Cod. des 9. Jahrh. enthaltene Paraphrasis des Lykophron (ed. Bachmann). Das Wesen derselben besteht darin, dass mit Festhaltung der grammatischen Structur Wort für Wort durch Synonyma wiedergegeben und so die poetische Diction in die prosaische umgewandelt wird. Derartig ist die älteste Erklärungsweise. So ist aus Athenaeus bekannt, dass Sosibius, der um 275 v. Chr. lebte, ein geschickter Lytiker war, ein lexikalisches Werk ὁμοιότητες verfasste und über die Opferfeierlichkeiten der Spartaner schrieb, seinen Commentar zum Alcman paraphrastisch abfasste. Vgl. Ath. III., 115. A. Σωσίβιος δ' ἐν τρίτῳ περὶ Ἀλκ-

μᾶνος κρίβανά φησι λέγεσθαι πλακοῦντάς τινας τῷ σχήματι μαστοειδεῖς und XIV, p. 648. *Πόλτου μνημονεύει* Ἀλκμὰν οὕτως „

ἤδη παρέξει
πυάνιόν τε πόλτον
χίδρον τε λευκὸν χηρίναν τ' ὀπώραν.

Ἔστι δὲ πυάνιον, ὥς φησι Σωσίβιος, πανσπερμία ἐν γλυκεῖ ἡψημένη· χίδρον δὲ οἱ ἑφθοὶ πυροί· χηρίναν δὲ ὀπώραν λέγει τὸ μέλι. Vgl. Graefenhan II, p. 32. Anm. 4. Diese paraphrastische Erklärungsweise blieb für das ganze Zeitalter der alexandrinischen Philologie massgebend. So erklärte Aristarch den Homer. Vergl. schol. zu Il. β' 435, μηκέτι νῦν δήθ' αὖθι λεγώμεθα· οὕτως αἱ Ἀριστάρχου λέξεις ἐκ τοῦ β' τῆς Ἰλιάδος· δηθὰ πολὺν χρόνον· αὖθι αὐτοῦ, λεγώμεθα συναθροιζώμεθα· ὁ δὲ λόγος τοιοῦτος· μηκέτι νῦν ἐπὶ πολὺν χρόνον αὐτοῦ συνηθροισμένοι μένωμεν. Vgl. die Beispiele bei Lehrs de Arist. stud. Hom. p. 156 und Graefenhan II, p. 38. In der-ᵧ selben Weise verfasste Didymus, einer der letzten Vertreter der alexandrinischen Philologie seine Commentare. Vgl. Arist. Nub. v. 41. μὴ μαίνοιό γε: Δίδυμος ἀντὶ τοῦ μὴ μανείης· πιθανώτερον δὲ ἀντὶ τοῦ ὑπέλαβέ σε μαίνεσθαι ὁ Ἡρακλῆς· Ἄλλως. μὴ οὕτω μανείης, ὡς ὑπολαβεῖν σε τὸν Ἡρακλέα. Dieses μὴ οὕτω . . enthält also die Paraphrase der Stelle von Didymus. Vgl. Schmidt, Didym. p. 214 ff. — Das Fundament nun sämmtlicher Scholien zu Aeschylus, sofern sie sich auf die grammatische Exegese beziehen, ist die Paraphrasis, die sich theils in der Umschreibung ganzer Gedanken, (Choeph. 61—65, 75, 777) oder einzelner Wörter (ibid. 225, 640, 661) zeigt. Mit der paraphrastischen Erklärungsweise steht in enger Verbindung die Anführung ähnlicher Redensarten und Wendungen aus andern Dichtern. Daher wird häufig mit ὡς τὸ, παρὰ τὸ eine analoge Stelle hinzugefügt. (Prom. 7, 172, 237). Zu diesen sprachlichen Erklärungen kommen dann noch einzelne besondere grammatische Notizen zur Erläuterung der Structur, wie λείπει ἐστίν (Prom. 550), Pers. 3, 4. Ag. 14. ἀπὸ κοινοῦ sc. ῥήματος Eum. 783 und schliesslich sachliche Erklärungen, die sich theils auf Metrik und Alterthümer, theils auf Mythologie, Länder- und Völkerkunde beziehen. Aus diesen allgemeinen Bemerkungen sieht man schon, dass unsere Scholien aus den reichhaltigsten Quellen geschöpft sind und dass ihre Verfasser mit dem ganzen Umfange der hellenischen Literatur vertraut waren.

13. In den Scholien selbst findet sich nun nirgends der Name eines alten Grammatikers genannt; nur an einer Stelle (Pers. 1) werden οἱ ὑπομνηματισάμενοι erwähnt, mit welchem Ausdrucke gewöhnlich die alexandrinischen Commentatoren bezeichnet werden. Da uns aber in den Scholien zu Homer, Pindar, Sophocles, Euripides, Aristophanes, sowie bei den Lexikographen manche Fragmente der bedeutendsten alexandrinischen Philologen erhalten sind, so ist uns damit zugleich ein Massstab für die Beurtheilung unserer Scholien gegeben. Zunächst finden wir, dass viele Bemerkungen aus den Werken des Aristophanes von Byzanz in die Scholien übergegangen sind, wie sich aus der Vergleichung der Fragmente desselben (ed. Nauck.) ergibt.

I. περὶ ὀνομασίας ἡλικιῶν. fgt. 2. Nauck p. 99 und Aeschyl. Eum. 473. — fgt. 4. und Suppl. 285. — fgt. 5. und Agam. 54. 137. — Eust. Il. 772, 58 und Eumen. 188.

II. περὶ συγγενικῶν ὀνομάτων. fgt. 7 und Choeph. 75.

III. περὶ προσφωνήσεων. fgt. XIII. und Choeph. 45.

IV. περὶ βλασφημιῶν. fgt. XV. u. Suppl. 635.

V. Ἀττικαὶ λέξεις. fgt. 27 u. Agam. 121. — fgt. 28. καὶ γὰρ οἱ Ῥόδιοι ἄμβωνας καλοῦσι τὰς ὀφρυώδεις τῶν ὁρῶν ἀναβάσεις· μέμνηται τῆς λέξεως καὶ Αἰσχύλος καὶ Ἀριστοφάνης, ὁ γραμματικὸς, ἐν ταῖς Ἀττικαῖς λέξεσι. Nauck will ὡς Ἀριστοφάνης lesen, während Ranke über Hesychius p. 101 die handschriftliche Lesart vertheidigt. Wahrscheinlich stand aber παρὰ statt καὶ — Αἰσχύλῳ καὶ Ἀριστοφάνης κ. τ. λ. fgt. 29 u. Pers. 44. — fgt. 42 u. Pers. 74. — fgt. 53 u. Agam. 176. — fgt. 69 u. Prom. 628. — fgt. 70 u. Choeph. 602, 794. — fgt. 78 u. Choeph. 440. Auf andere Spuren Aristophaneischer Kritik machte Schneidewin aufmerksam im Phil. IX. a. 1854 und Aeschyl. Agam. p. 205. Es findet sich nämlich in den Venet. Scholien und bei Eustathius die Bemerkung, dass ‚Aristophanes statt ἀάπτους — ἀέπτους geschrieben habe. Da nun Agam. 133 die Handschriften ἀέλπτοις bieten, so vermuthet Schneidewin, es seien an dieser Stelle zwei Lesarten gewesen, ἀάπτοις und ἀέπτοις, welches durch AEΠΤΟΙΣ bezeichnet worden sei. Hieraus wäre ἀέλπτοις entstanden. Wenn nun auch so manches aus den Werken des

Aristophanes in die Aeschyleischen Scholien übergegangen ist, so
ist damit doch keineswegs erwiesen, dass derselbe besondere Commentare zu Aeschylus geschrieben habe, wie Graefenhan II, 35
und Ranke über Hesychius p. 101 annehmen. Nur das Eine steht
fest, dass die meisten ὑποθέσεις von ihm herrühren. Vgl. Schneidewin, Abh. der Gött. Ges. der Wissenschaften 1854. Dind. Aeschyl.
ed. Ox. III, p. V. 14. Was ferner Aristarch angeht, so ist uns ausdrücklich vom Scholiasten zu Theocr. X, 18 überliefert, dass er
ein Hypomnema zum Lycurgus des Aeschylus verfasst habe. Ausserdem finden wir in den Scholien mancherlei Reste seiner Gelehrsamkeit. Vgl. Hesych. s. v. δίψιον Ἄργος und Choeph. 185. —
Hesych. v. πάλιν und Choeph. 98. — Lehrs de Arist. stud. Hom.
p. 109 u. Supplic. 75. — Lehrs p. 150 ἐπίστασθαι — δύνασθαι und
Eum. 667. — Lehrs p. 152 τέλος — τάγμα und Sept. 251, 1025
— ibid. p. 152 ἀγών statt ἄγυρις, συναγωγή und Sept. 219. ibid.
p. 153. νέον für νεωστί und Eum. 359, Choeph. 344, 736. Sept.
803. — ibid. p. 383. Aristonicus, der aus Aristarch schöpft, lehrt
zu Il. θ΄ v. 306 ἡ διπλῆ ὅτι ἔξωθεν προσληπτέον τὸ ἔστιν, εἰ μὴ
ἡ μετοχὴ ἀντὶ ῥήματος παρείληπται, βριθομένη ἀντὶ τοῦ βρίθεται und
Choeph. 645. Eum. 783. Pers. 123. Prom. 550. Ausserdem sind
in den Aeschyleischen Scholien noch mancherlei Spuren, welche beweisen, dass die alexandrinischen Philologen und namentlich Aristarch
sich vielfach mit unserm Dichter beschäftigt haben. Es schrieben
nämlich die alten Grammatiker Bücher, welche sich mit der Lösung
schwieriger Fragen befassten (προβλήματα). Vgl. Lehrs a. a. O.
p. 226. So werden genannt προβλήματα Ἀρχιλόχου, Ἡσιόδου· Vgl.
Graefenhan II, p. 16. Man fragte in diesen Schriften, wesshalb
irgend etwas so gesagt sei, διὰ τί oder πῶς, worauf man mit ἢ ὅτι
antwortete. Vgl. Lehrs p. 227. Derartig ist das von Graefenhan II,
p. 15 n. 17 zitirte Scholion zu Hesiod. Theog. v. 143. Trinc. Von
den Aeschyleischen Scholien gehören hierhin: Sept. 310, Choeph. 236.
Eum. 735. Prom. 420. Wie nun ferner Aristarch bei Homer die
diple anwendete, um anzudeuten, dass er über diese Stelle etwas
bemerken wolle, so gebrauchte er bei den tragischen und komischen
Dichtern das χ. Vgl. Osann. anecd. Rom. p. 68. Schol. ad Arist.
av. 76. Wo sich derartige Zeichen finden, rühren sie also wahrscheinlich von Aristarch her und sind durch die Schüler desselben Dio-

nysius, Parmeniscus, Didymus erhalten und in die Commentare aufgenommen. Vgl. Schmidt, Didym. p. 264. Lehrs a. a. O. p. 10, 11. Graefenhan II, p. 97. In den Aeschyleischen Scholien findet sich das χ an drei Stellen, Prom. 9, Choeph. 534 u. Sept. 79. Das letzte Scholion lautet: τὸ δὲ χ πρὸς τὴν διαφορὰν τοῦ στρατοῦ καὶ τοῦ στρατοπέδου. στρατόπεδον γὰρ καλεῖται τὸ ἐνδιαίτημα τοῦ στρατοῦ. Dass nun Aristarch sich mit der Erklärung von στρατόπεδον befasst habe, wissen wir aus den schol. Ven. zu Hom. Il. κ. 53. λ. 6. v. 681 ἡ διπλῆ πρὸς τὸ περὶ τοῦ στρατοπέδου διάγραμμα, worin er die Leser auf sein Buch περὶ τοῦ στρατοπέδου verweist. Vgl. Lehrs p. 229. Vermuthlich ist übrigens das χ überall weggefallen, wo die Scholien mit ὅτι beginnen. Vgl. Prom. 222. Sept. 70. 277, Pers. 16. 883. Choeph. 151. 202. 617. Eum. 293. 576. Ausserdem wurden jene σημεῖα hinzugefügt, wenn ein Ausdruck ἰδίως gebraucht war oder wenn das Wort einen andern Sinn hatte, wie gewöhnlich (vgl. Suppl. 247, 730, 838, 867. Choeph. 126, 368. Eum. 26. Sept. 114. 255. 461. 489.), oder bei Anachronismen, wie Prom. 411. 669. 846. Sept. 277. Suppl. 260. Eum. 566., bei Sprüchwörtern (Suppl. 86.), bei der Enallage der Casus (Suppl. 254.). Dann bemerkte man, wenn der Dichter bei irgend welchen Angaben von andern abwich. Vgl. Choeph. 733. Suppl. 317. 239. Pers. 776. Sept. 547. Ein anderes kritisches Zeichen war der Asteriscus, welcher bei den Stellen bemerkt wurde, die wie die Sterne hervorleuchteten. Vgl. Graefenhan I, p. 95. u. 34., Schmidt p. 267. Wahrscheinlich stand der Asteriscus Sept. 224 πάνυ λαμπρῶς .. Prom. 28. ἐν ἤθει 85. εὐφυῶς 177. μεγαλοφυίας ἄξιον, Sept. 107. ἠθικόν 727. ποιητικῶς πάνυ. 825. φρονίμως. Eum. 42. ἐμφατικῶς 181. τραγικώτερον. Auch findet sich Eum. 95 das Wort παιδευτικός (παιδευτικὰ ταῦτα), worüber Schmidt bei der Besprechung der Scholien zu Soph. Ai. 118. O. T. 314. 946 handelt. Vgl. Schmidt p. 265, 266, 267. Graefenhan II, 92, 93. Lehrs p. 10—16. Frey p. 30. Ferner wissen wir aus dem Schol. zu Il. X, 445, dass Aristarch mit der Diple auch dasjenige bezeichnet habe, was ihm überflüssig zu sein schien. Aehnlich lesen wir Pers. 563. τερισσοὶ οἱ δύο δέ und Ag. 14. ἢ περισσὸς ὁ γὰρ ἢ λείπει τὸ ἀλύων. Ebenso spricht Lehrs p. 16 über das von den alexandrinischen Philologen häufig gebrauchte Wort σημειωτέον, σημειούμεθα oder σημείωσαι in der gewöhnlichen Bedeutung »es ist zu bemerken«. Hierzu vgl. Prom. 733, 961. Pers. 338, 609, 713, 979. Ag. 120. Auch gab es bestimmte metrische Zeichen, wozu namentlich die diple recta $\nearrow$ u. die diple aversa $\diagdown$ gehören; ἡ ἔσω u. ἡ ἔξω νενευκυῖα. Vgl. Isid. orig. I, 17. Heph. ench. 15, p. 133. Demetr. Tricl. bei Soph. ed. Turn. p. 386. In den Aeschyleischen Scholien finden sich diese Zeichen Choeph. 332. ἔξω 334 ἔσω. 345 ἔξω. 355. ἔσω. Schliesslich ist aus den Scholien ersichtlich, dass die Verfasser derselben eine genaue Kenntniss des Homer hatten, wofür sowohl die zahlreichen Zitate aus diesem Dichter beweisend sind, als auch die Angaben, dass etwas ὁμηρικῶς gesagt sei. Auch dieser Umstand weist auf Aristarch hin.

Es bleibt nun noch die Frage zu erledigen übrig, wer denn die Scholien zusammengestellt und geordnet habe. Dass nämlich die ursprünglichen Commentare von einer Hand verfasst wurden, dieses leuchtet bald jedem ein, der die Scholien genauer durcharbeitet. Dafür zeugen die fortlaufende, in derselben Weise angefertigte Paraphrasis, die sich wiederholenden Erklärungen (Choeph. 350. Suppl. 997. Sept. 206. 287. 387. 410. 577. Pers. 767. Eum. 783. Choeph. 645. Suppl. 105. Choeph. 646. Ag. 14. Pers. 563. Ag. 1095, 1114. Sept. 80. Ag. 1072. Prom. 568. Suppl. 82. 359. 530. Ag. 131.), die ähnliche Sprache und Ausdrucksweise (Suppl. 404. 561.). Der Grammatiker nun, welcher die Hypomnemata zu Aeschylus abfasste, war Didymus Chalcenterus, der Schüler des Aristarch. Ueber ihn berichtet Suidas: Δίδυμος, Διδύμου ταριχοπώλου, γραμματικὸς Ἀριστάρχειος, Ἀλεξανδρεύς, γεγονὼς ἐπὶ Ἀντωνίου καὶ Κικέρωνος καὶ ἕως Αὐγούστου. Bernhardy, dem M. Schmidt in seinem Buche über Didymus folgt, übersetzt die Stelle: »Didymus, Didymi salsamentarii filius, Alexandrinus, grammaticus Aristarchius, qui vixit temporibus Antonii et Ciceronis usque ad Augustum.« — Was nun zunächst γεγονώς angeht, so ist allerdings über die Bedeutung von floruit, vixit neben natus est nichts weiter zu sagen. Nur vermissen wir in der Uebersetzung das καὶ ἕως Αὐγούστου »et usque ad Augustum«. Hierdurch bekommt aber die ganze Stelle ein anderes Ansehen und auf den ersten Blick wird man das Geschraubte und Lückenhafte der Angabe erkennen. Dazu kommt noch ein anderes Moment. Merkwürdiger Weise ist nämlich Suidas hier insofern ungenau, dass er zuerst den Antonius, dann den Cicero anführt, wiewohl er sonst in der Regel die Namen in chronologischer Folge gibt, wie v. Ἡρακλείδης . . . ἐπὶ Κλαυδίου καὶ Νέρωνος; ἐπὶ Τιβερίου καὶ Κλαυδίου ὁ. Ἀπίων. Hätte er die Angabe wirklich so allgemein gehalten, wie Bernhardy und Schmidt glauben, und unter Antonius den Triumvir verstanden wissen wollen, so unterliegt wohl keinem Zweifel, dass er ἐπὶ Κικέρωνος καὶ Ἀντωνίου gesagt hätte, denn die Blüthezeit des Cicero war vorüber, als Antonius Bedeutung gewann. Nun ist es sehr sonderbar, dass die Grammatiker der späteren Zeit über den so hochverehrten und angestaunten Meister nichts anderes sollten gewusst haben, als dass er zu den Zeiten des Cicero und Antonius und bis auf Augustus gelebt habe. Trugen doch fast alle Commentare seinen Namen auf der Stirn und wir dürfen wohl nicht zweifeln, dass seine Schüler Biographien von ihm verfassten, aus denen Suidas seine spärlichen Notizen zog. Dieser Lexikograph selbst nennt den Didymus ὁ μέγας, ὁ πάνυ. Kurz, es ist nach alledem als sicher anzunehmen, dass die kurze Vita beim Suidas mehr enthielt als die oberflächlichste Zeitangabe über das Leben jenes Grammatikers. Denn γεγονὼς ἐπὶ Ἀντωνίου καὶ Κικέρωνος ist doch wohl zu übersetzen »geboren unter dem Konsulate des Antonius und des Cicero.« Wir hätten danach das Jahr 63 v. Chr. als das Geburtsjahr des Didymus festzuhalten, als M. Tullius Cicero und Antonius Hybrida Consuln waren. In dem Folgenden aber ist nach καὶ offenbar eine Lücke zu statuiren: καὶ . . . ἕως Ἀυγούστου, so dass die bestimmteren Angaben über das Todesjahr des Didymus verloren gegangen sind. (Vgl. Zeitschr. für österr. Gymn. 1865 p. 467.) Das Hauptverdienst dieses wegen seines ausdauernden Sitzfleisches Chalcenterus zubenannten Philologen besteht darin, dass er die Arbeiten seiner Vorgänger, namentlich des Aristarch, kurz zusammenzog und in den λέξεις τραγικαί und κωμικαί, sowie in besondern Commentaren niederlegte. Vgl. Schmidt, Didym. p. 12, 13. Wolf p. 127. Schneid. p. 97. Bernh. Gr. Lit. I, 386. Graefenh. II, p. 45. Er zeichnete sich demnach mehr als fleissiger Sammler, wie durch selbstständige Arbeiten aus. Seine eigenen Bemerkungen, namentlich über Dichtkunst, sind unbedeutend und werthlos. (Vgl. schol. Eur. Hec. 830. Andr. 329, 363. Pind. Pyth. I, 56.) Sein Fleiss war übrigens bewunderungswürdig. Nach Seneca hatte er 4000 Bücher geschrieben,

nach Suidas 3500. Dass Didymus Commentare zur Ilias und Odyssee
verfasst und hierbei hauptsächlich Aristarch benutzt habe, ist hinlänglich bekannt. Vgl. Schmidt, Didym. p. 179. Graefenh. II, p. 46.
Ebenso haben Schmidt und Wolf gezeigt, dass derselbe die Scholien zu Sophocles und Euripides geschrieben habe. Daher ist schon
früher die Vermuthung aufgestellt worden, dass auch die Aeschyleischen Scholien denselben Ursprung hätten. In der That lässt
sich diese Hypothese durch die bündigsten Beweise begründen.

16. Zunächst wissen wir, dass Didymus eine genaue Bekannt-
schaft mit den Aeschyleischen Tragödien hatte. Vgl. Arist. Ran.
v. 716. ibid. 992, 1028. Eurip. Phoen. 748. Dann lässt sich von
vielen Scholien direct nachweisen, dass sie von Didymus stammen.
Vgl. Phot. bibl. p. 352, 19. (Schmidt p. 40) u. Choeph. 378. —
Schmidt p. 66. ἴουλος und Sept. 534. Macrob. Sat. v. 18. (Schmidt
p. 85.) und Pers. 869. Eustath. 1431, 60. ἄργεμος νόσος ὀμμάτων
(Schmidt p. 88) u. Prom. 499. Choeph. 665. — Soph. Trach. 223.
Hesych. v. ἀντίπρωρα u. Sept. 533. — Ai. 21. (Schmidt p. 96.)
und Choeph. 815. Oed. T. 308 ἐριπίοις: ἐν τοῖς πτώμασι. Pers. 425.
ἐρίπια κυρίως τὰ πτώματα τῶν οἴκων. Nun wissen wir aus dem
Etym. M. 372, 29,˙ dass Didymus ἐρίπια für ἐρείπια geschrieben
habe. Auf dieser Schreibung beruht übrigens auch der Fehler im
Scholion zu Choeph. 791. ἐπεί νιν μέγαν ἄρας· ἐπάρας γὰρ τὸν Ὀρέστην διπλασίαν (libr. δυνήσῃ) καὶ τριπλασίονα ποινὴν εἰσπράξασθαι
τὸν Ὀρέστην δυνήσῃ (libr. ποιῆσαι). Vermuthlich stand im Text
ἐπί νιν μέγαν ἄρας und demgemäss im Schol. ἐπὶ ἄρας statt ἐπεί,
woraus spätere Scholiasten ἐπάρας gemacht haben. — Oed. T. 715
(Schmidt 101) und Sept. 897. Oed. T. 412. πόροι: ποταμοί. Hesych.
s. v. Choeph. 72. — Eurip. Hec. 405 τὸ γὰρ ὑπέγγυον. Choeph. 38.
— Ferner beweisst G. Wolf seine Behauptung, dass Didymus der
Urheber der Scholien zum Sophocles sei, dadurch, weil im Oed.
C. der Verfasser der Scholien die Leser auf seinen Commentar
zum Marikas des Eupolis verweist, der nachweislich von Didymus
herrührt. Auch der Verfasser der Aeschyleischen Scholien zeigt
nun, dass er im Marikas des Eupolis hinreichend bewandert war.
Vergl. Pers. 65. Κωμῳδεῖται ταῦτα. Εὔπολις ἐν Μαρικᾷ »Πεπέρακε
μὲν ὁ περσέπτολις ἤδη Μαρικᾶς.« Dann behauptet Schmidt p. 272
mit vollem Rechte, dass alle Scholien, in denen οἱ ὑπομνηματισάμενοι

erwähnt würden, von Didymus herrührten. Demgemäss ist das schol. zu Pers. 1. auf denselben zu beziehen. οἱ ὑπομνηματισάμενοί φασιν ὅτι ἑαυτοὺς λέγουσι πιστώματα Περσῶν οἱ κατὰ τὸν χορόν· ἀγνοοῦσι δὲ ὅτι πόλις ἔστι Περσικὴ Πίστειρα, ἣν συγκόψας Πιστὰ ἔφη. Eine ähnliche Erklärung finden wir auch Phot. 436, 14. ποδοκάκκη — ἢ κατὰ συγκοπὴν ὥς φησι Δίδυμος, οἷον ποδοκατοχή. Schliesslich haben Ranke, Welcker und Schmidt nachgewiesen, dass Hesychius bei der Abfassung seines Lexikons aus Diogenian und dieser aus Didymus geschöpft habe. Da sich nun die paraphrastischen Erklärungen in den Aeschyleischen Scholien fast sämmtlich bei Hesychius wiederfinden, — die Stellen, welche Frey gesammelt hat, lassen sich noch bedeutend vermehren — so folgt auch aus diesem Umstande, dass Didymus der Urheber der Scholien sei. Die Ansicht Lobecks nämlich, dass Hesychius erst aus den Scholien sein Lexikon zusammengetragen habe, ist von Schmidt gründlich widerlegt worden.

17. Obgleich nun Didymus viele eifrige Schüler und Verehrer hatte, so fand er doch auch manche Widersacher. Dahin gehört vor Allen König Juba, der, wie Suidas überliefert, viele Schriften gegen Didymus verfasst hat. Vgl. Suidas v. Ἰόβας. Schmidt, Didym. p. 11. Nach Juba trat ein anderer Grammatiker heftig gegen Didymus auf, dessen Namen fehlerhaft überliefert ist. Vgl. Suidas s. v. Ἡρακλείδης Ποντικός, ἀπὸ Ἡρακλείας τῆς Πόντου, γραμματικός. ὅστις Διδύμῳ τῷ πάνυ κατὰ τὴν Ἀλεξανδρέων ἐφοίτησεν· οὗτος ἐπειδὴ ἤκουσεν Ἄπερος (Ἀντέρωτος Westerm.) τοῦ Ἀριστάρχου μαθητοῦ εὐδοκιμοῦντος κατὰ τὴν Ῥώμην πολλά τε τὸν Δίδυμον διασύροντος, ἔγραψε μέτρῳ Σαπφικῷ ἤτοι Φαλαικίῳ βιβλία γ΄· δυσερμήνευτα καὶ πολλὴν τὴν ἀπορίαν ἔχοντα προβαλλομένων ζητημάτων. ἅτινα Λέσχας ἐκάλεσεν. εἰς Ῥώμην δὲ κομίσας καὶ τοῦ Ἀντέρωτος (?) καρτερὸς φανεὶς κατέμεινε σχολαρχῶν ἐν αὐτῇ ἐπὶ Κλαυδίου καὶ Νέρωνος. Westermann vermuthet, es sei unter dem Ἄπερος der Handschrift Anteros zu verstehen, der Schüler des Apion, während Hertz (Rh. Mus. XVII, p. 584—587) jene Angaben auf Apion selbst bezieht. Statt des handschr. καταφανείς liest A. Schäfer κρείττων φανείς, Meineke καταφυείς; in der Zeitschrift für österr. Gymnasien von 1865 p. 467 habe ich καρτερὸς φανείς vorgeschlagen. —

Es sind nun mehrere Scholien überliefert, in denen die Ansichten des Didymus heftig bekämpft werden, die also von einem Gegner desselben herrühren. Vgl. schol. Arist. Tesmoph. 31. οἱ περὶ Ἀρίσταρχον καὶ Δίδυμόν φασι τοιοῦτον εἶναι τὸν Ἀγάθωνα. ἐγὼ δὲ οὐχ ἡγοῦμαι, ἀλλ᾽ ἐπειδὴ βούλεται κωμῳδεῖν τὸν Ἀγάθωνα ὡς μήτε καρτερὸν μήτε μέλανα τοῦτον εἶπεν· ἢ ἄσημόν τινα. ibid. 169. τὸ δὲ λεγόμενον ὑπὸ Διδύμου πρὸς Ἀριστοφάνην, ὅτι οὐ δύναται Ἀλκαίου μνημονεύειν (οὐ γὰρ ἐπεπόλαζέ φησι τὰ Ἀλκαίου διὰ τὴν διάλεκτον) λελήρηται ἀντικρύς· Aehnlich ist die vom Schol. B. zu Aeschyl. Pers. 1. aufbewahrte Bemerkung, wo Didymus πιστὰ durch Syncope aus Πίστειρα erklärt: οἱ δὲ λέγοντες τὸ πιστὰ ἀντὶ τοῦ Πίστειρα κατὰ συγκοπὴν παντὶ δῆλον ὅτι ληροῦσι. Ebenso verhält es sich mit schol. zu Eum. v. 378. κνέφας· σκότος φρενῶν. λείπειν φασὶ διὰ δὲ μύσος. οὐκ ἔστι δέ· αὐτὸ γὰρ τὸ μύσος κνέφας εἴρηκεν. Ueberhaupt aber geht aus den Aeschyleischen Scholien mit unzweifelhafter Gewissheit hervor, dass ausser dem ursprünglichen Commentar, der die Grundlage der Scholien bildet, bei der Zusammenstellung derselben noch ein zweiter, jüngerer benutzt wurde, der von einem Gegner des Didymus herrührte. Wir finden nämlich ausser den schon erwähnten Scholien, in welchen die Ansicht des Didymus direct bekämpft wird, häufig noch zu ein und derselben Stelle zwei Erklärungen, von denen die eine die Paraphrasis enthält, die andere mehr grammatischer Natur ist und lediglich die Structur erklärt. Die Scholien der letzteren Art beginnen mit τὸ ἑξῆς. Vgl. schol. zu Choeph. 75.

1) πρέποντά μοί ἐστι καὶ ὀφειλόμενα, ἐξότε τοῦτον ἐπανήρημαι τὸν βίον, τὰ τῶν πρὸς βίαν κεκτημένων ἐπαινέσαι, καλυπτούσῃ τὴν κατ᾽ αὐτῶν ἀποστύγησιν καὶ μηδὲ παρρησίᾳ τὸν δεσπότην κλαιούσῃ.

2) τὸ ἑξῆς· ἐμοὶ δὲ πρέποντα καὶ ὀφειλόμενά ἐστιν ἀπ᾽ ἀρχᾶς βίου τὰ τῶν βία με φερομένων αἰνέσαι πικρὸν φρενῶν στύγος κρατούσῃ. ἀνάγκην γάρ μοι οἱ θεοὶ προσήνεγκαν.

Aus der Vergleichung dieser beiden Scholien mit einander ergibt sich nun ein Doppeltes: 1) Der Verfasser der Paraphrasis hat das zweite Scholion, welches die Structur erklärt, nicht hinzugefügt. Einmal wird nämlich die Structur hinlänglich klar in der Paraphrasis auseinandergesetzt; dann aber würde derselbe, hätte er zum Ueberfluss auch die Structur erklären wollen, sich damit begnügt haben, die Worte des Dichters zusammenzustellen,

keineswegs aber solche Ausdrücke, die er schon einmal in der Paraphrasis angewendet hatte, wie καὶ ὀφειλόμενα, wiederholt haben.
2) Haben wir aber hier zwei Grammatiker zu unterscheiden, so
folgt mit zwingender Nothwendigkeit, dass der Verfasser des zweiten
Scholions jünger war, als der des ersten, da er die Erklärung desselben offenbar vor Augen hatte. Als zweites Beispiel will ich
noch das Schol. zu Suppl. v. 82. hier anführen.

1) Καὶ τοῖς ἐκ πολέμου δὲ τειρομένοις καὶ φεύγουσιν ὁ βωμὸς
διὰ τὸ τῶν θεῶν σέβας ῥῦμα τῆς
βλάβης ἐστίν.

2) ἢ οὕτως. καὶ τοῖς ὑπὸ πολέμου τειρομένοις καὶ τετραμμένοις
εἰς φυγὴν ὁ βωμὸς Ἄρης ἐστίν.
ὑπερμαχεῖ γὰρ αὐτῶν καὶ οὐδὲν
πάσχουσι διὰ τὸ σέβας τῶν θεῶν.

Das erste Scholion enthält zweifelsohne die Paraphrasis; zum
zweiten ist zwar nicht τὸ ἑξῆς hinzugeschrieben, aber trotzdem und
obgleich verstümmelt, scheint es doch dem Verfasser dieser Scho-
liengattung anzuhören. Nun erklärt der 1. Scholiast mit τῆς βλάβης das verdorbene Wort des Medic. ἄρης und las vermuthlich
ἄτης mit der Messung ∪ —, wie es handschr. auch Agam. 131. u.
729. geschrieben steht, da βλάβη als stehende Paraphrasis von
ἄτη erscheint, während der zweite Ἄρης liest und dadurch seinen
jüngern Ursprung verräth. — Hieraus ergibt sich nun, dass sämmtliche Scholien, die mit τὸ ἑξῆς eingeleitet werden, aus den Commentaren des 2. Grammatikers, der nach Didymus lebte, in unsere
Scholiensammlung aufgenommen sind. Es sind dieses: Suppl. 34.
54. 168. 609. Sept. 348. 745. 835. 888. Pers. 316. 563. 924. Ag.
205. 1142. Choeph. 27. 75. 99. 156. 205. 403. 484. 558. 574. 601.
619. 681. 697. 798. 945. 951. Eum. 298. 882. Uebrigens war der
Verfasser dieser Scholien von keiner besonderen Einsicht. So verbindet er z. B. Pers. 316. ἔτεγγεν mit χρῶτα, welches durchaus
unstatthaft ist. Vgl. Pers. 503. Choeph. 558. Ag. 205. 1142.
Suppl. 82. Ausser diesen mit τὸ ἑξῆς bezeichneten Scholien gibt
es noch andere, die ebenfalls deutlich verrathen, dass ihr Verfasser
den Commentar des Didymus vor Augen hatte. So gibt die Paraphrasis zu Choeph. v. 940. ἤλασε δὲ εἰς τὸ τέλος τοῦ δρόμου.
ὅ ἐστιν ἤνυσε τὸν ἀγῶνα. Hierzu findet sich das zweite Scholion:
ἀφίκετο, φησὶν, εἰς τὸ τέλος τοῦ ἀγῶνος. Aehnlich sind Sept. 111.
261. 336. 756. Prom. 25. 170. 182. 330. 712. Wahrscheinlich

rühren auch diese Scholien von dem so eben besprochenen zweiten Grammatiker. Vgl. Sept. 348. βλαχαὶ δ᾽ αἱρατόεσσαι: ἐπὶ τῶν ἄσημα φθεγγομένων νέων τὴν βληχὴν ἔθηκεν· ὥσπερ, φησὶ, τὰ νεογνὰ οὐδέπω τὴν φωνὴν ἔναρθρον ἔχοντα ἐπαγόμενα πρὸς τῶν πολεμίων αἱμάσσεται ὥστε αὐτὰ ἄναρθρον φωνὴν καὶ ὥσπερ προβατώδη προΐεσθαι. τὸ δ᾽ ἑξῆς, βλαχαὶ βρέμονται. Vgl. v. 745. —
Andere Spuren dieses zweiten Commentars finden sich an den Stellen, wozu zwei Scholien überliefert sind, von denen das eine etwas Neues bringt, oder wenigstens bei der Erklärung andere Worte wählt. Vgl. Pers. 5. 39. 71. 74. 79. 80. 103. 114. 396. 657. 767. 801. Eum. 109. 372. Sept. 114. 139. 145. 164. 282. 678. 698. 745. 750. 756. 1025. Prom. 31. 99. 186. 275. 330. —
Schliesslich gibt es noch Scholien, in denen zwei verschiedene Erklärungsweisen angegeben werden, so zwar, dass die abweichenden Deutungen mit τινές, οἱ δέ, ἄλλοι, ἄλλως, ἤ angereiht werden. Wahrscheinlich sind diese. aber nicht dem zweiten Grammatiker, sondern dem Didymus zu vindiciren und unter τινές die οἱ ὑπομνηματισάμενοι zu verstehen. Vgl. Suppl. 3. τινὲς τῆς Φάρου Αἰγύπτου· προπάροιθε γάρ ἐστιν· ἄμεινον δὲ τὰ στόμια ἀκούειν, πλεοναζούσης τῆς πρό. διὰ γὰρ τοῦ Ἡρακλεωτικοῦ στομίου τὴν φυγὴν ἐποιήσαντο. Prom. 234. 603. 330. Pers. 80. 131. 316. Eum. 276. Sept. 197. 273. 371. 703. 902. Choeph. 239. 317. 777. — Wahrscheinlich lebte der zweite Grammatiker zur Zeit des Nero. Es werden nämlich an zwei Stellen in den Scholien Schriftsteller erwähnt, die zu dieser Zeit lebten, Strabo (Prom. 420.) und Epaphroditus (Eum. 16.). Ob nun der oben genannte Anteros, der Gegner des Didymus, mit der Abfassung dieses zweiten Commentars in Verbindung steht, darüber lassen sich nur Vermuthungen aufstellen; als sicher lässt sich eben blos die Existenz eines zweiten Commentars nachweisen.

18. Diese beiden Commentare nun wurden von einem spätern Grammatiker kurz zusammengezogen und mit den eigenen Noten desselben vermehrt. Dass derselbe ein Christ gewesen sei, ergibt sich aus Choeph. 65. ἀντὶ τοῦ αἰώνιος θάνατος. Uebrigens sind die Bemerkungen dieses Epitomators ohne alle Bedeutung. Oft zeigt derselbe, dass er weder die Worte des Dichters, noch die alten Scholien verstand; in der Regel hat er ferner schon denselben

verdorbenen Text, wie er sich im Mediceus findet. So liest er
Suppl. 764 ὁρμῇ, während der alte Scholiast ὁρμή hatte. Vgl.
Choeph. 645. Mitunter schöpft er seine Bemerkungen aus den
alten Scholien. Vgl. Choeph. 262. 644. 649. 827. Auf diesen
Epitomator sind nun fast alle Scholien zu beziehen, die mit ἀντὶ
τοῦ, λέγει, οἶμαι angereiht sind. Vergl. Eum. 176. 238. 302.
303. 319. 516. Choeph. 616. 696. 71. 805. 590. Suppl. 764.
Sept. 101. 981. Ueber die Zeit, in der derselbe lebte, ist
nichts bekannt, und es finden sich keine weiteren Andeutungen
in den Scholien. Vermuthlich war es ein Grammatiker der öku-
menischen Schule zu Konstantinopel, vielleicht aus dem 5. Jahrh.,
der die Scholiensammlung, aus welcher die sogenannten neuern
Scholien, sammt den mediceischen stammen, zusammenstellte. Dass
damals dort die klassischen Studien blühten, ist bekannt. Vgl.
Suidas s. v. Εὐγένιος, Τροφίμου, Αὐγουστοπόλεως τῆς ἐν Φρυγίᾳ,
γραμματικός. οὗτος ἐδίδαξεν ἐν Κωνσταντίνου πόλει καὶ τὰ μάλιστα
διαφανὴς ἦν πρεσβύτης ἤδη ὢν ἐπ' Ἀναστασίου βασιλέως. ἔγραψε
κωλομετρίαν τῶν μελικῶν Αἰσχύλου, Σοφοκλέους καὶ Εὐριπίδου ἀπὸ
δραμάτων ιε'. Περὶ τοῦ τί παιωνικὸν, παλιμβαχχειακόν (Westph. Allg.
Gr. Metrik p. 51) κ. τ. λ. — In den Codex Mediceus nun wurden
die Scholien von dem schon oben erwähnten διορθωτής eingetragen.
Derselbe verkürzte den ihm vorliegenden Commentar von neuem
und zwar sehr stark und fügte wahrscheinlich wieder eigene Bemerkungen hinzu. Jedoch lassen sich die Noten des I. und II.
Epitomators nicht mehr von einander unterscheiden. Möglich ist,
dass eine Reihe der mit οἶμαι u. dgl. eingeleiteten Scholien von dem
διορθωτής herrührt, wie dieses Dindorf glaubt. —

19. Ehe nun die Scholien zur Kritik des Aeschylus verwendet
werden können, müssen sie selbst erst sorgfältig durchgearbeitet
werden. In vielen Scholien befinden sich nämlich offenbare Fehler,
andere sind unrichtig zu Versen geschrieben worden, wohin sie
nicht gehören. Im Folgenden will ich nun einige Verbesserungen
zu denselben mittheilen. Ueber die Scholien zu den Supplices
werde ich im Commentar handeln.

I. Persae.

34. ἄλλους Νεῖλος ἔπεμψεν· Αἰγυπτίους. ὑποχείριοι γὰρ ἦσαν τότε
Περσῶν οἱ Αἰγύπτιοι. (37).

97. φιλόφρων· ἡ θεῶν ἀπάτη· ἡ γὰρ ἐκ θεοῦ, φησὶν, ἀμαύρωσις καὶ δύλωσις ἄφυκτός ἐστιν. ἅμα γὰρ δολοῖ καὶ προσαίνει καὶ κακοποιεῖ. (95).

131. ἅλιον πρῶνα· τὸν Ἑλλήσποντον, τὸν κοινὸν ἑκατέρας γῆς· μεταξὺ γάρ ἐστιν Εὐρώπης καὶ Ἀσίας· οἱ δὲ, ὅτι Ταῦρον τὸ ὄρος, τὸν προνεύοντα εἰς ἄμφω τὰς ἠπείρους.

232. δυσμῶν· ἢ τῶν δύσεων ἢ τῶν ἐκλείψεων· ὅτε γὰρ δύει ὁ ἥλιος, ἐκλείπει. ἔνθεν καὶ λὶψ ὁ ἄνεμος ἀπὸ δυσμῶν.

φθινασμάτων: τῶν λήξεων.

316. πυρσήν· ἔβρεχε τῷ αἵματι . . . τινὲς ἀντὶ τῆς γενικῆς πυρρᾶς γενειάδος· καὶ τὸ ἑξῆς, ἔτεγγεν χρῶτα.

384. καὶ νὺξ ἐχώρει· καὶ νὺξ ἀπεγένετο (libr. ἐγένετο) καὶ οὐδεὶς Ἑλλήνων ἠξίωσεν (378).

419. ναυαγίων· ναυαγία αὐτὸ τὸ πάθος, ναυάγιον δὲ αὐτὸ τὸ ναυαγῆσαν σκεῦος· διὰ τοῦτο οὖν ναυαγίων βαρυτόνως τῶν πτωμάτων· (libr. σωμάτων). Vgl. schol. B. u. schol. zu Soph. Ai. 308.

437. ῥοπῇ· τῇ κακῶν (libr. κακῇ) δηλονότι. Vgl. schol. A.

571. στένε καὶ δαχνάζου· περὶ τῶν τεθνηκότων ἐν Σαλαμῖνι. (568)

577. τὸ ἑξῆς τούτου ἐστὶ, σκύλλονται πρὸς ἀναύδων. (568)

641. δαίμονα· τὸν καταχθόνιον. (642 schol. A.)

818. θῖνες: οἱ σωροὶ καίπερ φωνὴν μὴ ἀφιέντες δείξουσι τῷ γένει (libr. τὸ γένος). Heimsoeth will aus Par. B. τὸ γεγονός lesen.

858. πρῶτα μὲν εὐδοκίμου: πρῶτα μὲν κατὰ πόλεμον διὰ στρατιᾶς εὐδοκιμοῦμεν καὶ ὁρμῶμεν κατὰ νενομισμένα ἔθη ταῖς πόλεσι ταῖς πυργουμέναις (libr. πορθουμέναις), οὐ τεμένη θεῶν πορθοῦντες, οὐ τάφους ἀνασπῶντες, ὡς Ξέρξης τολμήσας ἐποίησεν.

894. Σαλαμῖνα· τὴν ἐν Κύπρῳ· ἄποικοι γάρ εἰσιν οἱ ἐν Κύπρῳ Σαλαμίνιοι τῶν ἐν τῇ Ἀττικῇ.

900. καὶ τὰς . . ἐκράτυνε· τῇ ἀρετῇ Ἕλληνας ὑπέταξεν, οὐκ ἀνάγκη ὁ Δαρεῖος. (864)

922. τὰν ἐγγαίαν· ἡ γῆ ἡμῶν τὴν ἔξω τῆς γῆς ἥβην σεσαγμένην ὑπὸ τοῦ Ἀΐδου καὶ διὰ τὸν Ξέρξην κταμένην αἰάξει. — τὸ ἑξῆς, ἥβαν Περσᾶν . . . τοῦτ᾽ ἔστι τὴν ἐγχωρίαν . . .

923. Ξέρξῃ κταμέναν· ὅτι δι᾽ αὐτὸν ἀπέθανεν. (924)

926. φύστις· ἔκφυσις, γονή. τοῦτο διὰ μέσου.·

929. Ἀσία δὲ χθών· ἡ πεφυρμένη καὶ ἐπὶ γῆς πεσοῦσα — γαίας ἐπὶ γόνυ τὸ ἑξῆς.

II. Septem contra Thebas.

10. καὶ τὸν ἐλλείποντ᾽ ἔτι καὶ τὸν νέον καὶ τὸν ἔξω ἡλικίας, τὸν γέροντα, αὐξάνοντα τὴν βλάστησιν τοῦ σώματος (libr. Διός).

424. γίγας δ᾽ ἄλλος: πάνυ ῥητορικὸς ὁ Αἰσχύλος· ῥητορικὸν δὲ λέγω ὅταν τοῖς ῥήτορσι λόγος ἤτοι ἐπαινετικὸς ἢ ψεκτικὸς περί τινων δύο τοῦ μὲν ἑνὸς εἴπῃ ἔπαινον ἢ ψόγον, παραλείπῃ δὲ τοῦ ἑτέρου. (Dind.) πανηγυρικὸν δὲ καὶ δριμὺ περὶ τοῦ Τυδέως λέγει (libr. λέγων), οὐκ εἰπὼν κ. τ. λ.

494. αἰόλην δὲ τὴν εὐκίνητον (libr. ἀκίνητον) καὶ ταχεῖαν. Vgl. Hesych. αἰόλος, ποικίλος ἢ εὐκίνητος ἀπὸ τοῦ αἰολεῖν, ὅ ἐστι κινεῖν.

581. καὶ λέγειν μεθυστέροις· τοῖς μεθ᾽ ἡμᾶς ὑστέροις (libr. ὕστερον) λέγειν ταῦτα καλόν ἐστιν ὥστε περὶ σοῦ λέγειν.

745. Ἀπόλλωνος εὖτε Λάϊος: τὸ φιλάνθρωπον τοῦ θεοῦ ἐμφαίνεται διὰ τοῦ τρίς. (libr. τούτου). ὅταν, φησὶν, ὁ Ἀπόλλων τρὶς εἴπῃ τῷ Λαΐῳ

μὴ σπεῖρε τέκνων ἄλοκα δαιμόνων βίᾳ·
εἰ γὰρ τεκνώσεις παῖδ᾽ ἀποτεκνεῖ σ᾽ ὁ φύς.

(Eur. Phoen. prol.)

773. τοσόνδ᾽ ἐθαύμασαν· παρὰ τὸ (libr. τοῦτο) »ἦν (libr. οὖν) Οἰδίπους τὸ πρῶτον εὐδαίμων ἀνήρ«.

933. ὁμόσποροι δῆτα καὶ πανώλεθροι: ἀδελφοὶ καὶ πανώλεθροι γεγόνασιν, ἀλλήλοις διατεμόντες ἐν μαινομένῃ ἔριδι πρὸς τῷ τέλει τῆς φιλονεικίας.

937. πέπαυται δ᾽ ἔχθος· ἀποθανόντων γὰρ πέπαυται τὸ ἔχθος. (aus schol. 933.)

III. Choephori.

42. ἄχαριν· τοῖς ὀργιζομένοις νεκροῖς ἄχαριν ἢ ἐμοὶ ἀηδῶς ὑπηρετούσῃ αὐτῇ. (libr. αὐτῷ.)

75. ἀμφίπτολιν: τὴν ἐκ διαφόρων πόλεων ἀνάγκην, ὅ ἐστι πολεμίων. (libr. πόλεμον.)

506. φελλοί· ἐκεῖνοι γὰρ ἐπιπλέοντες (libr. ἐπιπλέον) σημαίνουσι τὴν ἐν βυθῷ σαγήνην. οὕτω καὶ ἡμεῖς ζῶντες σὲ τὸν θανόντα. Vgl. Zosim. I, 58. εἰ δὲ ἄδεκτα καὶ ἀπόβλητα, αὐτά τε ἦν ἰδεῖν ἐπιπλέοντα τῷ ὕδατι τὰ ὑφάσματα.

512. τὰ δ᾽ ἄλλα· τὰ κατὰ τὴν σφαγὴν Αἰγίσθου.

᾿ ἔρδοις· ὦ ᾿Ωρέστα.

602. ἴστω· γιγνωσκέτω δ᾿ ὅστις ὁ παιδευθεὶς οὐχ ὑπόπτερος (libr. ὑποπτέροις) φροντίσιν, ἵν᾿ ᾖ τὸ ὃς ὑποτακτικὸν ἀντὶ τοῦ ὁ προτακτικοῦ.

644. τὸ μὴ θέμιστον οὐ . . πατούμενον· τὸ γὰρ μὴ δίκαιον οὐ δεῖ ἀμελεῖσθαι οὐδὲ παρασιωπᾶσθαι ἀλλ᾿ ἐκδικήσεως τυγχάνειν. — λείπει ὁ γὰρ καί ἐστι μετοχὴ·ἀντὶ τοῦ ῥήματος, ὡς τὸ »καρπῷ βριθομένη.« παρεκβάντες· τὸ γὰρ πᾶν τοῦ Διὸς σέβας παρεξέβησαν ἀθεμίστως οἱ περὶ Αἴγισθον.
παρεκβάντες· ἀντὶ τοῦ παρεξέβησαν.

676. ἀπεζύγην· τῆς ὁδοῦ πόδας (libr. τῆς ὁδοῦ τῆς ὁδοιπορίας) ἀπέλυσα, ἐπὶ τῷ ξενισθῆναι παρ᾿ ὑμῖν. ἐκ μεταφορᾶς τῶν ἀπολυομένων τοῦ ζυγοῦ ἵππων καὶ ἐπὶ φάτνην ὁρμώντων.

777. οὔπω· κακός γε μάντις· τοῦτο ἀκριβοῦς μάντεως εἰπεῖν· τινὲς στίζουσιν εἰς τὸ οὔπω, ἵν᾿ ᾖ, οὔπω ἐλπὶς οἴχεται δόμων. ταῦτα δὲ καὶ ὁ τυχὼν μάντις γνοίη.

804. λύσασθ᾿ αἷμα· διὰ τὸν φόνον Αἰγίσθου.

842. γένοιτ᾿ ἄν· ἐν γὰρ τοῖς θρήνοις ἀμύσσουσιν αὐτῶν τὰ στήθη. (843.)

IV. Eumenides.

167. πάρεστι γὰρ ὀμφαλόν· ὥστε τὸν ὀμφαλὸν (libr. ὀφθαλμὸν) ἔχειν αἱμάτων ἄγος ἐπαίροντα.

535. ἐκ δ᾿ ὑγιείας φρενῶν: ἐκ τοῦ ὀρθὰς ἔχειν φρένας. νόσον δὲ φρενῶν τὴν δυσσέβειάν φησιν, ὑγίειαν δὲ [τὴν ὀρθότητα add.], ἐξ ἧς ἂν εἴη τιμή· ἐξ ἐκείνης δὲ ὕβρις.

582. εἰσάγω τὴν δίκην· ὁρᾶται (libr. ὅρα τὸ) δικαστήριον.

604. τί δ᾿ οὐκ ἐκείνην· οὐχ, εἰ τέθνηκε, (libr. τέθνηκας), τούτου αἰτία εἶ σύ; πῶς ἂν ἐδίωκες· ὥστε οὐδὲ ἀποθανοῦσα διὰ τὴν σὴν αἰτίαν ἀπέθανεν.

682. πρώτας δίκας· ὅτι πρώτη ἐπὶ ᾿Ορέστῃ γέγονε δίκη ἐν τῷ ᾿Αρείῳ πάγῳ. (687)

689. ἔνθεν ἔστ᾿ ἐπώνυμος· ὅθεν ῎Αρειος πάγος ἐκλήθη. (687.)

741. νικᾷ δ᾿ ᾿Ορέστης· κἂν ἴσαι δὲ γένωνται αἱ ψῆφαι, ὁ κατηγορούμενος νικᾷ. (753)

V. Prometheus.

328. οὔκουν πρὸς κέντρα· γνωμικῶς δέ φησιν. (316).

472. πέπονθας αἰκὲς πῆμ᾿. τοῦτο διὰ τὸ φιλονεικῆσαι Διί. μεσο-

λαβοῦσι δὲ αἱ τοῦ χοροῦ τὴν ἔκθεσιν τῶν κατορθωμάτων, διαναπαύουσσει τὸν ὑποκριτὴν Προμηθέως. (libr. *Αἰσχύλου*).

20. So wären wir denn endlich zu der Frage gekommen, wie die Scholien anzuwenden und für die Kritik zu verwerthen seien. — Unbedingte Geltung haben jedoch nur die alten, Didym. Scholien. Kurze, schlagende Paraphrasis ist ihr Kennzeichen. — Um nun auf jene Frage antworten zu können, müssen wir uns zunächst über den Ursprung der Fehler in den überlieferten Texten klar zu werden suchen. Mit Recht sagt in dieser Beziehung Heimsoeth, dass in Folge der besonderen Verhältnisse, welche bei der Ueberlieferung statt fanden, nämlich der Fortpflanzung durch Schrift und Eintragung von Erklärungen in die Handschriften der Ursprung der Fehler im Allgemeinen ein doppelter sei: 1) der Schreibfehler u. 2) die Einwirkung der Erklärung. Was nun die erste Gattung von Fehlern angeht, so hat die Kritik stets hierin eine Hauptquelle der Verderbnisse erkannt. Nichts ist ja leichter, nichts gewöhnlicher, als dass der Abschreiber ähnliche Buchstaben mit einander verwechselt, Abbreviaturen falsch deutet, die Silben falsch abtheilt, einzelne Wörter oder ganze Verse auslässt, das Ausgelassene an unrichtigen Stellen nachträgt u. s. w. So änderten sich die Texte im Laufe der Zeiten, dass oft die ursprüngliche Lesart bis zur Unkenntlichkeit entstellt wurde. Nun sind die alten Scholien zu einem Texte verfasst, der, wenn auch vielleicht nicht fehlerfrei, doch seiner ursprünglichen Fassung noch sehr nahe stand. Daher haben wir in denselben ein Mittel in der Hand, den uns vorliegenden Text zu controlliren und nach Befinden der Umstände zu corrigiren. Nur müssen wir hierbei festhalten, dass in der Regel der Schreibfehler die Verderbnisse verursacht hat. — Wir wollen dieses an einzelnen Beipielen klar machen.

Sept. ctr. Th. v. 763 heisst es im Mediceus:

$$\text{μεταξὺ δ' ἀλκὰ δι' ὀλίγου}$$
$$\text{τείνει πύργος ἐν εὔρει.}$$

Dem *μεταξὺ κ. τ. λ.* steht in der Strophe gegenüber *σπείρας ἄρουραν, ἵν' ἐτράφη*; daher stellt Heimsoeth (Wiederh. p. 265) mit Recht in der Antistr. die Worte um: *ἀλκὰ μεταξὺ δι' ὀλίγου.* — So scheint übrigens auch der Schol. A. gelesen zu haben: *μεταξὺ δὲ ἡμῶν καὶ τῶν πολεμίων τείνει καὶ τείνεται ἀλκὴ καὶ βοήθεια ἡμῶν,* καὶ ἀποσόβησις τῶν πολεμίων δι᾿ ὀλίγου. τίς δέ ἐστιν ἡ ἀλκὴ ἡ μεταξὺ ἡμῶν; ὁ πύργος τῆς πόλεως· τουτέστι, μόνον τὸν πύργον τῆς πόλεως ἔχομεν βοηθοῦντα ἡμῖν καὶ τοὺς ἐχθροὺς ἀποσοβοῦντα. Dann ergibt sich noch etwas anderes aus diesem Scholion. Kann τὸν πύργον .. ἔχομεν .. τοὺς ἐχθροὺς ἀποσοβοῦντα die Erklärung von πύργος ἐν εὕρει sein? Dieses ist unmöglich. Augenscheinlich las aber der Scholiast zu πύργος ein attributives Partizipium in der von ihm angegebenen Bedeutung, nämlich τείνει πύργος ἀνείργων statt des verdorbenen ἐν εὕρει. Ganz evident beweist dieses das Scholion des Mediceus: μεταξὺ δὲ ἡμῶν δι᾿ ὀλίγου ἐστὶν ἡ τῶν πολεμίων δύναμις τῆς ἡμετέρας καὶ τὸ διάστημα ὁ πύργος ὁ διείργων ἐστίν. Wir haben also hier beinahe wörtlich die ursprüngliche Lesart πύργος ἀνείργων. Dass jedoch ἐν εὕρει schon ein alter Fehler sei beweist die Glosse ἐν πλάτει (εὗρος· πλάτος Hesych.) im Med., sowie die Erklärung des Schol. B. — Nicht minder interessant ist das schol. zu Pers. v. 134.

λέκτρα δ᾿ ἀνδρῶν πόθῳ πίμπλαται δακρύμασιν. Περσίδες δ᾿ ἀκροπενθεῖς ἑκάστα πόθῳ φιλάνορι τὸν αἰχμάεντα κ. τ. λ.

Wie anstössig hier das doppelte πόθῳ sei, leuchtet auf den ersten Blick ein; Weil verändert desshalb das zweite πόθῳ in γόῳ. Allein hätte derselbe die Scholien zu Rathe gezogen, so würde er gefunden haben, dass die urspr. Lesart ganz anders lautete. Richtig erkennt dieses Heimsoeth (Nachtr. p. 61), indem er sagt: »die Scholiasten haben einen andern Begriff, wenn sie schreiben: Schol. A. τὰ λέκτρα δὲ τῶν ἀνδρῶν τῇ αὐτῶν ἀποδημίᾳ καὶ ἀπουσίᾳ πίμπλανται καὶ πληροῦνται τοῖς δακρύμασιν, schol. Medic. τῇ ἀπουσίᾳ αὐτῶν, und so schol. Vit. 1. ἀποδημίᾳ — was, wenn es auch eine allgemeine Erklärung sein mag, doch πόθῳ nicht wiederzugeben scheint.« Dieses ist nun durchaus richtig; ἀποδημίᾳ entspricht nicht dem handschr. πόθῳ, aber auch nicht dem von Heimsoeth vermutheten σπάνει, sondern ist augenscheinlich die Paraphrasis von ὁδῷ, so dass auch hier wieder durch das Scholion ein Schreibfehler angezeigt wird. — Zuweilen werden auch in den Scholien Umstellungen von Versen und von einzelnen Worten angedeutet. So lesen beide Scholiasten zu Choeph. v. 484.

εἰ δὲ μή, παρ᾿ εὐδείπνοις χθονὸς
ἄτιμος ἐμπύροισι κνισωτοῖς ἔσει,

3

statt

> εἰ δὲ μή, παρ' εὐδείπνοις ἔσει
> ἄτιμος ἐμπύροισι κνισωτοῖς χθονός.

Namentlich ergibt sich dieses aus dem zweiten Scholion: εἰ δὲ μή, ἄτιμος ἐν πυροῖσι κνισωτοῖς ἔσῃ παρ' εὐδείπνοις χθονός, ὅ ἐστι παρὰ κατοιχομένοις δείπνῳ τιμωμένοις· οὕτως τὸ ἑξῆς. — Aehnlich verhält es sich Eum. v. 259.

> περὶ βρέτει πλεχθεὶς θεᾶς ἀμβρότου
> ὑπόδικος θέλει γενέσθαι χερῶν.

Dass diese Verse verdorben sind, unterliegt keinem Zweifel. Zwar sucht Schütz dieselben zu erklären; non vult obnoxius esse manibus nostris; indessen ist dieses sprachlich unmöglich. Daher verbessern schon Scaliger u. Wakefield χρεῶν, was Hermann billigt. Zur Unterstützung dieser Verbesserung führt der Letztere, wenn auch mit einem gewissen Bedenken, das Scholion an: ἀνθ' ὧν ἡμῖν χρεωστεῖ, πρόςφυξ θέλει γενέσθαι τῆς θεοῦ. Indessen sagt er selbst: Quamquam potest hoc ad solum vocabulum ὑπόδικος pertinere, quod Hesychius ita interpretatur: ὑπεύθυνος, χρεώστης, ἔνοχος δίκης. Es ist aber auch an und für sich die Conjectur χρεῶν offenbar unrichtig. Einmal ist der Gedanke nicht recht klar: »indem er das Bildniss der unsterblichen Göttin umschlungen hält, will er sich Recht sprechen lassen wegen der Schuld.« — Die Eumeniden sind vielmehr Richterinnen über das vergossene Blut. Daher beklagen sie sich, dass sich eine andere Göttin in diesen Prozess einmischt. Es fehlt daher in dem obigen Gedanken die Angabe, von wem er sich Recht sprechen lassen wollte, unter welche Gerichtsbarkeit er sich begebe. Dieses bezeichnet deutlich der Scholiast mit den Worten: ἀνθ' ὧν ἡμῖν χρεωστεῖ, πρόσφυξ θέλει γενέσθαι τῆς θεοῦ. Dann aber bezeichnet χρέος nimmermehr die Blutschuld; es ist und bleibt die Schuld, die man bezahlen muss und wird so im übertragenen Sinne gebraucht, wie Agam. 457: δημοκράντου δ' ἀρᾶς τίνει χρέος. An unserer Stelle aber soll es die Schuld bezeichnen, wegen welcher Orestes gerichtet werden soll. In dieser Beziehung lässt sich aber χρέος nicht nachweisen. Wenden wir uns nunmehr wieder zu dem Scholion, so werden wir finden,

dass dasselbe auf eine ganz andere Lesart hindeutet. Der Scholiast erklärt nämlich offenbar ὑπόδιχος durch πρόσφυξ, Klient,
Schützling. Analog erklärt es Hesychius. Dann verbindet jener
ὑπόδιχος mit θεᾶς. Diese Verbindung ist nun bei der jetzigen
Wortstellung wenn auch nicht unmöglich, doch äusserst hart. Daher ist wohl als sicher anzunehmen, dass der Scholiast las:

περὶ βρέτει πλεχθεὶς χεροῖν ἀμβρότου
ὑπόδιχος θέλει γενέσθαι θεᾶς.

χεροῖν und θεᾶς haben durch ein Versehen des Abschreibers ihre
Stellen vertauscht und nun verwandelte man χεροῖν in χερῶν, indem man es von ὑπόδιχος abhängig machte. Nicht selten enthalten
die Scholien wörtlich die richtige Lesart, welche im Text verdun-
kelt ist, so dass aus denselben auch Lücken ausgefüllt werden
können. So ergibt sich aus den Schol. zu Eum. v. 783: »σταλαγ-
μὸν δὲ τὴν κατὰ βραχὺ φθοράν« mit Evidenz, dass im Text des
Scholiasten μεθεῖσα καρδίας . . . χθονὶ φθοράν stand. Auch Heimsoeth hat dieses erkannt, der überhaupt die ganze Stelle richtig
behandelt, indem er σταλάξω statt σταλαγμόν liest. Ein verbum
finitum kann nämlich durchaus nicht fehlen und wenn die Scholiasten μεθεῖσα erklären als μετοχὴ ἀντὶ ῥήματος, so verwirft dieses
Burgard in seiner diss. de μέν et δέ p. 48 mit Recht und bemerkt:
»Omnes loci in quibus participium pro verbo finito videtur positum
esse, aut emendandi videntur, aut alia ratione explicandi«,' wenn er
auch in der Erklärung der vorliegenden Stelle unglücklich ist. Er
will nämlich βαλῶ statt βαλεῖ lesen und ἐκ δὲ τοῦ κ. τ. λ. paren-
thetisch fassen, was aber unmöglich ist. Die Scholien zu dieser
Stelle scheinen folgendermassen erklärt werden zu müssen: ἰόν·
τὸν εἰς τὴν γῆν φερόμενον, während σταλαγμόν κ. τ. λ. in dieser
Form einer späteren Zeit angehört. So bestätigt auch der II. Schol.
die Conjectur von Brunck zu Sept. 392.

μάχης δ᾽ ἐρῶν,

wo die Handschr. bloss μάχης ἐρῶν lesen: τὸ δὲ ἑξῆς οὕτως ἀσθ-
μαίνει δὲ καὶ σπεύδει ὡς ἵππος κ. τ. λ. Interessant ist, dass mit
Hülfe der Scholien sich sogar Fehler im Texte des Verfassers der
alten Paraphrasis, also des Didymus, nachweisen lassen, wie Suppl.
v. 885, welche Stelle ich im Commentar genauer behandeln werde.

21. Als eine zweite Hauptquelle der Fehler des überlieferten Textes haben wir die eingedrungene Erklärung anzusehen. Es ist ja klar, dass, da die Erklärungen theils an den Rand, theils zwischen die Linien des Textes geschrieben sind, die Erklärung leicht mit den ursprünglichen Lesarten vertauscht werden konnte. Es ist nun das grosse Verdienst Heimsoeths, auf die weitgehende Bedeutung dieser Quelle der Textesalterirung zuerst aufmerksam gemacht und diesen Gegenstand methodisch bearbeitet zu haben. So heisst es Pers. v. 117 ff. im M.

> ταῦτά μου μελαγχίτων
> φρὴν ἀμύσσεται φόβῳ,
> ὀᾶ, Περσικοῦ στατεύματος
> τοῦδε μὴ πόλις πύθη-
> ται κένανδρον μέγ᾽ ἄστυ Σουσίδος·

Vergebens müht sich Teuffel ab, dieses zu erklären, wenn er sagt: Περσ. στρ. zu verbinden mit φόβῳ (um das persische Heer), oder wahrscheinlicher mit κένανδρον: ne civitas audiat (i. e. eveniat) urbem Susidis hoc Persarum excercitu orbatam (esse). Zunächst fasst derselbe κένανδρον falsch auf; es bezeichnet dieses Attribut nichts weiter, als dass Susa von Männern ganz verlassen ist; sie sind ja sämmtlich mit Xerxes nach Griechenland gezogen. Ebenso wenig, wie diese Erklärung lässt sich die Conjektur von Weil Περσικοῦ στενάγματος rechtfertigen. Das Scholion konnte er unmöglich für dieselbe anführen; denn dieses ὀᾶ· Περσικὸν θρήνημα bezieht sich blos auf den Ausruf ὀᾶ. An dem folgenden τοῦδε durfte Weil keinen Anstoss nehmen; während nämlich στρ. γ΄. ἀντ. γ΄. στρ. δ΄. ἀντ. δ΄. ganz allgemein gehalten sind, wendet sich der Chor mit στρ. ε΄ wieder auf die augenblickliche Ursache zur Furcht. Daher ist τοῦδε ganz gerechtfertigt; es bezeichnet »dieses Heer«, das mit Xerxes nach Griechenland aufgebrochen ist. Die Corruptel liegt aber in keinem andern Worte, als in πόλις. Augenscheinlich ist dasselbe aus einer Interlinearglosse zu dem folgenden ἄστυ in den Text eingedrungen und hat das ursprüngliche μόρον, welches hier gar nicht fehlen kann, verdrängt. Demgemäss ist zu schreiben:

·δᾶ, Περσικοῦ στρατεύματος
τοῦδε μὴ μόρον πύθη-
ται κένανδρον μέγ᾽ ἄστυ Σουσίδος.

Uebrigens findet sich eine Andeutung dieser Lesart in dem ersten Scholion des Mediceus, welches leider verstümmelt auf uns gekommen ist: μὴ τὸ τῆς Σουσίδος ἄστυ κένανδρον ἀκούσῃ . . . Hier bricht dasselbe ab; aber wir erkennen deutlich, dass im Text dieses Scholiasten kein πόλις stand; vielmehr fasst er κένανδρον μέγ᾽ ἄστυ als Subjekt. Das Objekt, welches derselbe zu ἀκούσῃ las, ist uns nicht mehr überliefert. Es kann dieses aber nur μόρον gewesen sein, welches einzig und allein in den Zusammenhang passt. Das andere Scholion des Mediceus, μὴ πύθηθαί τις τῶν ἑτέρων πόλεων κενὸν ἀνδρῶν ὂν τὸ ἄστυ, welches möglicher Weise dem II. Scholiasten angehört, zeigt schon die verdorbene Lesart πόλις. — Dass das oben zitirte Scholion, das ich dem I. Scholiasten, also Didymus, zuschreibe, die Bruchstücke der alten Paraphrasis enthält, beweist die Erklärung von πύθηται durch ἀκούσῃ. Vgl. Hesych. πυθόμενος· ἀκούσας, πύθοντο· ἤκουον. Hierhin gehört auch die sog. Epodos in demselben Chorgesange v. 93 ff. Richtig theilt Weil dieselbe mit Seidler in Strophe u. Antistrophe:

στρ. δολόμητιν δ᾽ ἀπάταν θεοῦ
τίς ἀνὴρ θνατὸς ἀλύξει;
τίς ὁ κραιπνῷ ποδὶ πηδή-
ματος εὐπετοῦς ἀνάσσων;

ἀντ. φιλόφρων γὰρ παρασαίνει
βροτὸν εἰς ἄρκυας Ἄτα,
τόθεν οὐκ ἔστιν ὑπὲρ θνα-
τὸν ἀλύξαντα φυγεῖν.

So wäre die strophische Gliederung vortrefflich hergestellt; es bleiben nur einige Fehler in dem letzten Verse der Antistrophe zu emendiren übrig. Was Weil mit theilweiser Benutzung der Heimsoeth'schen Conjectur vorschlägt »ἀλυσκάζοντα φεύγειν« stimmt nicht genau mit der Strophe; dann aber liegt, wie Heimsoeth er-

kennt, der Hauptbegriff in dem ersten Worte, wesshalb er ὕπερθέν
νιν ἀλυσκάζειν φυγόντα schreibt. Richtig bemerkt derselbe zunächst,
dass θνατὸν als Glosse zu νίν zu streichen sei; augenscheinlich
konnte die Erklärung leicht den Text verdunkeln, wenn man sich
denselben folgendermassen geschrieben vorstellt:

θνατὸν

ὕπερθέν νιν. Dass hieraus unschwer ein ὑπὲρ θνατὸν werden konnte,
ist klar. Nur zweifle ich, ob ὕπερθεν von dem Dichter herrührt.
Wir erwarten hier offenbar den Begriff »hinterdrein, alsdann«; daher vermuthe ich ὄπισθέν νιν. Im Folgenden ist Heimsoeth weniger
glücklich. Das Scholion zu dieser Stelle lautet: διὸ οὐκ ἔστιν ἄνθρωπον ὑπεκδραμόντα φυγεῖν. Hieraus vermuthe ich, dass φυγεῖν
die Paraphrasis zu dem ursprünglichen ἀλύξαι sei, während das
Participium ὑπεκδραμόντα wörtlich aus dem Text in das Scholion
übergegangen ist. Desshalb schreibe ich diese Stelle:

τόθεν οὐκ ἔστιν ὄπισθέν
νιν ὑπεκδραμόντ' ἀλύξαι.

Mitunter lässt sich auch der Grund der Textesalterirung nicht mehr
nachweisen, und wir haben uns dann dahin zu entscheiden, dass
die Paraphrasis die ältere und bessere Lesart überliefert. Derartig
verhält es sich mit Pers. v. 616.

τῆς τ' αἰὲν ἐν φύλλοισι θαλλούσης βίον —

Mag man nun dieses θάλλειν βίον verstehen, wie διάγειν, διατελεῖν
βίον, welche Erklärung wegen des Zusatzes ἐν φύλλοισι noch die
vernünftigste wäre, wenn überhaupt diese Verbindung anginge,
oder βίον als Lebensunterhalt deuten, was einmal wegen ἐν φύλλοισι nicht geht, dann aber an und für sich nicht passt, da die
Frucht des Oelbaumes unmöglich βίος genannt werden kann,
soviel ist ersichtlich, dass βίον verderbt ist. Daher will Dindorf
ἴσον lesen, was ganz matt ist. Volckmar λίβας, was nichts besagt.
Nun lautet die vom Schol. A. überlieferte Paraphrasis: πάρεστι
γοῦν ταῖς ἐμαῖς χερσὶ καὶ καρπὸς ἐλαίας ξανθῆς τῆς αἰὲν θαλλούσης
τοῖς φύλλοις. Hiernach kann keine Frage sein, dass in dem Texte

dieses Scholiasten $\tau\tilde{\eta}\varsigma$ τ' $\alpha\grave{\iota}\grave{\epsilon}\nu$ $\grave{\epsilon}\nu$ $\varphi\acute{\nu}\lambda\lambda o\iota\sigma\iota$ $\vartheta\alpha\lambda\lambda o\acute{\nu}\sigma\eta\varsigma$ $\chi\epsilon\rho o\tilde{\iota}\nu$ stand. Hätte derselbe nicht $\chi\epsilon\rho o\tilde{\iota}\nu$ gelesen, so konnte er unmöglich $\tau\alpha\tilde{\iota}\varsigma$ $\grave{\epsilon}\mu\alpha\tilde{\iota}\varsigma$ $\chi\epsilon\rho o\acute{\iota}$ erklären. — Schliesslich sei nun noch bemerkt, dass die Lexikographen und namentlich Hesychius eifrig zu Rathe gezogen werden müssen, um die Lesart, welche der Verfasser der Paraphrasis vor Augen hatte, zu bestimmen, da ja zwischen den Lexica und den alten Scholien eine enge Verwandtschaft besteht. So überliefert zu Sept. ctr. Theb. v. 121. $\varphi\acute{o}\beta o\varsigma$ δ' $\mathit{A}\rho\epsilon\acute{\iota}\omega\nu$ $\H{o}\pi\lambda\omega\nu$ $\delta\iota\acute{\alpha}\delta\epsilon\tau o\iota$ der Scholiast: $\lambda\epsilon\acute{\iota}\pi\epsilon\iota$ $\mathring{\eta}$ $\acute{\nu}\pi\acute{o}\cdot$ $\acute{o}$ $\acute{\nu}\pi\grave{o}$ $\mathit{A}\rho\eta\acute{\iota}\omega\nu$ $\H{o}\pi\lambda\omega\nu$ $\varphi\acute{o}\beta o\varsigma$ $\tau\alpha\rho\acute{\alpha}\sigma\sigma\epsilon\iota$. Dass nun der Scholiast in dem vorliegenden Texte ein verbum finitum las, welches er durch $\tau\alpha\rho\acute{\alpha}\sigma\sigma\epsilon\iota$ erklärt, springt sofort in die Augen. Da aber Hesychius die Glosse aufbewahrt hat $\lambda\iota\acute{\alpha}\zeta\epsilon\iota\nu\cdot$ $\acute{\rho}\acute{\iota}\pi\tau\epsilon\iota\nu$, $\tau\alpha\rho\acute{\alpha}\sigma\sigma\epsilon\iota\nu$, so folgert hieraus Westphal (Emend. Aeschyl. Vrastisl. 1859 p. 13), dass statt des verdorbenen $\delta\iota\acute{\alpha}\delta\epsilon\tau o\iota$ — $\lambda\iota\acute{\alpha}\zeta\epsilon\iota\cdot$ $\delta\epsilon\tau o\grave{\iota}$ zu schreiben sei. — Für alle so eben besprochenen Fälle geben nun die Scholien zu den Supplices neue und schlagende Belege. Daher ist auch kein anderes Stück so geeignet, wie dieses, um in das Studium und die Kritik des Dichters einzuführen.

ΑΙΣΧΥΛΟΥ ΙΚΕΤΙΔΕΣ.

ΤΑ ΤΟΥ ΔΡΑΜΑΤΟΣ ΠΡΟΣΩΠΑ

ΧΟΡΟΣ ΔΑΝΑΙΔΩΝ.

ΔΑΝΑΟΣ.

ΒΑΣΙΛΕΥΣ ΑΡΓΕΙΩΝ.

ΚΗΡΥΞ.

ΟΠΑΔΟΙ.

Personenverzeichniss und Hypothesis fehlen im Mediceus. Die Rollen vertheilen sich unter die beiden Schauspieler so, dass der Protagonist Danaus und den Herold, der Deuteragonist den König zu spielen hatte.

ΧΟΡΟΣ.

Ζεὺς μὲν ἀφίκτωρ ἐπίδοι προφρόνως
στόλον ἡμέτερον νάϊον ἀρθέντ'
ἀπὸ προστομίων λεπτοψαμάθων
Νείλου. Δίαν δὲ λιποῦσαι   5
5 χθόνα σύγχορτον Συρίᾳ φεύγομεν,
οὔτιν' ἐφ' αἵματι δημηλασίαν
ψήφῳ πόλεως γνωσθεῖσαι,
ἀλλ' αὐτοτελεῖς τὸν φυξάνορα
γάμον Αἰγύπτου παίδων ἀσεβῆ τ'   10
10 ὀνοταζόμεναι.
Δαναὸς δὲ πατὴρ καὶ βούλαρχος
καὶ στασίαρχος, τάδε πεσσονομῶν,
κύδιστ' ἀχέων ἐπέκρανε,
φεύγειν ἀνέδην διὰ κῦμ' ἅλιον,   15
15 κέλσαι δ' Ἄργους γαῖαν, ὅθεν δὴ
γένος ἡμέτερον, τῆς οἰστροδόνου
βοὸς ἐξ ἐπαφῆς κἀξ ἐπιπνοίας
Διὸς εὐχόμενον, τετέλεσται.
τίνα δ' ἂν χώραν εὔφρονα μᾶλλον   20
20 τῆσδ' ἀφικοίμεθα
σὺν τοῖσδ' ἱκετῶν ἐγχειριδίοις
ἐριοστέπτοισι κλάδοισιν;
ὦ πόλις, ὦ γῆ καὶ λευκὸν ὕδωρ,
ὕπατοί τε θεοὶ καὶ βαρύτιμοι   25
25 χθόνιοι θήκας κατέχοντες,

κ αὶ Ζεὺς σωτὴρ τρίτος, οἰκοφύλαξ
ὁσίων ἀνδρῶν,
δέξαιθ᾽ ἱκέτην θηλυγενῆ στόλον
αἰδοίῳ πνεύματι χώρα·
30 ἀρσενοπληθῆ δ᾽ ἐσμὸν ὑβριστὴν
Αἰγυπτογενῆ,
πρὶν πόδα χέρσῳ τῇδ᾽ ἐν ἀσώδει
θεῖναι, ξὺν ὄχῳ ταχυήρει
πέμψατε πόντονδ᾽. ἔνθα δὲ λαίλαπι
35 χειμωνοτύπῳ, βροντῇ στεροπῇ τ᾽
ὀμβροφύροισίν τ᾽ ἀνέμοις ἀγρίας
ἁλὸς ἀντήσαντες ὄλοιντο,
πρίν ποτε λέκτρων, ὧν θέμις εἴργει,
σφετεριξάμενον πατραδέλφειαν
40 τήνδ᾽ ἀεκόντων ἐπιβῆναι.

στρ. α´   νῦν δ᾽ ἐπικεχλομένα Δῖον πόρτιν ὑπερπόντιον τιμάορ᾽, ἵνιν
ἀνθονομούσας προγόνου βοὸς ἐξ ἐπιπνοίας
Ζηνὸς· ἔφαψιν ἐπωνυμίαν δ᾽ ἐπέκρανεν ὁ μόρσιμος αἰὼν
εὐλόγως, Ἔπαφον δ᾽ ἐγέννασεν·

ἀντ. α´ 45 ὅντ᾽ ἐπιλεξαμένα, νῦν ἐν ποιονόμοις ματρὸς ἀρχαίας τόποις τῶν
πρόσθε πόνων μνασαμένα, προγόνων ἐπιδείξω
πιστὰ τεκμήρι᾽, ἃ γαιονόμοισιν ἄελπτά περ ὄντα φανεῖται.
γνώσεται δὲ λόγους τις ἐν μάχει.

στρ. β´   εἰ δὲ κυρεῖ τις πέλας οἰωνοπόλων
50 ἐγγάϊον οἶκτον ἀΐων,
δοξάσει τις ἀκούειν ὄπα τᾶς Τηρείας
μαινάδος οἰκτρᾶς ἀλόχου,
κιρκηλάτας ἀηδόνος,

ἀντ. β´   ἅτ᾽ ἀπὸ χώρων προτέρων εἰργομένα
55 πενθεῖ νέον οἶκτον ἠθέων·
ξυντίθησι δὲ παιδὸς μόρον, ὡς αὐτοφόνως
ὤλετο πρὸς χειρὸς ἔθεν
δυσμάτορος κότου τυχών.

— 45 —

στρ. γ' τὼς καὶ ἐγὼ φιλόδυρτος Ἰαονίοισι νόμοισι
60 δάπτω τὰν ἁπαλὰν νειλοθερῆ παρειὰν   70
ἀπειρόδακρύν τε καρδίαν·
γοεδνὰ δ' ἀνθεμίζομαι
δειμαίνουσα φίλους, τᾶσδε φυγᾶς
Ἀερίας ἀπὸ γᾶς   75
65 εἴ τίς ἐστι κηδεμών.

ἀντ. γ' ἀλλὰ θεοὶ γενέται, κλύετ', εὖ τὸ δίκαιον ἰδόντες,
ἥβᾳ μὴ τέλεον δόντες ἔχειν παρ' αἶσαν,
ὕβριν δ' ἐτύμως στυγόντες· οὐ   80
πέλοιτ' ἂν ἔνδικος γάμος.
70 ἔστι δὲ κἀκ πολέμου τειρομένοις
βωμὸς ἄρος· φυγάσιν
ῥῦμα δαιμόνων σέβας.

τσρ. δ' εἰ θείη θεὸς εὖ παναλη-   85
θῶς· Διὸς ἵμερος οὐκ
75 εὐθήρατος ἐτύχθη.
δαυλοὶ γὰρ πραπίδων   92
δάσκιοί τε τεί-
νουσι πόροι κατιδεῖν ἄφραστοι.   94
ἀντ. δ' πίπτει δ' ἀσφαλὲς οὐδ' ἐπὶ νώ-   90
80 τῳ, κορυφᾷ Διὸς εἰ
κρανθῇ πρᾶγμα τέλειον.
πάντα τοι φλεγέθει   87
κἀν σκότῳ μελαί-
νᾳ τε τύχᾳ μερόπεσσι λαοῖς.   89

στρ. ε' 85 ἰάπτει δ' ἐλπίδων   95
ἀφ' ὑψιπύργων πανώλεις βροτούς,
βίαν δ' οὔτις ἐξοπλίζει
τὰν ἄπονον δαιμονίαν.
θᾶσσον ἄνω φρόνημά πως   100
90 αὐτόθεν ἐξέπραξε βου-
λὰς ἑδράνων ἀφ' ἁγνῶν.

ἀντ. ε'

    ἰδέσθω δ' εἰς ὕβριν

    βρύτειον, οἷα νεάζει πυθμὴν

    δι' ἁμὸν γάμον τεθαλὼς   105

95   δυσπαραβούλοισι φρεσὶν,

    καὶ διάνοιαν μαινόλιν

    κέντρον ἔχων ἄφυκτον, Ἄ-

    τας δ' ἀπάταν μεταγνούς.   110

στρ. ς'

    τοιαῦτα πάθεα, μέλεα θρεομένα, λέγω

100   λιγέα βαρέα δακρυοπετῆ·

    ἰὴ ἰή, ἰηλέμοισιν ἐμπρεπὴς

    ζῶσα γόοις με τιμῶ.   116

    ἱλέομαι μὲν Ἀπίαν

    βοῦνιν, (καρβάναν αὐδὰν

105   εὖ, γᾶ, κοννεῖς;)

    πολλάκι δ' ἐμπίτνω

    ξὺν λακίδι λίνοισιν

    ἠδὲ Σιδονίᾳ καλύπτρᾳ.   120

ἀντ. ς'

    θεοῖς δ', ἐναγέα τέλεα μελυτυπῶν, καλῶ

110   ἐπίδρομος ὅθι θάνατος ἐπῇ.

    ἰὼ ἰὼ ἰὼ δυσάγκριτοι πόροι·   125

    ποῖ τόδε κῦμ' ἀπάξει;

    ἱλέομαι μὲν Ἀπίαν

    βοῦνιν, (καρβάναν αὐδὰν

115   εὖ, γᾶ, κοννεῖς;)

    πολλάκι δ' ἐμπίτνω   130

    ξὺν λακίδι λίνοισιν

    ἠδὲ Σιδονίᾳ καλύπτρᾳ.

στρ. ζ'

    πλάτα μὲν οὖν λινορραφής

120   τε δόμος ἅλα στέγων δορὸς   135

    ἀχείματόν μ' ἔπεμπε σὺν

    πνοιαῖσιν οὐδὲ μέμφομαι·

    τελευτὰς δ' ἐν χρόνῳ

    πατὴρ παντόπτας   140

125   πρευμενεῖς κτίσειεν.

— 47 —

σπέρμα δὲ σεμνᾶς μέγα ματρὸς
εὐνὰς ἀνδρῶν, ἐὲ, ἐὲ,
ἄγαμον ἀδάματον ἐκφυγεῖν.

ἀντ. ζ΄ θέλουσα δ᾽ αὖ θέλουσαν ἁ-
130 γνά μ᾽ ἐπιδέτω Διὸς κόρα,   145
ἔχουσα σέμν᾽ ἐνώπια·
σφοδρῶς δὲ παντί τε σθένει
διωγμοῖς προσβαλοῦσ᾽
ἀδμὴς ἀδμῆτας
135 ῥύσιος γενέσθω.   150
στέρμα δὲ σεμνᾶς μέγα ματρὸς
εὐνὰς ἀνδρῶν, ἐὲ, ἐὲ,
ἄγαμον ἀδάματον ἐκφυγεῖν.

στρ. η΄ εἰ δὲ μὴ, μελανθὲς
140 ἡλιόκτυπον γένος   155
τὸν γάϊον,
τὸν πολυξενώτατον
Ζῆνα τῶν κεκμηκότων
ἱξόμεσθα σὺν κλάδοις
145 ἀρτάναις θανοῦσαι,   160
μὴ τυχοῦσαι θεῶν Ὀλυμπίων.
ἃ Ζῆν, Ἰοῦς ἰώδης
μῆνις μαστίκτειρ᾽ ἐκ θεῶν.
κοννῶ δ᾽ ἄταν γαμετᾶς   164
150 οὐρανονίκου· χαλεποῦ γὰρ ἐκ
πνεύματος εἶσι χειμών.

ἀντ. η΄ καὶ τότ᾽ οὐ δικαίοις
Ζεὺς ἐπεύξεται λόγοις,
τὸν τᾶς βοὸς   170
155 παῖδ᾽ ἀτιμάσας, τὸν αὐ-
τός ποτ᾽ ἔκτισεν γόνῳ,
νῦν ἔχων παλίντροπον
ὄψιν ἐν λιταῖσιν·
ὑψόθεν δ᾽ εὖ κλύοι καλούμενος.

160 ἃ Ζῆν, Ἰοῦς ἰώδης
μῆνις μαστίκτειρ' ἐκ θεῶν.
χοννῶ δ' ἄταν γαμετᾶς
οὐρανονίκου· χαλεποῦ γὰρ ἐκ
πνεύματος εἶσι χειμών·

ΔΑΝΑΟΣ.

165 παῖδες, φρονεῖν χρή· ξὺν φρονοῦντι δ' ἥκετε   176
πιστῷ γέροντι τῷδε ναυκλήρῳ πατρί.
καὶ τἀπὶ χέρσου νῦν προμηθίαν λαβὼν
αἰνῶ φυλάξαι τἀμ' ἔπη δελτουμένας.
ὁρῶ κόνιν, ἄναυδον ἄγγελον στρατοῦ,   180
σύριγγες οὐ σιγῶσιν ἀξονήλατοι·
170 ὄχλον δ' ὑπασπιστῆρα καὶ δορυσσόον
λεύσσω ξὺν ἵπποις καμπύλοις τ' ὀχήμασιν.
τάχ' ἂν πρὸς ἡμᾶς τῆσδε γῆς ἀρχηγέται
ὀπτῆρες εἶεν ἀγγέλων πεπυσμένοι.   185
175 ἀλλ' εἴτ' ἀπήμων εἴτε καὶ τεθυμμένος
ἡμῖν ξὺν ὁρμῇ τόνδ' ἐπόρνυται στόλον,
ἄμεινόν ἐστι παντὸς οὕνεκ', ὦ κόραι,
πάγον προσίζειν τῶνδ' ἀγωνίων θεῶν.
χρείσσων δὲ πύργου βωμός, ἄρρηκτον σάκος.   190
180 ἀλλ' ὡς τάχιστα βᾶτε, καὶ λευχοστεφεῖς
ἱκτηρίας ἄγαλμά τ' αἰδοίου Διὸς,
σεμνῶς ἔχουσαι διὰ χερῶν ὀρθωνύμων,
αἰδοῖα καὶ γοεδνὰ καὶ ζαχρεῖ' ἔπη
ξένους ἀμείβεσθ', ὡς ἐπήλυδας πρέπει,   195
185 τορῶς λέγουσαι τάσδ' ἀναιμάκτους φυγάς.
φθογγῇ δ' ἐπέσθω πρῶτα μὲν τὸ μὴ θρασύ,
τὸ μὴ μάταιον δ' ἐκ μετώπων σωφρόνων
ἴτω προσέρπον ὄμματος παρ' ἡσύχου.
καὶ μὴ πρόλεσχος μηδ' ἐφολκὸς ἐν λόγῳ   200
190 γένῃ· τριβῇ δὲ κάρτ' ἐπίφθονον γένος.
μέμνησο δ' εἴκειν· χρεῖος εἶ ξένη φυγάς.
θρασυστομεῖν γὰρ οὐ πρέπει τοὺς ἥσσονας.

— 49 —

ΧΟΡΟΣ.

πάτερ, φρονούντως πρὸς φρονοῦντας ἐννέπεις.
φυλάξομαι δὲ τάσδε μεμνῆσθαι σέθεν   205
195 κεδνὰς ἐφετμάς· Ζεὺς δὲ γεννήτωρ ἴδοι.

ΔΑΝΑΟΣ.

ἴδοιτο δῆτα πρευμενοῦς ἀπ᾽ ὄμματος.

. . . . .

κείνου θέλοντος εὖ τελευτήσει τάδε.   210

ΧΟΡΟΣ.

θέλοιμ᾽ ἂν ἤδη σοὶ πέλας θρόνους ἔχειν.

ΔΑΝΑΟΣ.

200 μή νυν σχόλαζε, μηχανῆς δ᾽ ἔστω κράτος.   208

ΧΟΡΟΣ.

ὦ Ζεῦ, κόπων οἴκτειρε μὴ ἀπολωλότας.

ΔΑΝΑΟΣ.

καὶ Ζηνὸς ὄρνιν τόνδε νῦν κικλήσκετε.

ΧΟΡΟΣ.

καλοῦμεν αὐγὰς ἡλίου σωτηρίους.

ΔΑΝΑΟΣ.

ἁγνόν τ᾽ Ἀπόλλω, φυγάδ᾽ ἀπ᾽ οὐρανοῦ θεόν.

ΧΟΡΟΣ.

205 εἰδὼς ἂν αἶσαν τήνδε συγγνοίη βροτοῖς.   215

ΔΑΝΑΟΣ.

συγγνοῖτο δῆτα καὶ παρασταίη πρόφρων.

ΧΟΡΟΣ.

τίν᾽ οὖν κικλήσκω τῶνδε δαιμόνων ἔτι;

4

— 50 —

ΔΑΝΑΟΣ.

ὁρῶ τρίαιναν τήνδε σημεῖον. θεοῦ.

ΧΟΡΟΣ.

ἀλλ᾽ εὖ τ᾽ ἔπεμψεν εὖ τε δεξάσθω χθονί.

ΔΑΝΑΟΣ.

210 Ἑρμῆς ὅδ᾽ ἄλλος τοῖσιν Ἑλλήνων νόμοις. 220

ΧΟΡΟΣ.

ἐλευθέροις νυν ἐσθλὰ κηρυκευέτω.

ΔΑΝΑΟΣ.

πάντων δ᾽ ἀνάκτων τῶνδε κοινοβωμίαν
σέβεσθ᾽. ἐν ἁγνῷ δ᾽ ἐσμὸς ὡς πελειάδων
ἵζεσθε κίρκων τῶν ὁμοπτέρων φόβῳ,
215 ἐχθρῶς ὅμαιμον καταμιαινόντων γένος. 225
ὄρνιθος ὄρνις πῶς ἂν ἁγνεύοι φαγών;
πῶς δ᾽ ἂν γαμῶν ἄκουσαν ἄκοντος πατρὸς
ἁγνὸς γένοιτ᾽ ἄν; οὐδὲ μὴ ᾽ν Ἅιδου θανὼν
φύγῃ ματαίων αἰτίας, πράξας τάδε.
220 κἀκεῖ δικάζει τἀμπλακήμαθ᾽, ὡς λόγος, 230
Ζεὺς ἄλλος ἐν καμοῦσιν ὑστάτας δίκας.
σκοπεῖτε κἀμείβεσθε τόνδε τὸν τρόπον,
ὅπως ἂν ὑμῖν πρᾶγος εὖ νικᾷ τόδε.

ΒΑΣΙΛΕΥΣ.

ποδαπὸν ὅμιλον τόνδ᾽ ἀνελληνόστολον
225 πέπλοισι βαρβάροισι καὶ πυκνώμασι 235
χλίοντα προσφωνοῦμεν; οὐ γὰρ Ἀργολὶς
ἐσθὴς γυναικῶν οὐδ᾽ ἀφ᾽ Ἑλλάδος τόπων.
ὅπως δὲ χώραν οὐδὲ κηρύκων ὕπο,
ἀπρόξενοί τε, νόσφιν ἡγητῶν, μολεῖν
230 ἔτλητ᾽ ἀτρέστως, τοῦτο θαυμαστὸν πέλει. 240
κλάδοι γε μὲν δὴ κατὰ νόμους ἀφικτόρων
κεῖνται παρ᾽ ὑμῖν πρὸς θεοῖς ἀγωνίοις·

μόνον τόδ' Ἑλλὰς χϑὼν συνοίσεται στόχῳ.
καὶ τἄλλα πόλλ' ἐπεικάσαι δίκαιος ἦν,
235 εἰ μὴ παρόντι φϑόγγος ἦν ὁ σημανῶν.   245

ΧΟΡΟΣ.

εἴρηκας ἀμφὶ κόσμον ἀψευδῆ λόγον.
ἐγὼ δὲ πρός σε πότερον ὡς ἔτην λέγω,
ἢ τηρὸν ἱεροῦ ῥάβδον, ἢ πόλεως ἀγόν;

ΒΑΣΙΛΕΥΣ.

πρὸς ταῦτ' ἀμείβου καὶ λέγ' εὐθαρσὴς ἐμοί.
240 τοῦ γηγενοῦς γάρ εἰμὶ ἐγὼ Παλαίχϑονος   250
ἶνις Πελασγός, τῆσδε γῆς ἀρχηγέτης.
ἐμοῦ δ' ἄνακτος εὐλόγως ἐπώνυμον
γένος Πελασγῶν τήνδε καρποῦται χϑόνα.
καὶ πᾶσαν αἶαν, ἧς δι' ἁγνὸς ἔρχεται
245 Στρυμών, τὸ πρὸς δύνοντος ἡλίου, κρατῶ.   255
ὁρίζομαι δὲ τήν τε Περραιβῶν χϑόνα,
Πίνδου τε τἀπέκεινα, Παιόνων πέλας,
ὄρη τε Δωδωναῖα· συντέμνει δ' ὄρος
ὑγρᾶς θαλάσσης· τῶνδε τἀπὶ τάδε κρατῶ.
250 αὐτῆς δὲ χώρας Ἀπίας πέδον τόδε   260
πάλαι κέκληται φωτὸς ἰατροῦ χάριν.
Ἄπις γὰρ ἐλθὼν ἐκ πέρας Ναυπακτίας
ἰατρόμαντις παῖς Ἀπόλλωνος χϑόνα
τήνδ' ἐκκαθαίρει κνωδάλων βροτοφϑόρων,
255 τὰ δὴ παλαιῶν αἱμάτων μιάσμασι   265
χρανθεῖσ' ἀνῆκε γαῖα πημονῆς ἄχη,
δακῶν ὁμίλου δυσμενῆ ξυνοικίαν.
τούτων ἄχη τομαῖα καὶ λυτήρια
πράξας ἀμέμπτως Ἄπις Ἀργείᾳ χϑονὶ
260 μνήμην ποτ' ἀντίμισθον ηὗρετ' ἐν λιταῖς.   270
ἔχων δ' ἂν ἤδη τἀπ' ἐμοῦ τεκμήρια
γένος τ' ἂν ἐξεύχοιο καὶ λέγοις σέθεν.
μακράν γε μὲν δὴ ῥῆσιν οὐ στέργει πόλις.

ΧΟΡΟΣ.

βραχὺς τορός θ' ὁ μῦθος· Ἀργεῖαι γένος
265 ἐξευχόμεσθα, σπέρματ' εὐτέκνου βοός·   275
καὶ ταῦτ' ἀληθῆ πάντα προσφύσω λογῳ.

ΒΑΣΙΛΕΥΣ.

ἄπιστα μυθεῖσθ', ὦ ξέναι, κλύειν ἐμοὶ,
ὅπως τόδ' ὑμῖν ἐστιν Ἀργεῖον γένος
Λιβυστικαῖς γὰρ μᾶλλον ἐμφερέστεραι
270 γυναιξίν ἐστε κοὐδαμῶς ἐγχωρίαις.   280
καὶ Νεῖλος ἂν θρέψειε τοιοῦτον φυτὸν,
Κύπρος χαρακτήρ τ' ἐν γυναικείοις τύποις
εἰκὼς πέπληκται τεκτόνων πρὸς ἀρσένων·
Ἰνδάς τ' ἀκούω νομάδας ἱπποβάμοσιν
275 τοίας καμήλοις ἀστραβίζουσας, χθόνα   285
παρ' Αἰθίοψιν ἀστυγειτονουμένας.
καὶ τὰς ἀνάνδρους κρεοβόρους τ' Ἀμαζόνας,
εἰ τοξοτευχεῖς ἦτε, κάρτ' ἂν ᾔκασα
ὑμᾶς. διδαχθεὶς δ' ἂν τόδ' εἰδείην πλέον,
280 ὅπως γένεθλον σπέρμα τ' Ἀργεῖων τὸ σόν.   290

ΧΟΡΟΣ.

κληδοῦχον Ἥρας φασὶ δωμάτων ποτὲ
Ἰὼ γενέσθαι τῇδ' ἐν Ἀργείᾳ χθονί.

ΒΑΣΙΛΕΥΣ.

ἦν ὡς μάλιστα, καὶ φάτις πολλὴ κρατεῖ.
μὴ καὶ λόγος τις Ζῆνα μιχθῆναι βροτῷ;   295

ΧΟΡΟΣ.

283 κἄκρυπτά γ' Ἥρας ταῦτα τἀμπαλάγματα.

ΒΑΣΙΛΕΥΣ.

πῶς οὖν τελευτᾷ βασιλέων νείκη τάδε;

ΧΟΡΟΣ.

βοῦν τὴν γυναῖχ' ἔθηκεν Ἀργεία θεός.

ΒΑΣΙΛΕΥΣ.

οὐκοῦν πελάζει Ζεὺς ἐπ᾽ εὐκραίρῳ βοΐ;   300

ΧΟΡΟΣ.

φασὶν, πρέποντα βουθόρῳ ταύρῳ δέμας.

ΒΑΣΙΛΕΥΣ.

290 τί δῆτα πρὸς ταῦτ᾽ ἄλοχος ἰσχυρὰ Διός;

ΧΟΡΟΣ.

τὸν πάνθ᾽ ὁρῶντα φύλακ᾽ ἐπέστησεν βοΐ.

ΒΑΣΙΛΕΥΣ.

ποῖον πανόπτην οἰοβουκόλον λέγεις;

ΧΟΡΟΣ.

Ἄργον, τὸν Ἑρμῆς παῖδα γῆς κατέκτανε.   305

ΒΑΣΙΛΕΥΣ.

τί οὖν ἔτευξεν ἄλλο δυσπότμῳ βοΐ;

ΧΟΡΟΣ.

295 βοηλάτην μύωπα κινητήριον·

ΒΑΣΙΛΕΥΣ.   .

τοιγάρ νιν ἐκ γῆς ἤλασεν μακρῷ δρόμῳ;

ΧΟΡΟΣ.

καὶ ταῦτ᾽ ἔλεξας πάντα συγκόλλως ἐμοί.   310

ΒΑΣΙΛΕΥΣ.

καὶ μὴν Κάνωβον κἀπὶ Μέμφιν ἵκετο;

ΧΟΡΟΣ.

καὶ Ζεύς γ᾽ ἐφάπτωρ χειρὶ φιτύει γόνον.

ΒΑΣΙΛΕΥΣ.

300 τίς οὖν ὁ Δῖος πόρτις εὔχεται βοός;

ΧΟΡΟΣ.

Ἔπαφος ἀληθῶς ῥυσίων ἐπώνυμος.

ΒΑΣΙΛΕΥΣ.

. 315

ΧΟΡΟΣ.

Λιβύη, μέγιστον γῆς πέδον καρπουμένη.

ΒΑΣΙΛΕΥΣ.

τίν' οὖν ἔτ' ἄλλον τῆσδε βλαστημὸν λέγεις;

ΧΟΡΟΣ.

305 Βῆλον δίπαιδα, πατέρα τοῦδ' ἐμοῦ πατρός.

ΒΑΣΙΛΕΥΣ.

τὸ πάνσοφον νῦν ὄνομα τοῦτό μοι φράσον.

ΧΟΡΟΣ.

Δαναὸς, ἀδελφὸς δ' ἐστὶ πεντηκοντάπαις. 320

ΒΑΣΙΛΕΥΣ.

καὶ τοῦδ' ἄνοιγε τοὔνομ' ἀφθόνῳ λόγῳ.

ΧΟΡΟΣ.

Αἴγυπτος. εἰδὼς δ' ἁμὸν ἀρχαῖον γένος
310 πράσσοις ἂν ὡς Ἀργεῖον ἀντήσας στόλον.

ΒΑΣΙΛΕΥΣ.

δοκεῖτε δή μοι τῆσδε κοινωνεῖν χθονὸς
τἀρχαῖον. ἀλλὰ πῶς πατρῷα δώματα 325
λιπεῖν ἔτλητε; τίς κατέσκηψεν τύχη;

ΧΟΡΟΣ.

ἄναξ Πελασγῶν, αἰόλ᾽ ἀνθρώπων κακά.
315 πόνου δ᾽ ἴδοις ἂν οὐδαμοῦ ταυτὸν πτερόν·
ἐπεὶ τίς ηὔχει τήνδ᾽ ἀνέλπιστον φυγὴν
κέλσειν ἐς Ἄργος κῆδος ἐγγενὲς τὸ πρὶν,   330
ἔχθει μεταπτοιοῦσαν εὐναίων γάμων;

ΒΑΣΙΛΕΥΣ.

τί φῂς ἱκνεῖσθαι τῶνδ᾽ ἀγωνίων θεῶν,
320 λευκοστεφεῖς ἔχουσα νεοδρέπτους κλάδους;

ΧΟΡΟΣ.

ὡς μὴ γένωμαι δμωῒς Αἰγύπτου γένει.

ΒΑΣΙΛΕΥΣ.

πότερα κατ᾽ ἔχθραν, ἢ τὸ μὴ θέμις λέγεις;   335

ΧΟΡΟΣ.

τίς δ᾽ ἂν φιλοῦσ᾽ ὠνοῖτο τοὺς κεκτημένους;

ΒΑΣΙΛΕΥΣ.

σθένος μὲν οὕτως μεῖζον αὔξεται βροτοῖς.

ΧΟΡΟΣ.

325 καὶ δυστυχούντων γ᾽ εὐμαρὴς ἀπαλλαγή.

ΒΑΣΙΛΕΥΣ.

πῶς οὖν πρὸς ὑμᾶς εὐσεβὴς ἐγὼ πέλω;

ΧΟΡΟΣ.

αἰτοῦσι μὴ ᾽κδοὺς παισὶν Αἰγύπτου πάλιν.   340

ΒΑΣΙΛΕΥΣ.

βαρέα σύ γ᾽ εἶπας, πόλεμον αἴρεσθαι νέον.

ΧΟΡΟΣ.

ἀλλ' ἡ δίκη γε ξυμμάχων ὑπερστατεῖ.

ΒΑΣΙΛΑΥΣ.

330   εἴπερ γ' ἀπ' ἀρχῆς πραγμάτων κοινωνὸς ἦν.

ΧΟΡΟΣ.

αἰδοῦ σὺ πρύμναν πόλεος ὧδ' ἐστεμμένην.

ΒΑΣΙΛΕΥΣ.

πέφρικα λεύσσων τάσδ' ἕδρας κατασκίους.   345
βαρύς γε μέντοι Ζηνὸς ἱκεσίου κότος.

ΧΟΡΟΣ.

στρ. α΄   Παλαίχθονος τέκος, κλῦθί μου
335   πρόφρονι καρδίᾳ, Πελασγῶν ἄναξ.
      ἴδε με τὰν ἱκέτιν φυγάδα πρόδρομον,
      λυκοδίωκτον ὡς δάμαλιν ἂμ πέτραις   350
      ἠλιβάτοις, ἵν' ἀλκᾷ πίσυνος μέμυκεν.

ΒΑΣΙΛΕΥΣ.

      ὁρῶ κλάδοισι νεοδρόποις κατάσκιον
340   νεύονθ' ὅμιλον τῶνδ' ἀγωνίων θεῶν.   355
      εἴη δ' ἄνατον πρᾶγμα τοῦτ' ἀστοξένων.
      μ⁓δ' ἐξ ἀέλπτων κἀπρομηθήτων πόλει
      νεῖκος γένηται· τῶν γὰρ οὐ δεῖται πόλις.

ΧΟΡΟΣ.

ἀντ. α΄   ἴδοιτο δῆτ' ἄνατον φυγὰν
345   ἱκεσία Θέμις Διὸς κλαρίου.   360
      σὺ δὲ παρ' ὀψιγόνου μάθε γεραιόφρων·
      ποτιτρόπαιον αἰδόμενος οὐ πενεῖ·
      ἱεροδόκα θεῶν λήματ' ἀπ' ἀνδρὸς ἁγνοῦ.

ΒΑΣΙΛΕΥΣ.

οὔτοι κάθησθε δωμάτων ἐφέστιοι   365

350 ἐμῶν. τὸ κοινὸν δ᾽ εἰ μιαίνεται πόλις,
ξυνῇ μελέσθω λαὸς ἐκπονεῖν ἄκη.
ἐγὼ δ᾽ ἂν οὐ κραίνοιμ᾽ ὑπόσχεσιν πάρος,
ἀστοῖς δὲ πᾶσι τῶνδε κοινώσας πέρι.

ΧΟΡΟΣ.

στρ. β᾽   σύ τοι πόλις, σὺ δὲ τὸ δάμιον,   370
355   πρύτανις ἄκριτος ὢν,
     κρατύνεις βωμὸν, ἑστίαν χθονὸς,.
     μονοψήφοισι νεύμασιν σέθεν,
     μονοσκήπροισι δ᾽ ἐν θρόνοις χρέος
     πᾶν ἐπικραίνεις· ἄγος φυλάσσου.   375

ΒΑΣΙΛΕΥΣ.

360 ἄγος μὲν εἴη τοῖς ἐμοῖς παλιγκότοις,
ὑμῖν δ᾽ ἀρήγειν οὐκ ἔχω βλάβης ἄτερ·
οὐδ᾽ αὖ τόδ᾽ εὔφρον, τάσδ᾽ ἀτιμάσαι λιτάς.
ἀμηχανῶ δὲ καὶ φόβος μ᾽ ἔχει φρένας
δρᾶσαί τε μὴ δρᾶσαί τε καὶ τύχην ἑλεῖν.   380

ΧΟΡΟΣ.

ἀντ. β᾽ 365   τὸν ὑψόθεν σκοπὸν ἐπισκόπει,
     φύλακα πολυπόνων
     βροτῶν, οἳ τοῖς πέλας προσήμενοι
     δίκας οὐ τυγχάνουσιν ἐννόμου.
     μένει τοι Ζηνὸς ἱκτίου κότος   385
370   δυσπαραθέλκτους παθόντος οἴκτοις.

ΒΑΣΙΛΕΥΣ.

εἴ τοι κρατοῦσι παῖδες Αἰγύπτου σέθεν
νόμῳ πόλεως, φάσκοντες ἐγγύτατα γένους
εἶναι, τίς ἂν τοῖσδ᾽ ἀντιωθῆναι θέλοι;
δεῖ τοί σε φεύγειν κατὰ νόμους τοὺς οἴκοθεν, 390
375 ὡς οὐκ ἔχουσι κῦρος οὐδὲν ἀμφὶ σοῦ.

ΧΟΡΟΣ.

στρ. γ᾽   μή τί ποτ᾽ οὖν γενοίμαν ὑποχείριος

κάρτεσιν ἀρσένων. ὕπαστρον δέ τοι
μῆχαρ ὁρίζομαι γάμου δύσφρονος
φυγᾷ. ξύμμαχον δ᾽ ἑλόμενος δίκαν
380 κρῖνε σέβας τὸ πρὸς θεῶν.   396

ΒΑΣΙΛΕΥΣ.

οὐκ εὔκριτον τὸ κρῖμα· μή μ᾽ αἱροῦ κριτήν·
εἶπον δὲ καὶ πρὶν, οὐκ ἄνευ δήμου τάδε
πράξαιμ᾽ ἄν, οὐδέπερ κρατῶν, μὴ καὶ ποτὲ
εἴπῃ λεὼς, εἴ πού τι μὴ τοῖον τύχοι,   400
385 »ἐπήλυδας τιμῶν ἀπώλεσας πόλιν«.

ΧΟΡΟΣ.

ἀντ. γ΄   ἀμφοτέροις ὁμαίμων ταδ᾽ ἐπισκοπεῖ
Ζεὺς ἑτερορρεπὴς, νέμων εἰκότως
ἄδικα μὲν κακοῖς, ὅσια δ᾽ ἐννόμοις.
390 τί τῶνδ᾽ ἐξ ἴσου ῥεπομένων μεταλ-
γεῖς τὸ δίκαιον ἔρξαι;   406

ΒΑΣΙΛΕΥΣ.

δεῖ τοι βαθείας φροντίδος σωτηρίου,
δίκην κολυμβητῆρος, ἐς βυθὸν μολεῖν
δεδορκὸς ὄμμα, μηδ᾽ ἄγαν ᾠνωμένον
ὅπως ἄνατα ταῦτα πρῶτα μὲν πόλει,   410
395 αὐτοῖσί θ᾽ ἡμῖν ἐκτελευτήσει καλῶς,
καὶ μήτε δῆρις ῥυσίων ἐφάψεται
μήτ᾽ ἐν θεῶν ἕδραισιν ὧδ᾽ ἱδρυμένας
ἐκδόντες ὑμᾶς τὸν πανώλεθρον θεὸν
βαρὺν ξύνοικον θησόμεσθ᾽ ἀλάστορα,   415
400 ὃς οὐδ᾽ ἐν Ἅιδου τὸν θανόντ᾽ ἐλευθεροῖ.
μῶν οὖν δοκεῖ δεῖν φροντίδος σωτηρίου;

ΧΟΡΟΣ.

στρ. α΄   φρόντισον καὶ γενοῦ πανδίκως
εὐσεβὴς πρόξενος·   420
τὰν φυγάδα μὴ προδῷς,

405 τὰν ἔκαθεν ἐκβολαῖς
δυσθέοις ὀρμέναν.

ἀντ. α΄ μηδ᾽ ἴδῃς μ᾽ ἐξ ἑδρᾶν πανθέων
ῥυσιασθεῖσαν, ὦ
πᾶν κράτος ἔχων χθονός. 425
410 γνῶθι δ᾽ ὕβριν ἀνέρων
καὶ φύλαξαι κότον.

στρ. β΄ μή τι τλῇς τὰν ἱκέτιν εἰσιδεῖν
ἀπὸ βρετέων βίᾳ δίκας ἀγομέναν 430
ἱππηδὸν ἀμπύκων
415 πολυμίτων πέπλων τ᾽ ἐπιλαβὰς ἐμῶν·

ἀντ. β΄ ἴσθι γὰρ, παισὶ τάδε καὶ δόμοις
ὁπότερ ἂν κτίσῃς, μένει δορὶ τίνειν 435
ἀντίρροπον θέμιν.
τάδε φράσαι δίκαια Διόθεν κράτη.

ΒΑΣΙΛΕΥΣ.

420 καὶ δὴ πέφρασμαι· δεῦρο δ᾽ ἐξοκέλλεται·
ἢ τοῖσιν ἢ τοῖς πόλεμον αἴρεσθαι μέγαν
πᾶσ᾽ ἔστ᾽ ἀνάγκη. καὶ γεγόμφωται σκάφος 440
στρέβλαισι ναυτικαῖσιν ὡς προσηγμένον.
ἄνευ δὲ λύπης οὐδαμοῦ καταστροφή.
425 καὶ χρημάτων μὲν ἐκ δόμων πορθουμένων
γένοιτ᾽ ἂν ἄλλα κτησίου Διὸς χάριν, 445
σκάφην γεμίζειν καὶ μέγ᾽ ἐμπλῆσαι γόμου. 444
καὶ γλῶσσα τοξεύσασα μὴ τὰ καίρια,
γένοιτο μύθους μῦθος ἂν θελκτήριος,
430 ἀλγεινὰ θυμοῦ κάρτα κινητήρια.
ὅπως δ᾽ ὅμαιμον αἷμα μὴ γενήσεται,
δεῖ κάρτα θύειν καὶ πεσεῖν χρηστήρια 450
θεοῖσι πολλοῖς πολλά, πημονῆς ἄκη,
ἢ κάρτα νείκους τοῦδ᾽ ἐγὼ παροίχομαι·
435 θέλω δ᾽ ἄιδρις μᾶλλον ἢ σοφὸς κακῶν
εἶναι· γένοιτο δ᾽ εὖ παρὰ γνώμην ἐμήν.

ΧΟΡΟΣ.

πολλῶν ἄκουσον τέρματ' αἰδοίων λόγων.   455

ΒΑΣΙΛΕΥΣ.

ἤκουσα, καὶ λέγοις ἄν. οὔ με φεύξεται.

ΧΟΡΟΣ.

ἔχω στρόβους ζώνας τε, συλλαβὰς πέπλων.

ΒΑΣΙΛΕΥΣ.

440 τρυφῇ γυναικῶν ταῦτ' ἂν ἐμφερῇ πέλοι.

ΧΟΡΟΣ.

ἐκ τῶνδε τοίνυν, ἴσθι, μηχανὴν καλῶ.

ΒΑΣΙΛΕΥΣ.

λέξον τίν' αὐδὴν τήνδε γηρυθεῖσ' ἔσει.   460

ΧΟΡΟΣ.

εἰ μή τι πιστὸν τῷδ' ὑποστήσεις στόλῳ, —

ΒΑΣΙΛΕΥΣ.

τί σοι περαίνει μηχανὴ συζωμάτων;

ΧΟΡΟΣ.·

445 νέοις πίναξι βρέτεα κοσμῆσαι τάδε.

ΒΑΣΙΛΕΥΣ.

αἰνιγματῶδες τοὖπος· ἀλλ' ἁπλῶς φράσον.

ΧΟΡΟΣ.

ἐκ τῶνδ' ὅπως τάχιστ' ἀπάγξασθαι θεῶν.   465

ΒΑΣΙΛΕΥΣ.

ἤκουσα μαστικτῆρα καρδίας λόγον.

ΧΟΡΟΣ.

ξυνῆκας. ὠμμάτωσα γὰρ σαφέστερον.

ΒΑΣΙΛΕΥΣ.

450 καὶ πολλαχῇ γε δυσπάλαιστα πράγματα,
κακῶν δὲ πλῆθος ποταμὸς ὣς ἐπέρχεται·
ἄτης δ᾽ ἄβυσσον πέλαγος οὐ μάλ᾽ εὔπορον   470
τόδ᾽ ἐσβέβηκα, κοὐδαμοῦ. λιμὴν κακῶν.
εἰ μὲν γὰρ ὑμῖν μὴ τόδ᾽ ἐκπράξω χρέος,
455 μίασμ᾽ ἔλεξας οὐχ ὑπερτοξεύσιμον·
εἰ δ᾽ αὖθ᾽ ὁμαίμοις παισὶν Αἰγύπτου σέθεν
σταθεὶς πρὸ τειχέων διὰ μάχης ἥξω τέλους,   475
πῶς οὐχὶ τἀνάλωμα γίγνεται πικρὸν,
ἄνδρας γυναικῶν οὕνεχ᾽ αἱμάξαι πέδον;
460 ὅμως δ᾽ ἀνάγκη Ζηνὸς αἰδεῖσθαι κότον
ἱκτῆρος· ὕψιστος γὰρ ἐν βροτοῖς φόβος.

σὺ μὴν, πάτερ γεραιὲ τῶνδε παρθένων,   480
κλάδους γε τούτους αἶψ᾽ ἐν ἀγκάλαις λαβὼν
βωμοὺς ἐπ᾽ ἄλλους δαιμόνων ἐγχωρίων
465 θὲς, ὡς ἴδωσι τῆσδ᾽ ἀφίξεως τέκμαρ
πάντες πολῖται, μηδ᾽ ἀπορριφθῇ λόγος
ἐμοῦ· κατ᾽ ἀρχῆς γὰρ φιλαίτιος λεώς.   485
καὶ γὰρ τάχ᾽ ἄν τις οἰκτίσας, ἰδὼν τάδε,
ὕβριν μὲν ἐχθήρειεν ἄρσενος στόλου,
470 ὑμῖν δ᾽ ἂν εἴη δῆμος εὐμενέστερος·
τοῖς ἥσσοσιν γὰρ πᾶς τις εὐνοίας φέρει.

ΔΑΝΑΟΣ.

πολλῶν τάδ᾽ ἡμῖν ἐστιν ἠξιωμένα,   490
αἰδοῖον εὑρεθέντα πρόξενον λαβεῖν.
ὀπάονας δὲ φράστοράς τ᾽ ἐγχωρίων
475 ξύμπεμψον, ὡς ἂν τῶν πολισσούχων θεῶν
βωμοὺς προνάους καὶ πολυξέστους ἕδρας
εὕρωμεν, ἀσφάλεια δ᾽ ἦ δι᾽ ἄστεως   495
στείχουσι· μορφῆς δ᾽ οὐχ ὁμόστολος φύσις.

Νεῖλος γὰρ οὐχ ὅμοιον Ἰνάχῳ γένος
480 τρέφει. φύλαξαι μὴ θράσος τέκῃ φόνον.
καὶ δὴ φίλον τις ἔκταν' ἀγνοίας ὕπο.

ΒΑΣΙΛΕΥΣ.

στείχοιτ' ἂν, ἄνδρες· εὖ γὰρ ὁ ξένος λέγει. 500
ἡγεῖσθε βωμοὺς ἀστικούς, θεῶν ἕδρας·
καὶ ξυμβόλοισιν οὐ πολυστομεῖν χρεὼν
485 ναύτην ἄγοντάς τόνδ' ἐφέστιον θεῶν.

ΧΟΡΟΣ.

τούτῳ μὲν εἶπας, καὶ τεταγμένος κίοι·
ἐγὼ δὲ πῶς δρῶ; ποῦ θράσος νέμεις ἐμοί; 505

ΒΑΣΙΛΕΥΣ.

κλάδους μὲν αὐτοῦ λεῖπε, σημεῖον πόνου.

ΧΟΡΟΣ.

καὶ δή σφε λείπω χειρὶ καὶ λόγοις σέθεν.

ΒΑΣΙΛΕΥΣ.

490 λευρὸν κατ' ἄλσος νῦν ἐπιστρέφου τόδε.

ΧΟΡΟΣ.

καὶ πῶς βέβηλον ἄλσος ἂν ῥύοιτό με;

ΒΑΣΙΛΕΥΣ.

οὔτοι πτερωτῶν ἁρπαγαῖς σ' ἐκδώσομεν. 510

ΧΟΡΟΣ.

ἀλλ' εἰ δρακόντων δυσφρόνων ἐχθίοσιν.

ΒΑΣΙΛΕΥΣ.

εὔφημον εἴη τοὔπος εὐφημουμένῃ.

ΧΟΡΟΣ.

495 οὔτοι τι θαῦμα δυσφορεῖν φόβῳ φρενός.

ΒΑΣΙΛΕΥΣ.
ἀεὶ γυναικῶν ἐστι δεῖμ' ἐξαίσιον.

ΧΟΡΟΣ.
σὺ καὶ λέγων εὔφραινε καὶ πράσσων φρένα.　615

ΒΑΣΙΛΕΥΣ.
ἀλλ' οὔτι δαρὸν χρόνον ἐρημώσει πατήρ.
ἐγὼ δὲ λαοὺς συγκαλῶν ἐγχωρίους
500　σπεύσω, τὸ κοινὸν ὡς ἂν εὐμενὲς τιθῶ,
καὶ σὸν διδάξω πατέρα ποῖα χρὴ λέγειν.
πρὸς ταῦτα μίμνε καὶ θεοὺς ἐγχωρίους　520
λιταῖς παραιτοῦ, τῶν σ' ἔρως ἔχει τυχεῖν.
ἐγὼ δὲ ταῦτα πορσυνῶν ἐλεύσομαι·
505　πειθὼ δ' ἔποιτο καὶ τύχη πρακτήριως.

ΧΟΡΟΣ.

στρ. α'　ἄναξ ἀνάκτων, μακάρων
μακάρτατε καὶ τελέων　525
τελειότατον κράτος, ὄλβιε Ζεῦ,
πιθοῦ τε καί μ' ἀνόρθου·
510　ἄλευσον ἀνδρῶν ὕβριν εὖ στυγήσας·
λίμνᾳ δ' ἔμβαλε πορφυροειδεῖ　530
τὰν μελανόζυγ' ἄταν.

ἀντ. α'　τὸ πρὸς γυναικῶν ἐπιδών,
παλαίφατον ἁμέτερον
515　γένος φιλίας προγόνου γυναικὸς
νέωσον εὔφρον' αἶνον·
γενοῦ πολυμνᾶστορ ἔφαπτορ Ἰοῦς.　535
δῖόν τοι γένος εὐχόμεθ' εἶναι
γᾶς ἀπὸ τᾶσδ' ἔποικοι.

στρ. β' 520　παλαιὸν δ' εἰς ἴχνος μετέσταν
ματέρος ἀνθονόμους ἐπωπάς,
λειμῶνα βούχιλον, ἔνθεν Ἰὼ　540

οἴστρῳ ἐρεσσομένα
φεύγει ἁμαρτίνοος,
525 πολλὰ βροτῶν διαμειβομένα
φῦλα, διχῇ δ' ἀντίπορον   544
γαῖαν ἐν αἴσᾳ διατέμνουσα πόρον
κυματίαν ὁρίζει.

ἀντ. β'   ἰάπτει δ' Ἀσίδος δι' αἴας   547
530 μηλοβότου Φρυγίας διαμπάξ·
πείρει δὲ Τεύθραντος ἄστυ Μυσῶν,
Μαιονίας γύαλα·   ,   550
καὶ δι' ὁρῶν Κιλίκων,
Παμφύλων τε διορνυμένα
535 γᾶς ποταμοὺς ἀενάους   ,
καὶ βαθύπλουτον χθόν', ἀλᾶται δ' Ἀφροδίτας πολύπυρον αἶαν.   555

στρ. γ'   ἱκνεῖται δ' εἰσικνουμένου βέλει
   ,   βουκόλου πτερόεντος
540 Δῖον πάμβοτον ἄλσος,
λειμῶνα χληδόβοσκον, ὄντ'
εἰσέρχεται Τυφῶ μένος   560
ὕδωρ τε Νείλου νόσοις ἄθικτον.
μαινομένα δρόμοις ἀτί-
545   μοις ὀδύναις τε κεντροδα-
λήτισι θυιὰς Ἥρας.

ἀντ. γ'   βροτοὶ δ', οἳ γᾶς τότ' ἦσαν ἔννομοι,   565
χλωρῷ δείματι θυμὸν
πάλλοντ' ὄψιν ἀήθη,
550 βόσκημ' ὁρῶντες δυσχερὲς
μιξόμβροτον, τὰν μὲν βοός, .
τὰν δ' αὖ γυναικός· τέρας δ' ἐθάμβουν. 570
καὶ τότε δὴ τίς ἦν ὁ θέλ-
ξας πολύπλαγκτον ἀθλίαν
555 οἰστροδόνητον Ἰώ;

στρ. δ'   δι' αἰῶνος κρέων ἀπαύστου
            [πράκτωρ τῶνδ' ἐφάνη] Ζεύς.   575
            δύα δ' ἀπημάντῳ σθένει
            καὶ Διὸς περιπνοίαις
  560   παύεται, δακρύων δ' ἀπο-
                στάζει πένθιμον αἰδῶ.
            λαβοῦσα δ' ἕρμα Δῖον ἀψεγεῖ λόγῳ   580
            γείνατο παῖδ' ἀμεμφῆ,

ἀντ. δ'   δι' αἰῶνος μακροῦ πάνολβον.
  565   ἔνθεν πᾶσα βοᾷ χθών·
            „φυσιζόου γ' ἔρνος τόδε
            Ζηνός ἐστιν ἀληθῶς·   585
            τίς γὰρ ἂν κατέπαυσεν Ἥ-
                ρας νόσους ἐπιβούλους;“
  570   Διὸς τόδ' ἔργον· καὶ τόδ' ἂν γένος λέγων
            ἐξ Ἐπάφου κυρήσαις.

στρ. ε'   τίν' ἂν θεῶν ἐνδικωτέροισιν   590
            κεκλοίμαν εὐλόγως ἐπ' ἔργοις;
            αὐτὸς ὁ πατὴρ φυτουργὸς αὐτόχειρ ἄναξ
  575   γένους παλαιόφρων μέγας
            τέκτων, τὸ πᾶν μῆχαρ οὔριος Ζεύς.

ἀντ. ε'   ὑπ' ἀρχᾶς δ' οὔτινος θοάζων,   595
            τὸ μεῖον κρεισσόνων κρατύνων,
            οὔτινος ἄνωθεν ἡμένου σέβει κράτος.
  580   πάρεστι δ' ἔργον ὡς ἔπος
            σπεῦσαι· τί τῶνδ' οὐ Διὸς φέρει φρήν;

ΔΑΝΑΟΣ.

θαρσεῖτε, παῖδες, εὖ τὰ τῶν ἐγχωρίων   600
λαῶν δέδοκται παντελῆ ψηφίσματα.

ΧΟΡΟΣ.

ὦ χαῖρε πρέσβυ, φίλτατ' ἀγγέλων ἐμοί·
  585   ἔνισπε δ' ἡμῖν ποῖ κεκύρωται τέλος,
          δήμου κρατοῦσα χείρ θ' ὅπη πληθύνεται.

5

ΔΑΝΑΟΣ.

ἔδοξεν Ἀργείοισιν οὐ διχορρόπως,   605
ἀλλ᾽ ὥστ᾽ ἀνηβῆσαί με γηραιᾷ φρενί·
πανδημίᾳ γὰρ χερσὶ δεξιωνύμοις

590 ἔφριξεν αἰθὴρ τόνδε κραινόντων λόγον·
ἡμᾶς μετοικεῖν τῆσδε γῆς ἐλευθέρους
κἀρρυσιάστους ξύν τ᾽ ἀσυλίᾳ βροτῶν·   610
καὶ μήτ᾽ ἐνοίκων μήτ᾽ ἐπηλύδων τινὰ
ἄγειν· ἐὰν δὲ προστιθῇ τὸ καρτερὸν,

595 τὸν μὴ βοηθήσαντα τῶνδε γαμόρων
ἄτιμον εἶναι ξὺν φυγῇ δημηλάτῳ.
τοιάνδ᾽ ἔπειθε ῥῆσιν ἀμφ᾽ ἡμῶν λέγων   615
ἄναξ Πελασγῶν, ἱκεσίου Ζηνὸς κότον
μέγαν προφωνῶν μήποτ᾽ εἰσόπιν χρόνου

600 πόλιν παχῦναι, ξενικὸν ἀστικόν θ᾽ ἅμα
λέγων διπλοῦν μίασμα πρὸς πόλεως φανὲν
ἀμήχανον βόσκημα πημονῆς πέλειν.·   620
τοιαῦτ᾽ ἀκούων χερσὶν Ἀργεῖος λεὼς
ἔκραν᾽ ἄνευ κλητῆρος ὡς εἶναι τάδε.

605 δημηγόρους δ᾽ ἤκουσεν εὐπιθεῖς στροφὰς
δῆμος Πελασγῶν· Ζεὺς δ᾽ ἐπέκρανεν τέλος.

ΧΟΡΟΣ.

ἄγε δὴ, λέξωμεν ἐπ᾽ Ἀργείοις   625
εὐχὰς ἀγαθὰς, ἀγαθῶν ποινάς.
Ζεὺς δ᾽ ἐφορεύοι ξένιος ξενίου

610 στόματος τιμὰς ἐπ᾽ ἀληθείᾳ,
τέρμονα πέμπων πρὸς ἅπαντα.

στρ. α᾽   νῦν ὅτε καὶ θεοὶ Διογενεῖς κλύοιτ᾽ εὐ-   630
        κταῖα γένει χεούσας.
        μήποτε πυρίφατον τάνδε Πελασγίαν

615   τὸν ἄχορον βοὰν κτίσαι μάχλον Ἄρη,   635
        τὸν ἀρότοις θερίζοντα βροτοὺς ἐν ἄλλοις·
        οὕνεχ᾽ ᾤκτισαν ἡμᾶς,
        ψῆφον δ᾽ εὔφρον᾽ ἔθεντο,   640

αἰδοῦνται δ' ἱκέτας Διὸς,
620 ποίμναν τάνδ' ἀμέγαρτον.

ἀντ. α' οὐδὲ μετ' ἀρσένων ψῆφον ἔθεντ' ἀτιμώ-
σαντες ἔριν γυναικῶν,
Δῖον ἐπιδόμενοι πράκτορα πάνσκοπον 645
δυσπάλαμον, τὸν οὔτις ἂν δόμος ἔχοιτ'
625 ἐπ' ὀρόφων μιαίνοντα· βαρὺς δ' ἐφίζει. 650
ἅζονται γὰρ ὁμαίμους
Ζηνὸς ἵκτορας ἁγνοῦ.
τοιγάρτοι καθαροῖσι βω-
μοῖς θεοὺς ἀρέσονται. 655

στρ. β' 630 τοιγὰρ ὑποσκίων ἐκ στομάτων ποτά-
σθω φιλότιμος εὐχά·
μήποτε λοιμὸς ἀνδρῶν
τάνδε πόλιν κενώσαι· 660
μηδ' ἐπιχωρίοις στάσις
635 πτώμασιν αἱματίσαι πέδον γᾶς.
ἥβας δ' ἄνθος ἄδρεπτον
ἔστω, μηδ' Ἀφροδίτας
εὐνάτωρ βροτολοιγὸς Ἄ-
ρης κέρσειεν ἄωτον. 665

ἀντ. β' 640 καὶ γεραροῖσι πρεσβυτοδόκοι γέμουσαι θυμέλαι φλεγόντων·
τὼς πόλις εὖ νέμοιτο. 670
Ζῆνα μέγαν σεβόντων,
τὸν ξένιον δ' ὑπερτάτως,
645 ὃς πολιῷ νόμῳ αἶσαν ὀρθοῖ.
τίκτεσθαι δ' ἐφόρους γᾶς
κεδνοὺς εὐχόμεθ' ἀεὶ, 675
Ἄρτεμιν δ' ἑκάταν γυναι-
κῶν λόχους ἐφορεύειν.

στρ. γ' 650 καρποτελῆ δέ τοι Ζεὺς ἐπικραινέτω
φέρματι γᾶν πανώρῳ. 690

5 *

πρόνομα δὲ βοτὰ τὼς πολύγονα τελέθοι,
τὸ πᾶν τ' ἐκ δαιμόνων λάχοιεν.
εὐφάμοις δ' ἐπὶ βωμοῖς
655 μοῦσαν θείατ' ἀοιδοί·   695
ἁγνῶν τ' ἐκ στομάτων φερέ-
σθω φάμα φιλοφόρμιγξ.

ἀντ. γ' μηδέ τις ἀνδροκμῆς λοιγὸς ἐπελθέτω
τάνδε πόλιν δαΐζων,   680
660 ἄχορον ἀκίθαριν δακρυογόνον Ἄρη
βοάν τ' ἔνδημον ἐξοπλίζων.
νούσων δ' ἑσμὸς ἀπ' ἀστῶν
ἵζοι κρατὸς ἀτερπής·   685
εὐμενὴς δ' ὁ Λύκειος ἔ-
665 στω πάσᾳ νεολαίᾳ.

στρ. δ' φυλάσσοι τ' ἀτρεμαῖα τιμὰς
τὸ δάμιον, τὸ πτόλιν κρατύνει,
προμαθὶς εὐκοινόμητις ἀρχά·   700
ξένοισί τ' εὐξυμβόλους,
670 πρὶν ἐξοπλίζειν Ἄρη,
δίκας ἄτερ πημάτων διδοῖεν.

ἀντ. δ' θεοὺς δ', οἳ γᾶν ἔχουσιν, ἀεὶ
τίοιεν ἐγχωρίους πατρῴαις   705
δαφνηφόροις βουθύτοισι τιμαῖς.
675 τὸ γὰρ τεκόντων σέβας
τρίτον τόδ' ἐν θεσμίοις
Δίκας γέγραπται μεγιστοτίμου.

ΔΑΝΑΟΣ.

εὐχὰς μὲν αἰνῶ τάσδε σώφρονας, φίλαι·   710
ὑμεῖς δὲ μὴ τρέσῃτ' ἀκούσασαι πατρὸς
680 ἀπροσδοκήτους τούσδε καὶ νέους λόγους.
ἱκεταδόκου γὰρ τῇσδ' ἀπὸ σκοπῆς ὁρῶ
τὸ πλοῖον. εὔσημον γάρ, οὐδὲ λανθάνει
στολμοί τε λαίφους καὶ παραρρύσεις νεώς,   715

καὶ πρῷρα πρόσθεν ὄμμασιν βλέπουσ᾽ ὁδὸν,
685 οἴακος ἰθυντῆρος ὑστάτου νεὼς
ἄγαν καλῶς κλύουσα, + τὼς ἂν οὐ φίλη.
πρέπουσι δ᾽ ἄνδρες νάϊοι μελαγχίμοις
γυίοισι λευκῶν ἐκ πεπλωμάτων ἰδεῖν· 720
καὶ τἄλλα πλοῖα πᾶσά θ᾽ ἡ ᾽πικουρία
690 εὐπρεπτος· αὐτὴ δ᾽ ἡγεμὼν ὑπὸ χθόνα
στείλασα λαῖφος παγκρύτως ἐρέσσεται..
ἀλλ᾽ ἡσύχως χρὴ καὶ σεσωφρονισμένως
πρὸς πρᾶγμ᾽ ὁρώσας τῶνδε μὴ ἀμελεῖν θεῶν. 725
ἐγὼ δ᾽ ἀρωγοὺς ξυνδίκους θ᾽ ἥξω λαβών.
695 ἴσως γὰρ ἂν κῆρυξ τις ἢ πρέσβυς μόλοι,
ἄγειν θέλοντες ῥυσίων ἐφάπτορες.
ἀλλ᾽ οὐδὲν ἔσται τῶνδε· μὴ τρέσητέ νιν.
ὅμως ἄμεινον, εἰ βραδύνοιμεν βοῇ, 730
ἀλκῆς λαθέσθαι τῆσδε μηδαμῶς ποτέ.
700 θάρσει· χρόνῳ τοι κυρίῳ τ᾽ ἐν ἡμέρᾳ
θεοὺς ἀτίζων τις βροτῶν δώσει δίκην.

ΧΟΡΟΣ.

στρ. α΄ πάτερ, φοβοῦμαι, νῆες ὡς ὠκύπτεροι
ἥκουσι· μῆκος δ᾽ οὐδὲν ἐν μέσῳ χρόνου. 735
περίφοβόν μ᾽ ἔχει τάρβος ἐτητύμως,
705 πολυδρόμου φυγᾶς ὄφελος εἴ τί μοι.
παροίχομαι, πάτερ, δείματι.

ΔΑΝΑΟΣ.

ἐπεὶ τελεία ψῆφος Ἀργείων, τέκνα,
θάρσει, μαχοῦνται περὶ σέθεν, σάφ᾽ οἶδ᾽ ἐγώ. 740

ΧΟΡΟΣ.

ἀντ. α΄ ἐξῶλές ἐστι μάργον Αἰγύπτου γένος
710 μάχης τ᾽ ἄπληστον· καὶ λέγω πρὸς εἰδότα.
δοριπαγεῖς δ᾽ ἔχοντες κυανώπιδας
νῆας ἔπλευσαν ὧδ᾽ ἐπιτυχεῖ κότῳ
πολεῖ μελαγχίμῳ σὺν στρατῷ. 745

ΔΑΝΑΟΣ.

πολλοὺς δέ γ' εὑρήσουσιν ἐν μεσημβρίας
715 θάλπει βραχίον' εὖ κατερρινημένους.

ΧΟΡΟΣ.

στρ. βʹ μόνην δὲ μὴ πρόλειπε· λίσσομαι, πάτερ·
γυνὴ μονωθεῖσ' οὐδέν· οὐκ ἔνεστ' Ἄρης.
οὐλόφρονες δὲ καὶ δολιομήτιδες
δυσάγνοις φρεσὶν,   750
720 κόρακες ὥστε, βωμὸν ἀλέγοντες οὐδέν.

ΔΑΝΑΟΣ.

καλῶς ἂν ἡμῖν ξυμφέροι ταῦτ', ὦ τέκνα,
εἰ θεοῖς τε καὶ θεαῖσιν ἐχθαιροίατο.

ΧΟΡΟΣ.

ἀντ. βʹ οὐ μὴ τριαίνας τάσδε καὶ θεῶν σέβη   755
δείσαντες ἡμῶν χεῖρ' ἀπόσχωνται, πάτερ.
725 φυσίφρονες δ' ἄγαν ἀνιέρῳ μένει
μεμαργωμένοι
κυνοθρασεῖς, θεῶν ἐπαΐοντες οὐδέν.

ΔΑΝΑΟΣ.

ἀλλ' ἔστι φήμη τοὺς λύκους κρείσσους κυνῶν 760
εἶναι· βύβλου δὲ καρπὸς οὐ κρατεῖ στάχυν.

ΧΟΡΟΣ.

730 ὡς καὶ ματαίων ἀνοσίων τε κνωδάλων
ἔχοντες ὀργὰς, χρὴ φυλάσσεσθαι κράτος.

ΔΑΝΑΟΣ.

οὔτοι ταχεῖα ναυτικοῦ στρατοῦ στολή,
οὐδ' ὅρμος, οὐδὲ πεισμάτων σωτηρία 765
ἐς γῆν ἐνεγκεῖν, οὐδ' ἐν ἀγκυρουχίαις
735 θαρσοῦσι ναῶν ποιμένες παραυτίκα,
ἄλλως τε καὶ μολόντες ἀλίμενον χθόνα

ἐς νύκτ' ἀποστείχοντος ἡλίου· φιλεῖ
ὠδῖνα τίκτειν νὺξ κυβερνήτῃ σοφῷ,   770
(κἂν ᾖ γαλήνη νήνεμός θ' εὕδῃ κλύδων.)
740 οὕτω γένοιτ' ἂν οὐδάμ' ἔκβασις στρατοῦ
καλή, πρὶν ὅρμῳ ναῦν θρασυνθῆναι. σὺ δὲ
φρόνει μὲν ὡς ταρβοῦσα μὴ ἀμελεῖν θεῶν·

·   ·   ·   ·   ·   ·

πράξας ἀρωγήν. ἄγγελον δ'· οὐ μέμφεται
745 πόλις γέρονθ', ἡβῶντα δ' εὐγλώσσῳ φρενί.   775

ΧΟΡΟΣ.

στρ. α'   ἰὼ γᾶ βοῦνι, πάνδικον σέβας,
τί πεισόμεσθα; ποῖ φύγωμεν Ἀπίας
χθονός, κελαινὸν εἴ τι κεῦθός ἐστί που;
μέλας γενοίμαν καπνὸς
750   νέφεσσι γειτονῶν Διός·   780
τὸ πᾶν δ' ἀφάντως ἀμπετασθείην ὅπως
κόνις ἄτερ τε πτερύγων ὁροίμαν.

ἀντ. α'   ἄλυκτὸν δ' οὐκέτ' ἂν πέλοιθ' ὕπαρ·
κελαινόχρως δὲ πάλλεταί μου καρδία·   785
755   πατρὸς σκοπαὶ δέ μ' εἷλον· οἴχομαι φόβῳ.
θέλοιμι δ' ἂν μορσίμου
βρόχου τυχεῖν ἐν ἀρτάναις,
πρὶν ἄνδρ' ἀπευκτὸν τῷδε χριμφθῆναι χροΐ.
πρόπαρ θανούσας δ' Ἀίδας ἀνάσσοι.   791

στρ. β' 760   πόθεν δέ μοι γένοιτ' ἂν αἰθέρος θρόνος
πρὸς ὃν κύφελλ' ὑδρηλὰ γίγνεται χιών,
ἢ λισσὰς αἰγίλιψ ἀπρόσ-
δεικτος οἰόφρων κρεμὰς   795
γυπιὰς πέτρα, βαθὺ
765   πτῶμα μαρτυροῦσά μοι,
πρὶν δαΐκτορος βίᾳ
κέαρ γάμου κυρῆσαι.

— 72 —

ἀντ. β'
κυσὶν δ' ἔπειθ' ἕλωρα κἀπιχωρίοις 800
ὄρνισι δεῖπνον οὐκ ἀναίνομαι πέλειν·
770   τῷ γὰρ θανεῖν ἐλευθεροῦμαι φιλαιάχτων κακῶν.
ἐλθέτω μόρος πρὸ κοί-
τας γαμηλίου τυχών·
τοῦτον ἀμφί μου τέμω
775   πόρον γάμου λυτῆρα. 806

στρ. γ'
ἴυζε δ' ὀμφὰν οὐρανῷ,
μέλη θεοῖσι λιτανὰ καὶ
τέλεα δύας πελόμενά μοι 810
λύσιμα. χλιδὰν δ' ἔπιδε πάτερ
780   βίαια μὴ φαιδρῶς ὁρῶν
ὄμμασιν ἐνδίκοις· σεβί-
ζου δ' ἱκέτας σέθεν, γαι-
άοχε παγκρατὲς Ζεῦ. 815

ἀντ. γ'
γένος γὰρ Αἰγύπτου στυγνὸν
785   δύσοιστον ἀρσενογενές, οἳ
μετά με δρόμοισι διόμενοι
φυγάδα πάτοισι πολυθρόοις 820
βίαια δίζηνται λαβεῖν·
σὺν δ' ἐπίπαν ζυγὸν ταλάν-
790   του· τί δ' ἄνευ σέθεν θνα-
τοῖσι τέλειόν ἐστιν;

ΧΟΡΟΣ.

στρ. α'
+ ὀόὁ ἀάά 825
ὅδε μάρπισ
νάϊοσ
705   γάϊοσ
τῶν πρόμαρπτι κάμνοισ
λόφ
ὄμ
αὖθι κάκκασ
800   νυ
δυΐαν βοᾶν ἀμφαίνω.

ΚΗΡΥΞ.

σοῦσθε σοῦσθ' ἐπὶ βᾶριν ὅπως ποδῶν.
οὐκοῦν οὐκοῦν τιλμοὶ τιλμοὶ
καὶ στιγμοὶ, πολυαίμων,
805   φόνιος ἀποκοπὰ κρατός.   840

ΧΟΡΟΣ..

ἀντ. α'   + ὁρῶ τάδε φροίμια πράξαν πόνων   830
βιαίων ἐμῶν
ἠέ ἠέ
βαῖνε φυγᾶι πρὸσ ἀλκὰν
810   βλοσυρόφρονα χλιδᾶι
δυσφορανᾶι κᾶν γεᾶι
γᾶι ἄναξ προτάσσου.   835

ΚΗΡΥΞ.

σοῦσθε σοῦσθ' ὀλοαὶ μέγ' ἐπ' ἄμαλα.
.   .   .   .   .
815   .   .   .   .   .
.   .   .   .   .

ΧΟΡΟΣ.

στρ. β'   εἴθ' ἀνὰ πολύρυτον
ἁλμήεντα πόρον
δεσποσίῳ ξὺν ὕβρει   845
820   γομφοδέτῳ τε δόρει διώλου.
κελεύω βίαν σε μεθέσθαι,
ἴχαρ, φρενὸς ἄταν.   850

ΚΗΡΥΞ.

+ αἵμονεσ ὡσ ἐπάμιδα
ησυδουπια τάπιτα ἰὼ ἰόν.
825   λεῖφ' ἵδρανα κί' ἐσ δόρυ
ἀτίετανα πόλιν εὐσεβῶν.

— 74 —

ΧΟΡΟΣ.

ἀντ. β΄

μήποτε πάλιν ἴδοιν
ἀλφεσίβοιον ὕδωρ,   855
ἔνθεν ἀεξόμενον
830 ζώφυτον αἷμα βροτοῖσι θάλλει.
λατρείας, γέρον, βαθυχαῖος
ἄμοιρος ἐγὼ βαρείας.   860

ΚΗΡΥΞ.

+ σὺ δὲ ναῖ ναῖ
βάσῃ τάχα
835 θέλεοσ ἀθέλεοσ
βία . ι βία . ι πολλᾶ . ι φροῦδα
βάτεαι βαθυμιτροκαχὰ παθῶν
ὀλόμεναι παλάμαισ.   865

ΧΟΡΟΣ.

στρ. γ΄ αἰαῖ αἰαῖ.
840 εἰ γὰρ σὺν παλάμαις ὄλοιο
δι᾽ ἁλίρρυτον ἄλσος
κατὰ Σαρπηδόνιον
χῶμα πολύψαμμον ἀλαθείς,   870
εὐρείαις ἐν αὐλαῖς.

ΚΗΡΥΞ.

845 βαίνειν κελεύω βᾶριν εἰς ἀμφίστροφον   882
ὅσον τάχιστα· μηδέ τις σχολαζέτω.
ὁλκὴ γὰρ οὔτι πλόκαμον οὐδάμ᾽ ἄζεται.   884

ΧΟΡΟΣ.

οἰοῖ οἰοῖ.
ἀντ. γ΄ λυμάσεις σὺ πρὸ γᾶς ὑλάσχων
850 περίχαυνα βρυάζεις·
ὁ δ᾽ ἐπώπας, ὁ μέγας
Νεῖλος ὑβρίζοντος ἀποτρέ-   880
ψει᾽ ἀθέμιστον ὕβριν.

ΚΗΡΥΞ.

ἴυζε καὶ λάκαζε καὶ κάλει θεοὺς   873
855 χέουσα καὶ πικρότερον οἰζύος νόμον.   875
Αἰγυπτίαν γὰρ βᾶριν οὐχ ὑπερθορεῖ.   874

ΧΟΡΟΣ.

στρ. δ΄   οἰοῖ πάτερ, βρετέων ἄρος   885
ματᾷ· μάλα δ᾽ ἄγει μ᾽
ἄραχνος ὡς βάδην,
860   ὄναρ ὄναρ μέλαν.
ὀτοτοτοῖ.
μᾶ Γᾶ, μᾶ Γᾶ, βόαν
φοβερὸν ἀπότρεπε.   890
ὦ πᾶ, Γᾶς παῖ, Ζεῦ.

ΚΗΡΥΞ.

865 οὔτοι φοβοῦμαι δαίμονας τοὺς ἐνθάδε·
οὐ γάρ μ᾽ ἔθρεψαν, οὐδ᾽ ἐγήρασαν τροφῇ.

ΧΟΡΟΣ.

ἀντ. δ΄   μαιμᾷ πέλας δίπους ὄφις,   895
. . . . . .
ἔχιδνα δ᾽ ὥς μέ τις
870   ποτιδαχοῦσ᾽ ἔχει.
ὀτοτοτοῖ.
μᾶ Γᾶ, μᾶ Γᾶ, βόαν
φοβερὸν ἀπότρεπε,
ὦ πᾶ, Γᾶς παῖ, Ζεῦ.   900

ΚΗΡΥΞ.

875 εἰ μή τις ἐς ναῦν εἶσιν αἰνέσας τάδε,
λακὶς χιτῶνος ἔργον οὐ κατοικτιεῖ.

ΧΟΡΟΣ.

στρ. ε΄   ἰὼ πόλεως ἀγοὶ πρόμοι, δάμναμαι.

ΚΗΡΥΞ.

ἕλξειν ἔοιχ' ὑμᾶς ἀποσπάσας κόμης,   900

ἐπεὶ οὐκ ἀκούετ' ὀξὺ τῶν ἐμῶν λόγων.   910

ΧΟΡΟΣ.

ἀντ. ε' 880   διωλόμεσθ'· ἄελπτ', ἄναξ, πάσχομεν.

ΚΗΡΥΞ.

πολλοὺς ἄναχτας, παῖδας Αἰγύπτου, τάχα   905

ὄψεσθε· θαρσεῖτ', οὐκ ἐρεῖτ' ἀναρχίαν.

ΒΑΣΙΛΕΥΣ.

οὗτος, τί ποιεῖς; ἐκ ποίου φρονήματος

ἀνδρῶν Πελασγῶν τήνδ' ἀτιμάζεις χθόνα;

885   ἀλλ' ἦ γυναικῶν ἐς πόλιν δοκεῖς μολεῖν;

κάρβανος ὢν δ' Ἕλλησιν ἐγχλίεις ἄγαν·

κα‌ὶ πόλλ' ἁμαρτὼν οὐδὲν ὤρθωσας φρενί.   915

ΚΗΡΥΞ.

τί δ' ἠμπλάκηται τῶνδ' ἐμοὶ δίκης ἄτερ;

ΒΑΣΙΛΕΥΣ.

ξένος μὲν εἶναι πρῶτον οὐκ ἐπίστασαι.

ΚΗΡΥΞ.

890   πῶς δ' οὐχί; τἄμ' ὀλωλόθ' εὑρίσκων ἄγω.

ΒΑΣΙΛΕΥΣ.

ποίοισιν εἰπὼν προξένοις ἐγχωρίοις;

ΚΗΡΥΞ.

Ἑρμῇ μεγίστῳ προξένῳ μαστηρίῳ.   920

ΒΑΣΙΛΕΥΣ.

θεοῖσιν εἰπὼν τοὺς θεοὺς οὐδὲν σέβει.

ΚΗΡΥΞ.

τοὺς ἀμφὶ Νεῖλον δαίμονας σεβίζομαι.

ΒΑΣΙΛΕΥΣ.

895 οἱ δ' ἐνθάδ' οὐδέν, ὡς ἐγὼ σέθεν κλύω.

ΚΗΡΥΞ.

ἄγοιμ' ἂν, εἴ τις τάσδε μὴ 'ξαιρήσεται.

ΒΑΣΙΛΕΥΣ.

κλάοις ἂν, εἰ ψαύσειας, οὐ μάλ' ἐς μακράν. 925

ΚΗΡΥΞ.

ἤκουσα τοὖπος οὐδαμῶς φιλόξενον.

ΒΑΣΙΛΕΥΣ.

οὐ γὰρ ξενοῦμαι τοὺς θεῶν συλήτορας.

ΚΗΡΥΞ.

900 λέγοιμ' ἂν ἐλθὼν παισὶν Αἰγύπτου τάδε.

ΒΑΣΙΛΕΥΣ.

ἀβουκόλητον τοῦτ' ἐμῷ φρονήματι.

ΚΗΡΥΞ.

ἀλλ' ὡς ἂν εἰδὼς ἐννέπω σαφέστερον, 930
καὶ γὰρ πρέπει κήρυκ' ἀπαγγέλλειν τορῶς
ἕκαστα, πῶς φῶ πρὸς τίνος τ' ἀφαιρεθεὶς
905 ἥκειν γυναικῶν αὐτανέψιον στόλον;

ΒΑΣΙΛΕΥΣ.

τί σοι λέγειν χρὴ τοὔνομ'; ἐν χρόνῳ μαθὼν
εἴσει σύ τ' αὐτὸς χοἰ ξυνέμποροι σέθεν.
ταύτας δ' ἐχούσας μὲν κατ' εὔνοιαν φρενῶν 940
ἄγοις ἄν, εἴπερ εὐσεβὴς πίθοι λόγος.
910 τοιάδε δημόπρακτος ἐκ πόλεως μία

ψῆφος κέκρανται, μήποτ' ἐκδοῦναι βίᾳ
στόλον γυναικῶν. τῶνδ' ἐφήλωται τορῶς
γόμφος διαμπὰξ ὡς μένειν ἀραρότως.   945
ταῦτ' οὐ πίναξίν ἐστιν ἐγγεγραμμένα,
915   οὐδ' ἐν πτυχαῖς βίβλων κατεσφραγισμένα,
σαφῆ δ' ἀκούεις ἐξ ἐλευθεροστόμου
γλώσσης· κομίζου δ' ὡς τάχιστ' ἐξ ὀμμάτων.

ΚΗΡΥΞ.

εἴ σοι τόδ' ἡδὺ, πόλεμον αἴρεσθαι νέον,   950

.   .   .   .

920   οὔ τοι δικάζει ταῦτα μαρτύρων ὕπο   934
Ἄρης, τὸ νεῖκος δ' οὐκ ἐν ἀργύρου λαβῇ   935
ἔλυσεν, ἀλλὰ πολλὰ γίγνεται πάρος
πεσήματ' ἀνδρῶν κἀπολακτισμοὶ βίων.

.   .   .   .   .   .

925   εἴη δὲ νίκη καὶ κράτη τοῖς ἄρσεσιν.

ΒΑΣΙΛΕΥΣ.

ἀλλ' ἄρσενάς τοι τῆσδε γῆς οἰκήτορας
εὑρήσετ', οὐ πίνοντας ἐκ κριθῶν μέθυ.
ὑμεῖς δὲ πᾶσαι σὺν φίλαις ὀπάοσιν
θράσος λαβοῦσαι στείχετ' εὐερκῆ πόλιν,   955
930   πύργων βαθείᾳ μηχανῇ κεκλῃμένην.
καὶ δώματ' ἐστὶ πολλὰ μὲν τὰ δήμια,
δεδωμάτωμαι δ' οὐδ' ἐγὼ σμικρᾷ χερὶ,
εἰ θυμός ἐστιν εὐτύχους ναίειν δόμους
πολλῶν μετ' ἄλλων. εἰ δέ τις μείζων χάρις,   960
935   πάρεστιν οἰκεῖν καὶ μονορρύθμους δόμους.
τούτων τὰ λῷστα καὶ τὰ θυμηδέστατα
πάρεστι, λωτίσασθε· προστάτης δ' ἐγὼ,
ἀστοί τε πάντες, ὧνπερ ἥδε κραίνεται
ψῆφος. τί τῶνδε κυριωτέρους μένεις;   965

ΧΟΡΟΣ.

940   ἀλλ' ἀντ' ἀγαθῶν ἀγαθοῖσι βρύοις,
δῖε Πελασγῶν· πέμψον δὲ πρόφρων

— 79 —

δεῦρ' ἡμέτερον πατέρ' εὐθαρσῆ,
Δαναὸν, πρόνοον καὶ βούλαρχον.
τοῦ γὰρ προτέρα μῆτις ὅπου χρὴ   970
945 δώματα ναίειν καὶ τόπος εὔφρων.
πᾶς τις ἐπειπεῖν ψόγον ἀλλοθρόοις
  εὔτυχος· εἴη δὲ τὰ λῷστα.
ξύν τ' εὐκλείᾳ καὶ ἀμηνίτῳ   975
βάξει λαῶν   .   .   .
950   .   .   .   .   .
      .   .   ἐν χώρῳ
τάσσεσθε, φίλαι δμωΐδες, οὕτως
ὡς ἐφ' ἑκάστῃ διεκλήρωσεν
Δαναὸς θεραποντίδα φερνήν.

ΔΑΝΑΟΣ.

955 ὦ παῖδες, Ἀργείοισιν εὔχεσθαι χρεών,   980
θύειν τε λείβειν θ', ὡς θεοῖς Ὀλυμπίοις,
σπονδὰς, ἐπεὶ σωτῆρες οὐ διχορρόπως.
καί μου τὰ μὲν πραχθέντα πρὸς τοὺς ἐγγενεῖς
φίλους πικρῶς ἤκουσαν αὐτανεψίοις·
960 ἐμοὶ δ' ὀπαδοὺς τούσδε καὶ δορυσσόους   985
ἔταξαν, ὡς ἔχοιμι τίμιον γέρας,
καὶ μήτ' ἀέλπτως δοριχανεῖ μόρῳ θανὼν
λάθοιμι, χώρᾳ δ' ἄχθος ἀείζων πέλοι.
τοιῶνδε τυγχάνοντας εὐπρυμνῇ φρενὸς
965 χάριν σέβεσθαι τιμιωτέραν χρεών.   990
καὶ ταῦτα μὲν γράψεσθε πρὸς γεγραμμένοις
πολλοῖσιν ἄλλοις σωφρονίσμασιν πατρὸς,
ἀγνῶθ' ὅμιλον ὡς ἐλέγχεσθαι χρόνῳ.
πᾶς δ' ἐν μετοίκῳ γλῶσσαν εὔστοχον φέρει
970 κακὴν, τό τ' εἰπεῖν εὐπετὲς μύσαγμά πως·   995
ὑμᾶς δ' ἐπαινῶ μὴ καταισχύνειν ἐμέ
ὥραν ἐχούσας τήνδ' ἐπίστρεπτον βροτοῖς·
ἕλωρα κωλύουσα δ' ὡς μένειν Ἔρῳ   1002
καρπώματα στάζοντα κηρύσσει Κύπρις.   1001
975 τέρειν' ὀπώρα δ' εὐφύλακτος οὐδαμῶς·
θῆρες δὲ κηραίνουσί νιν βροτῶν δίκην

καὶ κνώδαλα πτεροῦντα καὶ πεδοστιβῆ. 1000
καὶ παρθένων χλιδαῖσιν εὐμόρφοις ἔπι
πᾶς τις παρελθὼν ὄμματος θελκτήριον
980 τόξευμ᾽ ἔπεμψεν, ἱμέρου νικώμενος. 1005
πρὸς ταῦτα μὴ πάθωμεν, ὧν πολὺς πόνος,
πολὺς δὲ πόντος οὕνεκ᾽ ἠρόθη δορὶ,
μηδ᾽ αἶσχος ἡμῖν, ἡδονὴν δ᾽ ἐχθροῖς ἐμοῖς
πράξωμεν. οἴκησις δὲ καὶ διπλῆ πάρα·
985 τὴν μὲν Πελασγὸς, τὴν δὲ καὶ πόλις διδοῖ, 1010
οἰκεῖν λατρῶν ἄτερθεν· εὐπετῆ τάδε.
μόνον φύλαξαι τάσδ᾽ ἐπιστολὰς πατρὸς,
τὸ σωφρονεῖν τιμῶσα τοῦ βίου πλέον.

ΧΟΡΟΣ.

τἄλλ᾽ εὐτυχοῖμεν πρὸς θεῶν Ὀλυμπίων·
990 ἐμῆς δ᾽ ὀπώρας οὕνεκ᾽ εὖ θάρσει, πάτερ. 1015
εἰ γάρ τι μὴ θεοῖς βεβούλευται νέον,
ἴχνος τὸ πρόσθεν οὐ διαστρέψω φρενός.

στρ. α΄ Α. ἴτε μὰν ἀστυάνακτας μάκαρας θεοὺς γανάοντες
πολιούχους τε καὶ οἳ χεῦμ᾽ Ἐρασίνου 1020
995 περιναίονται παλαιόν.

Β. ὑποδέξασθε δ᾽ ὀπαδοὶ
μέλος· αἶνος δὲ πόλιν τάνδε Πελασγῶν 1024
ἐχέτω, μηδ᾽ ἔτι Νείλου προχοὰς σέβωμεν ὕμνοις·

ἀντ. α΄ Α. ποταμοὺς δ᾽ οἳ διὰ χώρας θελεμὸν πῶμα χέουσιν
1000 πολύτεκνοι, λιπαροῖς χεύμασι γαίας
τόδε μειλίσσοντες οὖδας. 1030

Β. ἐπίδοι δ᾽ Ἄρτεμις ἁγνὰ
στόλον οἰκτιζομένα, μηδ᾽ ὑπ᾽ ἀνάγκας
γάμος ἔλθοι Κυθερείας· στυγερῶν πέλοι τόδ᾽ ἄθλον.

στρ. β΄ Γ. 1005 Κύπριδος δ᾽ οὐκ ἀμελεῖ θεσμὸς ὅδ᾽ εὔφρων.
δύναται γὰρ Διὸς ἄγχιστα σὺν Ἥρᾳ· 1036

Δ. τίεται δ' αἰολόμητις θεὸς ἔργοις ἐπὶ σεμνοῖς.

Γ. μετάκοινοι δὲ φίλᾳ ματρὶ πάρεισιν
Πόθος, ᾇ τ' οὐδὲν ἄπαρνον τελέθει θέλκτορι Πειθοῖ. 1040

1010 Δ. δέδοται δ' Ἁρμονίᾳ μοῖρ' Ἀφροδίτας
ψεδυραὶ τρίβοι τ' ἐρώτων.

ἀντ. β΄ Α. φυγάδεσσιν δ' ἐπιπνοίας κακά τ' ἄλγη
πολέμους θ' αἱματόεντας προφοβοῦμαι. 1045

Β. τί ποτ' εὔπλοιαν ἔπραξαν ταχυπόμποισι διωγμοῖς;

1015 Γ. Ὅ τί τοι μόρσιμόν ἐστιν, τὸ γένοιτ' ἄν.

Διὸς οὐ παρβατός ἐστιν μεγάλα φρὴν ἀπέραντος·

Δ. μετὰ πολλῶν δὲ γάμων ἅδε τελευτὰ 1050
προτερᾶν πέλοι γυναικῶν.

στρ. γ΄ Α. ὁ μέγας Ζεὺς ἀπαλέξαι
1020 γάμον Αἰγυπτογενῆ μοι.

Γ. σὺ δὲ θέλγοις ἂν ἄθελκτον.

Β. τὸ μὲν ἂν βέλτατον εἴη. 1055

Δ. σὺ δέ γ' οὐκ οἶσθα τὸ μέλλον.

ἀντ. γ΄ Α. τί δὲ μέλλω φρένα Δίαν
1025 καθορᾶν, ὄψιν ἄβυσσον;

Γ. μέτριον νῦν ἔπος εὔχου. 1060

Β. τίνα καιρόν με διδάσκεις;

Δ. τὰ θεῶν μηδὲν ἀγάζειν.

6

στρ. δ΄ Α. Β.   Ζεὺς ἄναξ ἀποστεροίη γάμον δυσανορα
      1030   δάϊον, ὅσπερ Ἰὼ   1065
            πημονὰς ἐλύσατ᾽ εὖ χειρὶ παιωνίᾳ κατασχεθὼν,
            εὐμενεῖ βίᾳ κτίσας.

ἀντ. δ΄ Α. Β.   καὶ κράτος νέμοι γυναιξίν· τὸ βέλτερον κακοῦ
            καὶ τὸ δίμοιρον αἰνῶ,   1071
      1035   καὶ δίκᾳ δίκας ἕπεσθαι, ξὺν εὐχαῖς ἐμαῖς λυτηρίοις
            μηχαναῖς θεοῦ πάρα.

COMMENTAR.

Der Ort der Handlung ist eine hügelige Gegend von Argos in der Nähe des Meeres. Auf einer im Vordergrunde sich befindenden Anhöhe, von wo aus man einen Blick auf das Meer hatte, stand ein Götteraltar (*κοινοβωμία*). Auf demselben befanden sich die Bildnisse des Zeus, Helios, Apollo, Poseidon und Hermes, wie sich aus dem Gebete des Chors (v. 209—220) ergibt. Wahrscheinlich standen dieselben in folgender Ordnung:

Zeus

Poseidon	Helios
Hermes	Apollo

Aus v. 222. »*πάντων δ' ἀνάκτων τῶνδε κοινοβωμίαν σέβεσθ'*« folgt, dass auch dort noch die Bilder anderer Gottheiten aufgestellt waren. Mit Sicherheit lässt sich ;wohl annehmen, dass hierunter Hera und Aphrodite einbegriffen waren.

I. Parodos. v. 1—164.

Der Prolog fehlt in unserem Drama, wie in den Persern. Was die Bedeutung der Parodos angeht, so sind die mannigfaltigsten Versuche gemacht worden, einen prinzipiellen Unterschied zwischen Parodos und Stasimon festzustellen, ohne dass dieses jedoch gelungen wäre. Es sind nun aber auch alle diese Versuche völlig unnütz und vergeblich, da Parodos und Stasimon bloss durch die Stellung in der Tragödie von einander verschiedene Chorika sind. Während nämlich die Parodos das erste Lied des Chores ist, welches zwischen dem Prolog und dem 1. Epeisodion, oder, wenn der Prolog fehlt, unmittelbar zu Anfang des Stückes, also beim ersten Auftreten des Chores von demselben gesungen wurde, theilen die Stasima, die zwischen zwei Epeisodia ihren Platz haben,

6*

die Tragödie in Akte. Sie bringen somit gewissermassen die Handlung zum Stehen; daher der Name Stasimon.[1]) Weiter wusste auch Aristoteles im 12. Cap. seiner Poetik nichts über Parodos und Stasimon anzugeben: Χορικοῦ δὲ πάροδος μὲν ἡ πρώτη λέξις ὅλη τοῦ χοροῦ, στάσιμον δὲ μέλος τοῦ χοροῦ τὸ μετ᾽ ἐπεισόδιον ἄνευ ἀναπαιστικοῦ καὶ τροχαϊκοῦ.[2]) Dass nämlich die Ansicht falsch sei, wonach jener Stelle zufolge ein Hauptunterschied zwischen Parodos und Stasimon darin beruhe, dass jene eine λέξις, dieses ein μέλος, sei, hat Westphal Prol. p. 58 in dem I. Abschn. »die Gliederung der Aeschyleischen Tragödie« nachgewiesen. λέξις bedeutet demgemäss nicht bloss »Sprechen, Recitiren», sondern bezeichnet auch die gesungenen Worte der melischen Verse, wofür Westphal die Angaben des Aristoxenus und Aristides (Gr. Metr. I., Suppl. p. 7, 14 u. 9, 7 sowie p. 27) und die vorhergehenden Worte des Aristoteles »ἐπεισόδιον δὲ μέρος ὅλον τραγῳδίας τὸ μεταξὺ [δύο] ὅλων χορικῶν μελῶν« vergleicht, woraus sich ergebe, dass des Aristoxenus Lehrer Aristoteles λέξις in demselben allgemeinern Sinne gebraucht habe, wie jener sein Schüler. Das Wort ist aber hier von Aristoteles mit Absicht gewählt worden, weil die einleitenden Anapäste bloss von dem Koryphaeos rezitirt wurden. Endlich weist Westphal p. 60 nach, dass die Erklärung des Aristoteles »das Stasimon ist ein Chorlied, bei welchem keine anapästische und trochäische Partie vorkömmt«, zu eng sei, da sie bloss für Sophocles und Euripides gelte, Aeschylus aber nicht berücksichtige.

A. Einleitende anapästische Partie. (v. 1—40.)

Gefolgt von den Dienerinnen betritt der Chor die Orchestra, eine ebene Wiese, die sich an das Heiligthum der Götter anlehnte. Während nun derselbe die Orchestra durchwandelt, um den Zu-

---

1) Anders deutet G. Hermann, dem Westphal, Metrik II. p. 312 beistimmt, den Namen Stasimon: „Neque stasimum ab eo, quod immotus stet chorus, dictum est, sed quod a choro non accendente primum et ordines explicante, sed iam tenente stationes suas canatur." Dass diese Erklärung unmöglich richtig sein kann, ergibt sich z. B. aus dem I. Stasimon der Supplices des Aeschylus. Der Chor befindet sich während des I. Epeisodions auf der Bühne und verlässt dieselbe in Folge der Aufforderung des Königs, um sich in die Orchestra zu begeben. Dort musste er doch erst von Neuem seine Aufstellung nehmen, ehe er das Lied beginnen konnte.

2) So schreibt Westphal p. 68 seiner Schrift über Aeschylus statt des handschr. χορικοῦ δὲ πάροδος μὲν ἡ πρώτη λέξις ὅλου χοροῦ, στάσιμον δὲ μέλος χοροῦ τὸ ἄνευ ἀναπαίστου καὶ τροχαίου. Statt χορικοῦ scheint übrigens χορικῶν gelesen werden zu müssen,

schauern seine glänzende Ausrüstung zu zeigen, rezitirt der Koryphäos die Anapäste. Vgl. Westphal, Metrik II. p. 304. Dieselben
sollen die Zuhörer über die Situation aufklären und die Lage der
Jungfrauen schildern. Dass die einem Chorikon unmittelbar vorausgehenden Anapäste durchweg als eine zu den folgenden Strophen
gehörende Einleitung und somit als ein integrirender Theil des
Chorikon erscheinen, die auf ein Chorikon unmittelbar folgenden
Anapäste hingegen von demselben abzusondern sind und den Anfang des Epeisodion bilden, ist von Westphal aus innern Gründen
und an der Hand der alten Ueberlieferung genauer nachgewiesen.
(Vgl. Prol. p. 57 ff.)

I. v. 1—5. Feierliche Anrufung des Zeus, des Flüchtlingshortes,
gnädig auf den Zug der Jungfrauen herabzusehen, die zu Schiffe
von des Nils feinsandigem Mündungslande aufgebrochen seien.

v. 1. ἀφίκτωρ· ἱκετῶν ἔφορος. schol. Als Ζεὺς ξένιος schützt
der Gott die Rechte der Gastfreundschaft; daher richten an ihn
zuerst die Schutzflehenden ihre Bitten.

v. 2. ναῖον ἀρόεντ' M. νάϊον ἀρθέντα Turn. (ed. Adr. Turnebi
Paris. 1557) navibus profectum.

v. 3. ἀπὸ προστομίων· τινὲς τῆς Φάρου Αἰγύπτου· προπάροιθε
γάρ ἐστιν. ἄμεινον δὲ τὰ στόμια ἀκούειν, πλεοναζούσης τῆς πρό. διὰ
γὰρ τοῦ Ἡρακλεωτικοῦ στομίου τὴν φυγὴν ἐποιήσαντο. Ueber die Bedeutung von προστόμιον stritten also schon die alten Grammatiker,
indem einige darunter »das vor der Mündung gelegene Land« verstanden, nämlich die kleine Insel Pharos, die durch ihren Leucht-
thurm berühmt war und später von Alexander M. durch einen
7 Stadien langen Damm mit Alexandrien verbunden wurde, andere
es einfach für στομίον »Mündung« fassten. Richtig erklärt es Hermann als Mündungsland. Vgl. Prom. 847. Νείλου πρὸς αὐτῷ στό-
ματι καὶ προσχώματι. — λεπτομαθῶν M. λεπτοψαμάθων Pauw. Ueber die Feinheit des Nilsandes vgl. Plin. XXXV, 47.

II. v. 5—10. Wir haben aber auch Anspruch auf den Schutz
des Zeus; denn nicht sind wir durch Volksbeschluss einer Blutschuld wegen aus Aegypten vertrieben, sondern wir befinden uns
aus eigenem Trieb auf der Flucht, um dem verhassten und gottlosen Bunde mit des Aegyptus Söhnen zu entgehen.

v. 4. δῖαν δὲ λειποῦσαι M. δίαν δὲ λιποῦσαι Turn. δ' ἐκλείπουσαι
Seidler zu Eur. Troad. 176. Herm. Zu δέ bemerkt der Scholiast:
ὁ δὲ ἀντὶ τοῦ γάρ. Vgl. Herm. zu Vig. n. 543. Burgard diss. de

μέν et δέ p. 40 § 35. — Δίαν χθόνα = Aegypten. Vgl. v. 558 Δῖον πάμβοτον ἄλσος.

v. 6. οὖτιν’ ἐφ’ αἵματι: οὐκ ἐφ’ αἵματί τινι καταγνωσθεῖσαι ψήφῳ πόλεως δημοσίᾳ ἡμᾶς ἀπελαυνούσῃ. Der Scholiast las also δημη-λασίᾳ, wie der M. und fasst es als Adjektiv. Richtig bessert Auratus δημηλασίαν.

— δημηλασίαν γνωσθεῖσαι »Zur Verbannung verurtheilt« = καταγνωσθεῖσαι. Vgl. Lobeck zu Soph. Ai. p. 351.

vv. 8—10. ἀλλ’ αὐτογένητον φυλαξάνοραν (υλαξ in Rasur, γρ. φυξάνοραν Rand) γάμον Αἰγύπτου παίδων ἀσεβῆ τ’ ὀνοταζόμεναι M. Heimsoeth (Wiederh. p. 62) entfernt ἀσεβῆ τ’ aus dem Text, ohne dass hierfür ein zwingender Grund vorläge. Freilich ändert er im vorigen Verse das handschr. αὐτογένητον φυξάνοραν mit theilweiser Benutzung der Conjectur von Bamberger (Zimmerm. Z. f. A. W. 1839, p. 878) αὐτογενεῖ φυξανορίᾳ (αὐτογενῆ φυξανορίαν Rh. Mus. 1858 p. 272) in αὐτοδικεῖ φυξανορίᾳ, so dass er demzufolge das τϑ am Schlusse von v. 9 fallen lassen muss. Aber ist denn eine solche gewaltsame Aenderung nothwendig? Zwar sind beide Worte αὐτογένητον φυξάνοραν verdorben, aber die Verbesserung liegt gar nicht so weit. Statt φυξάνοραν muss offenbar φυξάνορα geschrieben und hierauf das τον der Endsilbe des vorhergehenden Wortes als Artikel τὸν bezogen werden, so dass wir, um vorläufig von αὐτο-γενη zu schweigen, τὸν φυξάνορα γάμον Αἰγύπτου παίδων ἀσεβῆ τ’ ὀνοταζόμεναι hätten »den männerfliehenden und gottlosen Bund mit des Aegyptus Kindern verschmähend«. φυξάνωρ wird der Bund genannt, weil er bewirkt, dass sie die Männer fliehen. Es ist dieses eine ähnliche figürliche Redeweise, wie wir von einer »gesunden Arznei« sprechen, oder wie es bei Göthe heisst »die Hulden sie kommen von durstiger Jagd.« In dieser Beziehung erklärt auch der Scholiast γάμον φυξάνορα· γάμον φυγὴν ἀνδρῶν ἡμῖν ἐμποιοῦντα. Gehen wir nun auf αὐτογενη näher ein; man hat dieses αὐτογενῆ geschrieben, ohne damit irgend wie den Text zu verbessern. Einmal ist nämlich das Wort in dieser Verbindung nicht zu erklären und dann vermissen wir den Gegensatz zu γνω-σθεῖσαι, der durchaus nothwendig ist. Wahrscheinlich stand daher ursprünglich αὐτοτελεῖς »aus eigenem Trieb, aus freiem Willen«. Ueber den adv. Gebrauch des adiect. vgl. Kr. 57, 5, 2. Warum nennen aber die Danaiden den Ehebund mit den Aegyptiaden ἀσεβῆ? Dass der Grund hiervon nicht in der nahen Verwandt-schaft liegen kann, ist klar. Bei den Aegyptern waren Ehen

zwischen nahen Blutsverwandten nicht verboten, vielmehr geschah
es zur Aufrechthaltung der Kasten und der mit denselben verknüpf-
ten Besitzthümer häufig, dass der Bruder die Schwester und der
Schwager die verwittwete Schwägerin heirathete. (Diod. I, 27.
Just. Cod. lib. V. tit. V. leg. VIII). Das Gottlose liegt vielmehr
darin, dass die Aegyptiaden gegen den Willen des Danaus und
seiner Töchter dieselben mit roher Gewalt in's Ehebett reissen
wollen. Dann macht Kruse mit Recht darauf aufmerksam, dass
hierin ein Hinweis auf die impietas derselben gegen Danaus liege;
offenbar habe dieser nicht auf die blosse Forderung der Aegyptiaden hin sein Reich aufgegeben, sondern in Folge eines Krieges
und nun beanspruchten sein Bruder und dessen Söhne die Töchter und
deren Erbe als Beute. Daher heben auch die Danaiden überall
die ὕβρις der Söhne des Aegyptus hervor. Nach dieser Beziehung
ist auch die Erklärung des Scholiasten zu verstehen: ἀσεβῆ· ὃν οὐ
σέβομεν οὐδὲ τιμῶμεν. Durchaus verfehlt ist es, hier mit M. Schmidt
an eine andere Lesart zu denken z. B. ἀτίτην, wie jener vorschlägt;
durch τιμῶμεν wird einfach σέβομεν paraphrasirt und beides dient
zur Erklärung von ἀσεβῆ.

III. v. 11—19. Wir verdienen aber, so fahren die Jungfrauen
fort, zweitens auch desshalb den Schutz des Zeus, weil wir aus
seinem Geschlechte stammen.

v. 11. Die Sage von der Abstammung des Danaus von Io ist
schon oben erwähnt. Die ursprünglich rein argivische Sage wurde
später, als die Griechen mit Phönizien und Aegypten genauer bekannt wurden, dahin erweitert, dass man die Io nach Aegypten
wandern und dort die Mutter des schwarzen Epaphos werden
liess. Diese spätern Zuthaten lassen sich von der ursprünglichen
Sage leicht ausscheiden. Epaphos ist der Apisstier von Memphis,
Libya, des Apis Tochter, Afrika selbst; deren Sohn Belos der Baal
der Syrer; von Belos stammen dann Aegyptus und Danaus, die
Herrscher von Aegypten und Argos, der beiden Länder, welche
Io, die gehörnte Mondgöttin, verehrten. Vgl. Duncker, Gesch. d.
Alterth. III, p. 83. Uebrigens weicht Aeschylus mehrfach von der
Ueberlieferung ab. — Der Name Danaus ist dem Stammnamen
der Bevölkerung des Inachosthales, den Danaern, entnommen und
auf die Wortstämme ΔΑ (ΓΑ) und ΝΑ zurückzuführen, wodurch
sich eine dem αὐτόχθονες analoge Bedeutung ergäbe. Die Ablei-
tungen, welche Preller von δῆν und δηναιός, sowie Bursian von
δάνος und danere versuchen, sind völlig zu verwerfen. Nicht min-

der verfehlt ist die von Lauth versuchte Etymologie, der es als
»Ausländer (tanau) deutet. — Sowie nun Danaus Repräsentant der
Danaer ist, erscheint der König Pelâsgus als Vertreter des Stammes
der Pelasger und die Abtretung der Königswürde an Danaus bedeutet nichts anderes, als die Unterwerfung der Pelasger durch den
erstern Volksstamm. Die Sage führt dieses auf religiöse Motive
zurück. Vgl. Paus. II, 19. § 3. *Δαναὸς δὲ ἱδρύσατο Λύκιον Ἀπόλ-
λωνα ἐπ᾽ αἰτίᾳ τοιαύτῃ· παραγενόμενος ἐς τὸ Ἄργος ἠμφισβήτει πρὸς
Γελάνορα τὸν Σθενέλα περὶ τῆς ἀρχῆς ῥηθέντων δὲ ἐπὶ τοῦ δήμου
παρ᾽ ἀμφοτέρων πολλῶν τε καὶ ἐπαγωγῶν καὶ οὐχ ἧσσον δίκαια λέγειν
τοῦ Γελάνορος δόξαντος, ὁ μὲν δῆμος ὑπερέθετο, φασὶν, ἐς τὴν ἐπιοῦσαν
κρίνειν. ἀρχομένης δὲ ἡμέρας, ἐς βοῶν ἀγέλην νεμομένην πρὸ τοῦ
τείχους ἐσπίπτει λύκος, προσπεσὼν δ᾽ ἐμάχετο πρὸς ταῦρον ἡγεμόνα
τῶν βοῶν· παρίσταται δὴ τοῖς Ἀργείοις, τῷ μὲν Γελάνορα, Δαναὸν
δὲ εἰκάσαι τῷ λύκῳ.... ἐπεὶ δὲ τὸν ταῦρον κατειργάσατο ὁ λύκος,
διὰ τοῦτο ὁ Δαναὸς ἴσχε τὴν ἀρχήν.* Droysen verwebt nun diese
Erzählung in den Zusammenhang der Aeschyleischen Trilogie, aber
mit Unrecht. — Die Motivirung des Thronwechsels in Argos konnte
nach meiner Ansicht vom Dichter nur so entwickelt werden, wie
ich es darzustellen versuchte. Dieses ergibt sich mit Nothwendigkeit aus der ganzen Anlage des Charakters des Pelasgus. Was
nun endlich die Sage von den Kriegen der Aegypter gegen die
Argiver betrifft, so beruht dieselbe auf sicherer historischer Grundlage. Schon Reinisch weist hierauf hin bei Pauly, Realenc. s. v.
Aigyptus. Mit Evidenz ergibt sich dieses aber aus der Inschrift des
Meneptah bei Duemichen, Histor. Inschr. Leipz. bei Hinrichs 1867.
Taf. I—VI. Meneptah, der als der Pharao des Exodus gilt, besiegte nämlich in der Schlacht bei Paali eine Conföderation feindlicher Völker,
darunter die Tuirscha, Schakalscha, Schardaina und Aquaiwascha, die
von Rougé und Lauth als Tursker (Tyrrhener), Sikeler, Sardinier und
Achiver erklärt werden. Vgl. Vicomte de Rougé, Revue archéol.
p. 45, Juli 1867., Lauth, Abh. in der Zeitschr. der d. M. G. 1867.,
Lauth, die Achiver in Aegypten, Sitzungsb. der Kön. bayer. Akad.
d. Wiss. zu München 1867, II, Heft IV.

12. *στασίαρχος· τῆς συστάσεως ἡμῶν ἄρχων* schol. — *πεσ-
σονομῶν· ὑπὸ τούτων λογιζόμενος* schol. Der Ausdruck ist vom
Brettspiel entlehnt und bezeichnet hier »anordnen«. Was den Gedanken angeht, so vergleicht Hartung Terent. Ad. IV, 7, 21. Ita
vitast hominum quasi quom ludas tesseris: si illud, quod maxime

opus est iactu, non cadit, illud quod cecidit forte, id arte ut corrigas.

13. κύδιστ' ἀχέων· ἀμείνονα τῶν κακῶν ἐψηφίσατο τὴν φυγήν· κακὸν ὁ γάμος, κακὸν δὲ καὶ ἡ φυγή, αἱρετώτερον δὲ τὸ φεύγειν. schol. κύδιον· κρεῖττον, αἱρετώτερον. Hesych.

14. φεύγειν ἀνέδην διαχυμ. αλέον M. Canter besserte ἀνέδην· Αἰσχύλος· φεύγειν ἀνέδην διὰ κῦμ' ἅλιον, κατὰ στέρησιν τοῦ ἔσαι, ὅ ἐστι ἱδρῦσαι, ἀναστάτους γενομένας, ἐκ τοῦ ἐδάφους ἀνεστηκυίας. ἄλλοι δὲ ἐκκεχυμένως. Hesych.

15. κεασαι M. κέλσαι Sophianus. κέλλω intr. sich bewegen, bes. in den Hafen einlaufen, gew. mit εἰς, ἐπὶ, πρός, aber auch mit dem blossen acc. wie hier und v. 20.. Ueberhaupt ist bei Orts-angaben auf die Frage wohin der blosse acc. bei den Dichtern ge-wöhnlich. Kr. 46, 1, 1.

16. οἰστροδόμου M. οἰστροδόνου Turn. constr. ὅθεν δὴ γένος ἡμέτερον τετέλεσται, τῆς οἰστροδόνου βοὸς ἐξ ἐπαφῆς κἀξ ἐπιπνοίας Διὸς εὐχόμενον »das sich rühmt, von der Berührung und dem An-hauchen des bremsengequälten Rindes durch Zeus abzustammen.« ἐξ ἐπαφῆς — Anspielung auf Epaphos, den Sohn des Zeus und der Io, den sie im Nillande gebar.

IV. 19—23. Wir kommen in dieses, ohnehin uns befreundete Land als Schutzflehende, die heiligen Zweige in den Händen tra-gend. Dieser Uebergang zu den Bitten des Schlusstheiles enthält zugleich den dritten Grund, wesshalb die Jungfrauen auf Hülfe Anspruch machen können.

19. τίνα. οὖν M. τίνα δ' ἂν. Herm. τίν' ἂν οὖν Burges. Markscheffel.

22. ἱεροστέπτοισι M. Auratus und Scaliger besserten. τοῖς στεφάνοις, τοῖς ἱκετηρίοις θαλλοῖς schol. Es waren dieses Oelzweige, mit weisser Wolle umwunden.

V. v. 23—40. Bitten zu den Göttern, die Jungfrauen in ihren Schutz zu nehmen, die verfolgenden Aegyptiaden aber in des Meeres Fluthen zu versenken.

v. 23. ὦν πόλις, ὦν γῆ M. ὦ πόλις, ὦ γῆ Rob.

v. 24. βαρύτιμοι M. Hermann schreibt βαθύτιμοι und versteht die Stelle von den Heroen. Indessen werden hier im Gegensatze zu den ὕπατοι die Götter der Unterwelt angerufen. Auch der Scholiast las βαρύτιμοι, da er erklärt: οἱ βαρέως τινύμενοι κατα-χθόνιοι θεοί. τὸ δὲ ὕπατοι ἀπὸ ἄλλης ἀρχῆς. Enger (Jahrb. f. Phil. LXX p. 391.) schlägt βαρυτίμους vor, welches aus demselben Grunde, wie Hermanns Conjektur, zurückgewiesen werden muss.

v. 26. Ζεὺς σωτήρ τρίτος· ὁ τριτόσπονδος ἢ ὁ τρίτος τῶν εἰρη-
μένων. εἶπε γὰρ ὕπατοι θεοὶ καὶ χθόνιοι καὶ Ζεὺς σωτὴρ τρίτος.
schol. Ζεὺς σωτήρ wurde gewöhnlich als Dritter angerufen. Daher
das sprichwörtliche τὸ τρίτον τῷ σωτῆρι. Vgl. K. F. Hermann, Pri-
vatalterth. § 28, n. 22. Kruse. — Choeph. 245.
vv. 28. 29. δέξαιθ᾽ ἱκέτην τὸν θηλυγενῆ στόλον αἰδοίῳ πνεύματι
χώρας M. Auch der zweite Scholiast hatte dieselbe Lesart: δέξαιτο
ἡμᾶς τῷ τῆς χώρας αἰδεσίμῳ πνεύματι, ὅ ἐστιν, αἰδὼ ἐπιπνεύσας
τοῖς ἡμᾶς δεχομένοις᾽ Ἀργείοις. Indessen lassen sich die Worte nicht
erklären. Zunächst hat man den Fehler in δέξαιθ᾽ vermuthet, das
allerdings bei der handschr. Lesart wegen ·der vorhergehenden
Plurale unerträglich ist. Desshalb schrieb Heath δέξασθ᾽, welcher
Conjectur Hermann seine Zustimmung gab. Jedoch ist diese Emendation desshalb zu verwerfen, weil dann auch die θεοὶ χθόνιοι
herbeigezogen und angerufen würden, die Jungfrauen aufzunehmen.
Dieses wäre aber ein Wunsch übler Vorbedeutung und so konnten
die Jungfrauen nicht sprechen. Mir scheint dieses auch der Haupt-
grund zu sein, wesshalb Hermann oben βαθύτιμοι vorschlug und
von den Heroen verstand. — Halten wir nun aber das handschr.
δέξαιθ᾽ fest, so ist nicht wohl einzusehen, an wen sich die Danaiden wenden; mindestens ist es sehr hart, bloss Zeus als Subjekt
zu fassen. Eine weitere Schwierigkeit liegt in dem folgenden αἰδοίῳ πνεύματι χώρας. Es ist nämlich nicht einzusehen, wie man
den Ausdruck verstehen soll; weder genügt die Erklärung des
Scholiasten, noch weiss ich, was Weil meint, wenn er sagt: inter-
pretare τῆς χώρας αἰδῶ ἡμῖν πνεούσης. Es kömmt hier doch darauf an, dass die Jungfrauen auf dem Lande eine sichere Zuflucht
finden, während die Aegyptiaden in der tosenden Meerfluth zu
Grunde gehen sollen. Desshalb befriedigt auch das ursprünglich
von Burgess vorgeschlagene und später von Hartung wieder aufgenommene νεύματι nicht. Nun hat Weil richtig erkannt, dass der
Artikel vor θηλυγενῆ zu streichen sei, um den Paroemiacus wieder
herzustellen, der einmal durch die Worte selbst deutlich genug
indicirt ist, dann aber schon dadurch wahrscheinlich wird, dass
die Länge des Systems die Theilung in zwei Systeme erfordert.
Ist dieses aber der Fall, so liegt die völlige Wiederherstellung der
Verse nahe. Augenscheinlich ist nämlich χώρα statt χώρας zu
schreiben. »Möge das Land der Frauen schutzflehenden Zug mit
ehrfurchtsvoller Gesinnung aufnehmen.« Der Grund der Corruptel
ist klar. Da nämlich durch den eingeschobenen Artikel der ur-

sprüngliche Paroemiacus verwischt war, so musste der Hiatus beseitigt werden. Dieses geschah, indem man den Genetiv setzte.
30. ἀρσενοπληθῆ δεσμὸν M. Turn. besserte. Vgl. Pers. 122. γυναικοπληθὴς ὅμιλος.
32. ἐν ἀσώδει· πηλώδει, ψαμμώδει· τὴν γὰρ ψάμμον οὕτως φασὶν, ὡς ὁ ποιητὴς »Εἰλύσω ψαμάθοις — τόσην οἱ ἄσιν schol. Vgl. Hom, II. 21, 319—321. ἀσώδης ἐστίν· ἐφυλώδης (l. εἰλυώδης i. e. ἰλυώδης Weil) δὲ Αἰσχύλος. Lex. Bekk. p. 457 ἀσώδης· ἀμμώδης Hesych. Dass Argos voller Sümpfe und Teiche sei, berichtet Strabo VIII, 6.
33. Hermann u. A. setzen das Komma nach ταχυήρει, der Regel zufolge, welche jener epit. doctr. metricae § 372 aufstellt: Versu paroemiaco sententiam finiri par est, etiam, si aliud deinde systema anapaesticum sequitur. Sed sufficit etiam minor interpunctio interdum. Dass indessen diese Regel nicht ohne Ausnahme sei, zeigt Suppl. v. 5. und der Sinn beweist, dass auch unsere Stelle dahin gehöre. Daher müssen wir mit Ahrens und Dindorf das Komma nach θεῖναι setzen. Vgl. R. W. Metr. II. p. 411, n. 1.
35. Richtig verbindet Enger ἀντήσαντες mit ἀγρίας ἁλός und lässt die Dative λαίλαπι u. s. w. von ἀγρίας abhängen. In derselben Weise erklärt auch der 2. Scholiast die Verse: τὸ ἑξῆς οὕτως· πέμψατε ποντόνδε, ἔνθα, ἀντήσαντες λαίλαπι χειμονοτύπῳ, βροντῇ, στεροπῇ τε, ὀμβροφόροισί τε ἀνέμοις ἀγρίας ἁλὸς, ὅλοιντο.
38. ὧν θέμις· ὧν τὸ δίκαιον ἡμᾶς εἴργει, διὰ τὸ μὴ θανατωθῆναι τὸν πατέρα. schol. Dieser Scholiast setzt also auch das Orakel voraus, welches schol. zu Hom. Il. I, 42 und schol. A zu Aesch. Prom. 853. überliefern, dass Danaus von einem seiner Schwiegersöhne werde getödtet werden. Hierüber finden sich jedoch bei Aeschylus keine Andeutungen.
39. σφετεριξάμενον. Zu verbinden ist das part. mit ἐσμόν v. 31. Hermann findet dieses hart und ändert desshalb σφετεριξάμενοι, wozu er Soph. El. 1131 vergleicht: ὡς ὤφελον πάροιθεν ἐκλιπεῖν βίον, πρὶν ἐς ξένην σε γαῖαν ἐκπέμψαι, χεροῖν κλέψασα ταῖνδε κἀνασώσασθαι φόνου. Indessen ist die Aenderung unnöthig. σφετεριζόμενος· ἰδιοποιούμενος Hesych. »etwas zu seinem Eigenthum machen«.

B. Gesang des Chors. (v. 40—164).

Der Chor hat jetzt seinen gewohnten Stand an der rechten Seite eingenommen. Die drei Züge stehen hinter einander, den Zuschauern zugewendet. In der Mitte des ersten Zuges, der πρωτοστάται, befindet sich der Koryphäos. Vgl. Kruse, Einl. p. 2. — Das folgende Chorlied gehört nun zu den schönsten Gesängen, die Aeschylus überhaupt gedichtet hat, sowohl in Beziehung auf die Tiefe und den Reichthum der Gedanken, die fromme Glut des Glaubens, die Reinheit des Gottesbegriffs, als auch auf die Form und Composition. Leider ist dieses Meisterwerk in sehr verdorbener Gestalt auf uns gekommen.

Was die Composition des Liedes anlangt, so ist es streng heptadisch gegliedert. In einem vor der Breslauer Philologenversammlung 1857 gehaltenen Vortrage, dann in der Geschichte der alten und mittelalt. Musik, Breslau 1867 p. 78—80 und endlich in der Ausgabe des Catull, Breslau 1867 p. 73 bei Besprechung des Encomiums an den Allius hat Westphal dieses Gesetz genauer entwickelt. Seit Terpander war für die Nomoi eine bestimmte Compositionsmanier stereotyp geworden. Ursprünglich bestand nämlich der Nomos, das Preislied eines Gottes, besonders des Apollo, aus drei Theilen, einem lyrischen Anfange, dem epischen Mittelpunkte, Omphalos, welcher eine der Grossthaten des Gottes schilderte, und dem lyrischen Schlusse. Diese Dreitheiligkeit gestaltete sich dann zur Fünftheiligkeit, indem zwischen dem lyrischen Anfange und der epischen Mitte, sowie zwischen dieser und dem Schlusse kleine Uebergangstheile eingeschoben wurden. Zählt man daher noch den Prologus und Epilogus hinzu, so erhält man folgende sieben Theile:

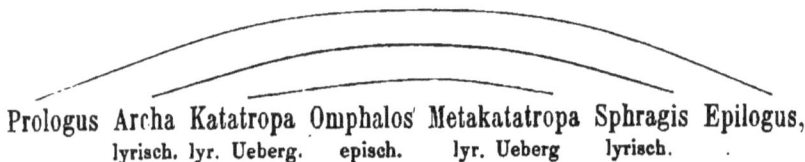

Prologus	Archa	Katatropa	Omphalos	Metakatatropa	Sphragis	Epilogus,
	lyrisch.	lyr. Ueberg.	episch.	lyr. Ueberg	lyrisch.	

Aus dem kitharodischen Nomos ging nun die mesodische Anordnung der Theile in die übrigen Arten des Nomos über; eine viel weitere Ausdehnung gewann sie aber in der chorischen Lyrik. Bei Pindar z. B. zeigt sich das Terpandrische Prinzip in der Anordnung der Theile fast in allen Epinikien befolgt. »Wie allgemein nun, fährt Westphal (Catull p. 76) fort, die Aufnahme war, die dasselbe in der objektiven chorischen Lyrik fand, zeigt sich insbesondere in der Thatsache, dass auch in den Tragödien des Aeschylus alle diejenigen Chorgesänge, welche nicht als Amöbäa unter die einzelnen Choreuten vertheilt sind, in ihrer stofflichen Anordnung das Terpandrisch-Pindarische Prinzip zeigen. Nur ist bei Aeschylus der Inhalt der einzelnen Theile ein etwas

anderer geworden, wir können sagen, dass Aeschylus jene tradi-
tionelle Dispositionsnorm durch freiere Behandlung gewissermassen
vergeistigt hat. . . . Archa und Sphragis beziehen sich in ihrem
Inhalte auf die Begebenheiten der Bühne, indem sie irgend eine
mit dem Stücke zusammenhängende Thatsache dem Zuhörer vor-
führen; der Omphalos dagegen ist lyrisch geworden; denn in diesem
Mittelpunkte des Chorgesanges concentrirt sich der ethische oder
dogmatische Grundgedanke, der für Aeschylus aus den Begebenheiten resultirt, oder den er zur eigentlichen geistigen Grundlage
der mit dem Stücke sich verknüpfenden Anschauung machen möchte.«
Allerdings hat nun dieses Gesetz für Aeschylus Gültigkeit, jedoch
erscheinen nicht in allen Gesängen sämmtliche sieben Glieder aus-
geprägt; so sind namentlich Prologus und Epilogus nicht durchweg
angebracht. Auch ist zuweilen die Terpandrisch-Pindarische Bedeutung des Omphalos festgehalten worden.[1]) — Gehen wir nunmehr
zur Analyse unserer Parodos über. Ich gebe im Folgenden die-
jenige Eintheilung, welche im Allgemeinen im Aeschyluskränzchen,
das sich im Winter von 1858/59 unter Westphals Leitung zu versammeln pflegte, festgestellt, und im Besondern von Steussloff, Progr.
des Gymn. zu Lissa 1867, p. 33. mit Zugrundelegung des Terp.
Compositionsg. entwickelt wurde.

I. Prologos. $\sigma\tau\rho$. α' und $\dot\alpha\nu\tau$. α'. Das zeusentsprossene Kind
der Io anrufend werde ich, indem ich in der Ahnfrau Heimath der
frühern Leiden gedenke, den Bewohnern des Landes untrügliche
Zeugnisse meiner Abkunft verkünden.

v. 41. $\dot\epsilon\pi\iota\kappa\epsilon\chi\lambda o\mu\dot\epsilon\nu\alpha\iota$ M. Turn. besserte.

v. 42. $\dot\iota\nu\dot\iota\nu$ τ' $\dot\alpha\nu\vartheta o\nu\dot o\mu o\upsilon\sigma$ $\tau\ddot\alpha\sigma$ M. Die Partikel $\tau\epsilon$ ist von Hermann mit Recht gestrichen (rationi repugnat copula H.). $\dot\alpha\nu\vartheta o$-
$\nu o\mu o\acute\upsilon\sigma\alpha\varsigma$ rührt von Porson. Diese Neubildung ist durch den Sinn
und die Handschriften deutlich genug angezeigt. Zu $\varDelta\ddot\iota o\nu$ $\pi\acute o\rho\tau\iota\nu$
bemerkt der I. Schol. $"E\pi\alpha\varphi o\nu$, zu $\tau\iota\mu\acute\alpha o\rho\alpha\cdot$ $\beta o\eta\vartheta\acute o\nu$. Vgl. Hesych.
s. v. $\tau\iota\mu\acute\eta o\rho o\varsigma\cdot$ $\tau\iota\mu\omega\rho\acute o\varsigma$. $\beta o\eta\vartheta\acute o\varsigma$. Später byzantinischer Zeit gehört
die Glosse an: $\dot\epsilon\pi\iota\kappa\alpha\lambda o\acute\upsilon\mu\epsilon\vartheta\alpha$ $\tau\grave o\nu$ $\dot\iota\nu\iota\nu$ $\tau\ddot\eta\varsigma$ $\beta o\grave o\varsigma$ $\tau\grave\eta\nu$ $\dot\epsilon\pi\alpha\varphi\grave\eta\nu$ $\tau\grave\eta\nu$ $\dot\epsilon\xi$
$\dot\epsilon\pi\iota\pi\nu o\acute\iota\alpha\varsigma$ $\tau o\ddot\upsilon$ $\varDelta\iota\acute o\varsigma$. — Zu $\dot\epsilon\pi\iota\pi\nu o\acute\iota\alpha\varsigma$ gehört das Scholion: $\dot\epsilon\pi\acute\epsilon\pi\nu\epsilon\upsilon\sigma\epsilon$
$\gamma\grave\alpha\rho$ $\alpha\grave\upsilon\tau\ddot\omega$ $\dot o$ $\ddot\epsilon\rho\omega\varsigma$. (v. 45. Dind.)

v. 43. $\ddot\epsilon\varphi\alpha\psi\iota\nu$ $\dot\epsilon\pi\omega\nu\upsilon\mu\acute\iota\alpha$ δ' $\dot\epsilon\pi\epsilon\kappa\rho\alpha\acute\iota\nu\epsilon\tau o$ $\mu\acute o\rho\sigma\iota\mu o\varsigma$ $\alpha\dot\iota\grave\omega\nu$ $\epsilon\dot\upsilon\lambda\acute o\gamma\omega\varsigma$
$"E\pi\alpha\varphi o\nu$ δ' $\dot\epsilon\gamma\acute\epsilon\nu\nu\alpha\sigma\epsilon$. M. Zu $\ddot\epsilon\varphi\alpha\psi\iota\nu$ bemerkt der Scholiast $\tau\grave\eta\nu$ $\dot\epsilon\xi$

[1]) Von Neuem hat Westphal das Terpandrische Compositionsgesetz und seine
Bedeutung für Pindar und Aeschylus in seiner jüngsten Schrift über Aeschylus
entwickelt p. 69 ff. Vgl. auch Metrik, II. p. 278.

ἐρωτικῆς διαθέσεως. Gewöhnlich interpungirt man nach ἔφαψιν und zieht so dieses Wort zu dem Vorigen, so dass es als Apposition zu ἶνιν zu fassen wäre. Weil bemerkt hierzu: Per lyricam dicendi audaciam, quae nominis Epaphi significatione nititur, Jovis progeniem Ζηνὸς ἔφαψιν vocat. Indessen ist augenscheinlich die handschriftliche Lesart verdorben; Zunächst muss die Interpunktion nach Ζηνός gesetzt werden, so dass ἶνιν ἀνθονομούσας προγόνου βοὸς ἐξ ἐπιπνοίας zusammengehören. Das folgende ἔφαψιν wurde dann im Aeschyluskränzchen in ἐφάψει verändert, womit ἐπωνυμίᾳ als Attribut zu verbinden ist: »durch die namengebende Berührung aber vollendete sich die vom Schicksale bestimmte Zeit und sie gebar den Epaphos.« M. Schmidt bezieht die ganze Stelle auf Zeus und liest: »ἐπωνυμίαν δ' ἐπέκρανε τὸ μόρσιμον αἰνῶν εὐλόγως Ἔπαφον δ' ἐφίτυσεν.« Ich halte den ersten Theil dieser Emendation fest, verbinde aber ἐπωνυμίαν mit ἔφαψιν und lese ἐπέκρανεν ὁ μόρσιμος αἰών, welche Conjectur ebenfalls schon im Aeschyluskränzchen zur Sprache kam, wenn ich nicht irre, durch Westphal selbst. Die Beziehung zu Zeus muss entschieden geleugnet werden. — Zu bemerken ist der Gleichklang in ἔφαψιν und Ἔπαφον. Was den Ausdruck εὐλόγως angeht, vgl. Suppl. 252. ἐμοῦ δ' ἄνακτος εὐλόγως ἐπώνυμον γένος Πελασγῶν. Das aus späterer Zeit herrührende Scholion beruht schon auf dem corrumpirten Texte: τῇ δὲ ἐπωνυμίᾳ ἐβεβαιοῦτο ὁ εὔμοιρος αὐτοῦ (l. αὐτῆς) βίος· ὡς γὰρ τῆς γονῆς ἐφήψατο Ζεὺς, οὕτως καὶ τῆς τύχης.

44. ἐγέννασε ἐ | όντ' M. Heath und Porson besserten.

45. ἐπιλεξαμένα· ἐπικαλουμένη schol. Schwerdt nimmt an dem part. aor. Anstoss und corrigirt ἐπιλαζομένα, Wie ungegründet diese Bedenken seien, hat M. Schmidt nachgewiesen. — ἐπιλεξαμένη· ἐπικαλεσαμένη Hesych. — ἐν ποιονόμοις κ. τ. λ. »in den grasreichen Weideplätzen der Stammmutter«. — ἐν Ἄργει, οὗ ἐνέμετο ἡ Ἰώ. Vgl. v. 525. ματέρος ἀνθονόμους ἐπωπάς.

46. τῶν πρόσθε πόνων μνασαμένα »der frühern Leiden gedenkend«, nämlich der Io. — τῆς Ἰοῦς τοὺς πόνους ἐγὼ διηγουμένη. schol. — Dieses soll eben den Bewohnern von Argos zum Beweise dienen, dass die Jungfrauen von der Io abstammen. Mit Unrecht verändert M. Schmidt πόνων in γόνων und versteht es von Epaphos. — τά τε νῦν · ἐπιδείξω M. Den Sinn richtig treffend hat man aus dem Scholion γονέων (Hermann), τοκέων (Martin), γενετῶν (Schwerdt), τὰ γένους (Petri) geschrieben. Dasselbe lautet: τὸ ἐξῆς· ὃν ἐπικαλουμένη νῦν ἐν Ἄργει δείξω πιστὰ τεκμήρια — hier

bricht es ab; denn das folgende ist, wie aus dem Personenwechsel hervorgeht, ein Zusatz des Epitomators: ὡς οὐ ξένος ὢν ἐλεύσεται, ἀλλ' εἰς προγόνων γῆν. Da indessen derselbe häufig aus den ältern Scholien schöpft, so lässt sich vermuthen, dass er auch hier das ursprüngliche προγόνων aufbewahrt habe.

47. τεκμήρια τά τ' ἀνόμοια οἶδ' M. Hermann liest τεκμήρια, γαιονόμοισι δ'. Dindorf τεκμήρι', ἇ γαιονόμοισιν, welche Aenderung ebenfalls von Petri gemacht wurde. Der Sinn der Stelle ist demnach: »auf den grasreichen Weideplätzen der Stammmutter will ich, der frühern Leiden gedenkend, zuverlässige Zeugnisse von meinen Vorfahren beibringen, welche den Bewohnern dieses Landes, wenngleich unerwartet, doch wahr erscheinen werden.«

48. ἐν μάχει — im weitern Verlaufe des Dramas. Hierauf geht auch das Scholion: προϊόντος τοῦ λόγου. Mit Unrecht will hiernach Martin das handschr. λόγους in λόγου verändern.

II. Archa. στρ. β'. ἀντ. β'. στρ. γ'. Gleichwie die Nachtigall ihren Schmerz um des Kindes Schicksal klagt, so lasse auch ich mein Klagelied ertönen in Jonischen Weisen.

49. εἰ δὲ κυρεῖ . . οἰωνοπόλων · τῶν φωνὰς οἰωνῶν γιγνωσχόντων schol. Gemeint sind natürlich die Seher, μάντεις, die aus den Stimmen der Vögel weissagen. Weil nimmt an dem Worte Anstoss, indem er M. Schmidt folgend bemerkt: »quasi iis tantum, qui avium linguas callent, auguribus vel aucupibus flebiles virginum modi lusciniae cantibus similes viderentur. M. Schmidt coni. ὧν οἰοπόλων (Jahrb. f. Phil. 1859 p. 101). Scribendum puto ὧδ' οἰόπόλων »sic solivagarum« quo etiam ea offensio, quae erat in voce ἐγγάιος removetur.« Indessen ist dieses eine durchaus oberflächliche Kritik. Lässt sich überhaupt denken, dass Aeschylus gemeint habe, zwischen dem Gesange der Nachtigall und den Klagen der Jungfrauen sei eine äussere Aehnlichkeit? Wäre dieses der Fall gewesen, dann bedurfte es freilich keines Sehers; das konnte jeder Bauer in Argos wissen. — Es ist vielmehr das Geschick beider, das der Dichter zusammenstellt, indem er zugleich auf den blutigen Ausgang der den Danaiden bevorstehenden Hochzeit hinweist. Wie der ἀσεβὴς und ἄναγνος γάμος der Procne mit Verbrechen und Mord endete, so wird es auch bei den Töchtern des Danaus der Fall sein. Das konnte aber nur ein Seher wissen. Zugleich ergibt sich, dass ἔγγαιος (M.), welches gewöhnlich ἐγγάιος gelesen wird, nicht richtig sein kann. Heimsoeth schreibt ἐγγάιων, wodurch wenigstens das zu οἶκτον un-

bedingt nothwendige Attribut gewonnen wird. Dieses mochte auch wohl der Grund sein, wesshalb Hermann das handschr. οἰκτρόν nach οἶκτον stehen liess. Da jedoch in der Antistrophe diese Silben fehlen, so hat Bothe mit Recht das Wort als Dittographie von οἶκτον gestrichen.

51. ἀκούων M. ἀκούειν Heath.

52. Τηρείας μήτιδος οἰκτρᾶς ἀλόχου. M. — Hermann glaubt, Τηρείας μήτιδος sei periphrastisch statt Τηρεύς gesetzt und beruft sich auf das Scholion: κατὰ περίφρασιν τοῦ Τηρέως. Indessen bemerkt Martin mit Recht, dass man wohl Τηρείας βίας ἄλοχος, aber nicht T. μήτιδος ἄλοχος sagen könne, ebensowenig, wie von der Xanthippe Σωκρατείας σοφίας ἄλοχος, Es würde dieses eher der Sprache der Komödie angemessen sein. μήτιδος aber nach Bothe und Hartung mit οἰκτρᾶς zu verbinden, ist ebenso unstatthaft, weil in diesem Falle der Genetiv nur höchst gezwungen erklärt werden könnte. Desshalb vermuthet Wellauer ein Adjektivum und schreibt Meineke μνηστίδος, Martin εὐνιδος, ohne jedoch hiermit dem Gedankenzusammenhange zu genügen. Erwägen wir nun, dass es am Bacchusfeste war, wo Procne den Plan fasste, den Itys zu ermorden und sich so an Tereus zu rächen, so scheint es wahrscheinlich, dass mit Anspielung hierauf der Dichter μαινάδος schrieb. μαινάς als adj. findet sich Soph. fgt. 678 μαινὰς λύσσα und Pind. Pyth. 4, 216. μεινάδ᾽ ὄρνιν. Analog ist λίτρα θαλλόν bei Hesychius und ἰκτῆρι θαλλῷ bei Eurip. Suppl. 10. — Ueber die Sage von Tereus, Procne und Philomele vgl. Apoll. III, ιδ᾽. (καὶ Πρόκνη μὲν γίνεται ἀηδών, Φιλομήλα δὲ χελιδών.)

53. κιρκηλάτου τ᾽ ἀηδονῆσ M. Hermann besserte. τῆς ὑπὸ κίρκων ἐλαυνομένης schol.

54. ἅτ᾽ ἀπὸ χώρων ποταμῶν τ᾽ ἐργομένα M. Vortrefflich emendirt Martin ἅτ᾽ ἀπὸ χώρων προτέρων εἰργομένα. Es ist ja ein neuer Zug der Aehnlichkeit, der so zwischen dem Geschick der Danaiden und dem der Procne erscheint. — διωκομένη schol. Hermann schreibt nach Hom. Od .19, 518 ἅτ᾽ ἀπὸ χλωρῶν πετάλων ἐγρομένα.

57. χειρὸσ ἔο ἐν M. Porson besserte.

59. φιλοδύρτοιο M. φιλόδυρτος Heath und Porson »sich am Grame weidend«, der Nachtigall gleich. Die Erinnerung an das Schicksal derselben gewährt den Jungfrauen Trost in ihren Leiden. Vgl. Soph. Electr. 147. 1077 ἁ πάνδυρτος ἀηδών. Ai. 629 οὐδ᾽ οἰκτρᾶς γόον ὄρνιθος ἀηδοῦς ἥσει δύσμορος. Aeschyl. Ag. 1145. fgt. 359. — Ἰαονίοισι νόμοισι· ἀντὶ τοῦ φωνῇ Ἑλληνικῇ bemerkt der

Epitomator. — Westphal, Metr. II, p. 71 bezieht es auf die jonische Harmonie.

60. *Νειλοθερῆ· τὴν ἐν τῷ Νείλῳ θερισθεῖσαν, ὅ ἐστι βλαστή-σασαν ἐν Αἰγύπτῳ· ἀπὸ τῶν σταχύων δὲ ἡ μεταφορά.* sch. Emper. ändert *εἰλοθερῆ*, was Hermann billigt, indessen halten Paley, Kruse, Weil mit Recht die handschr. Lesart fest wegen des Gegensatzes zu *Ἰαονίοισι νόμοισι.* Zudem liegt hierin eine Anspielung auf die mühselige Flucht der Danaiden von Aegypten nach Argos. Hermann vergleicht Od. II, 157 *Ἁλιθέρσης.*

62. *γόεδνα· τῶν γόων τὸ ἄνθος ἀποδρέπομαι* schol. — Unrichtig erklärt Weil das Folgende: Querelarum florem carpo metuens amicos, si quis eorum a terra Aeria (Aegyptum dicunt v. Steph. Byz. *Ἀερία*, Apoll. Rhod. IV, 207, A. Gellius XIX, 6, 4.) fugae nostrae curam gerit, nos persequitur, ut Procnen amicus i. e. qui amicus esse debebat, persequitur, indem er unter *φίλους* die Aegyptiaden versteht. Vielmehr haben wir mit Schwerdt an die Argiver zu denken und die Struktur nach Meffert (Quaest. Aeschyl. diss. inaug. Vratisl. 1861 p. 8) zu erklären: *δειμαίνουσα, εἴ τις φίλων ἐστὶ κηδεμών.* Dass aber *τᾶσδε φυγᾶς Ἀερίας ἀπὸ γᾶς* zusammengehören, zeigt die Wortstellung. Richtig fasst jedoch Weil *Ἀερία* als Eigennamen für Aegypten auf. Der Scholiast betrachtet freilich *ἀερίας* als Adjektivum, indem er erklärt: *σκοτεινῆς· μέλαινα γάρ ἐστιν· ἢ ὅτι ταπεινὴ καὶ τοῖς ἀπὸ θαλάσσης ὡς ὑπόγειως φαίνεται.* Die erste Erklärung *σκοτεινῆς* gründet sich auf Aristarch, der so *ἀήρ* an einigen Stellen bei Homer deutet. Vgl. Lehrs a. a. O. p. 109. Entstanden ist das Wort aus dem ägyptischen Iri. In den Hieroglyphen wird nach Reinisch (Pauly, Realenc. v. Aigyptos) dieses durch das Auge ausgedrückt, welches Aegyptisch Iri hiess nach Plut. de Is. c. 10. Nach jenem Forscher ist dasselbe eine theologische Bezeichnung, welche, wie die des Nilstromes Iaro, in engster Beziehung zum höchsten ägyptischen Landesgotte Iri oder Ra steht.

III Katatropa, lyrischer Uebergang. *ἀντ. γ'.* Die Götter meines Stammes mögen auf meine Bitten hören und mich nicht ein Opfer des Uebermuthes der Männerschaar werden lassen; sie hassen die *ὕβρις* und ihr Altar ist ein Schutz der Flüchtlinge.

66. Mit *ἀλλά* bricht der Chor von dem Vorhergehenden ab und geht zu etwas Neuem über. — *θεοὶ οἱ γενέται*, M. Porson besserte. — *ἀλλὰ θεοί· ἀλλ' ὦ γενέται θεοί, καλῶς τὸ δίκαιον ὁρῶντες· καὶ Ἡσίοδος »κλῦθι ἰδὼν ἀίων τε«.* (op. v. 9) schol — *εὖ τὸ*

δίχαιον ἰδόντες — Weil ihr gerecht seid, desshalb dürft ihr uns den Aegyptiaden nicht preisgeben.

67. Dass nach der Lesart des Paris. ἦ βαὶ statt ἦ χαὶ des Med. ἤβῳ zu lesen sei, erkannte Martin, der die Stelle richtig erklärt »iuventuti non praeter fas dato successu.« Schütz war übrigens schon auf ἤβαν gefallen.

68. Zu ὕβριν gehört das fälschlich zu μὴ τέλεον geschriebene Scholion: τὴν τῶν Αἰγυπτιαδῶν. — ἐτοίμωσ M. ἐτύμως Arnald. — στυγόντεσ M. στυγοῦντες Turnebus. Allein στυγόντες ist festzuhalten. Es ist part. aor. Martin vgl. Hom. Il. ρ 694. Od. χ 113. Dass nach στυγόντες eine lange Silbe fehlt, sah Heath, denn mit Dind. in der Strophe χάρζαν zu schreiben, ist völlig unstatthaft. Gewöhnlich liest man εὖ; richtig ergänzt Weil οὖ; nur muss im folgenden Verse in diesem Falle ἔνδικος γάμος gelesen werden, statt des handschr. ἔνδικοι γάμοις. Eben weil die Ehe eine ungerechte ist, bitten die Jungfrauen zu den Göttern, den ewig gerechten, sie vor derselben zu bewahren.

70. Um so mehr aber haben wir Anspruch auf die Hilfe der Götter, weil wir uns an ihren Altar geflüchtet haben. Dieser Gedanke wird durch zwei Sätze ausgedrückt, von denen der zweite den Grund des ersten enthält, der Altar bringt Hilfe denjenigen, welche im Kriege besiegt sind; denn die Furcht vor den Göttern gewährt den Flüchtlingen Schutz.

71. ἄρησ φυγάσιν M. Der erste Scholiast scheint ἄτης gelesen zu haben, wie dieses schon in der Einleitung erwähnt wurde; indessen lässt sich das Wort weder hier noch im Agamemnon halten. An unserer Stelle hat man ἀρῆς geschrieben, was zuletzt noch von Weil aufgenommen ist. Jedoch ist weder die Form empfehlenswerth, noch die Construction zu erklären, und mit Recht pflichten M. Schmidt und Kruse der Conjektur von Ahrens ἄρος bei. Das Asyndeton nach ἄρος ist durchaus gesetzmässig; derartige allgemeine Sentenzen, welche eine Erklärung oder Begründung des vorhergehenden Gedankens enthalten, können ohne Verbindung angereiht werden. Vgl. Krüger § 59, 5.

IV. Omphalos — ethischer Grundgedanke. στρ. δ', ἀντ. δ', στρ. ε'. Möge Gott es doch gut vollenden! Des Zeus Wille aber ist schwer zu errathen; denn in Dunkel gehüllt sind die Pfade seiner Gedanken. Er ist aber auch der Allvollender; was er denkt, das geschieht; überall erscheint seine Macht den Sterblichen. Von den hochgethürmten Hoffnungen stürzt er Menschenwahn hinab, während seine Macht von Niemanden angetastet werden kann.

73. εἰ θείη Διόσ M. Hermann schreibt nach Hesychius εἰθεῖα· δικαιοσύνη — ἰθείῃ und erklärt recta voluntate Jovis. Die Glosse des Hes. bezieht sich nun aber auf Hom. Il. 23, 590; ausserdem kann die Strophe mit dem Vorherigen nicht verbunden werden. Augenscheinlich hat Schütz das Richtige getroffen, der Διός in θεός geändert. Wir setzen dann nach παναληθῶς ein Ausrufungszeichen und übersetzen mit Wellauer »utinam Deus re vera res nostras bene constituat!« Vgl. Matthiae, Gr. Gr. § 513. Das folgende Διὸς ἵμερος (ἵμ allg. »Verlangen, Wille«) ist asyndetisch angereiht, weil die Redeweise sprüchwörtlich ist. γνωμικῶς, so heisst es im Scholion, παρὰ τὸ »Ἀνὴρ δέ κεν οὔτι Διὸς νόον εὐρύσσαιτο« (Hom. Il. θ' 143.). — Den Zusammenhang unterbrechend folgt nun in den Handschriften πάντα τοι... λαοῖς. Desshalb wurden in dem Aeschyluskränzchen von Westphal die entsprechenden antistrophischen Verse δαυλοὶ γὰρ κ. τ. λ. in die Strophe gestellt. Die Richtigkeit dieser Umstellung wird schlagend durch die Partikel γάρ bewiesen.

76. δαυλοί· πυκνοὶ γάρ εἰσιν οἱ τῶν πραπίδων αὐτοῦ τοῦ Διὸς πόροι. schol.

78. κατειδεῖν M. κατιδεῖν Rob. Turn. Zu κατιδεῖν ἄφραστοι vgl. Pers. 27. φοβεροὶ μὲν ἰδεῖν. Krüger .§ 55, 7.

79. πίπτει δ' ἀσφαλές κ. τ. λ. Der Ausdruck ist aus der Sprache der Palaestra entnommen. εἰ δέ τι ἀνυσθῇ τῷ νεύματι τοῦ Διὸς, ἀσφαλῶς πίπτει καὶ εὐσχημόνως. τὸ γὰρ ἐπὶ νώτῳ πίπτειν τοὺς παλαιστάς, ἄσχημόν ἐστιν. schol.

80. 81. εἰ χρανθῇ .' Vgl. Krüger § 54, 12, 1 u. 3. § 53, 6, 5.

82. πάνται τοι M. πάντα = πάντη Dind.

83. 84. μέλαιναι ξυντύχαι M. Richtig emendirt Hermann die Stelle, indem er bemerkt: Scripsi sententiae et metri indicio μελαίνα τε τύχα. Interpretis est ξύν, sive is hanc praepositionem, sive ξυντυχία adscripsit.« Ubique, inquit, Jovis voluntas etiam in tenebris atraque sorte lucet.« Das Scholion ist leider durch den Epitomator entstellt, der es, so gut es ging, nach seinem schon corrumpirten Texte zustutzte. ἐν παντὶ τόπῳ λάμπει, κἂν διὰ σκότου χωρῇ· τοῖς μὲν ἀνθρώποις οὐκ εὐσύνοπτός ἐστιν, ἀλλὰ μέλαινά τις αὐτοὺς κατέχει συντυχία.

85. δὲ ἀπιδών M. δ' ἐλπίδων Hermann. Meffert vergleicht die Sprüchwörter: »Der Mensch denkt, Gott lenkt; Hochmuth kommt vor dem Falle.

86. πανώλεις· τοὺς τοῦ ὀλέσθαι ἀξίους, ὅ ἐστι κακούς. schol.

87. 88. βίαν δ' οὗτιν' ἐξοπλίζει τὰν ἄποινον δαιμονίων M. Zur Wiederherstellung dieser verdorbenen Stelle sind eine Menge von Conjekturen gemacht worden. So schreibt Wellauer τὰν (πᾶν) ἄπονον δαιμονίων, Enger setzt nach πᾶν ein δέ, Paley liest δαιμόνιον, Hermann βίαν δ' οὗτις ἐξαλύξει τὰν ἄπονον δαιμονίων, M. Schmidt βίαν δ' οὗτιν' ἐξοπλίζει. τὰν ποτνίων δ' ἁρμονιῶν ἱεμέναν φρόνημά πως (? φρονήματος) κ. τ. λ., im Rh. Museum von 1858 wird τὰν ἀπ' ὄτλων δαιμονίων vorgeschlagen. Die neuesten Herausgeber Kruse und Weil halten sich im Ganzen an die Wellauerschen Emendationen; der erste gibt βίαν δ' οὗτιν' ἐξοπλίζει· πᾶν δ' ἄπονον δαιμονίων, und übersetzt: »ob er gleich das Rüstzeug der Kraft nicht anlegt; leicht ist dem Gotte jegliches Thun; der letztere βίαν δ' οὗτιν' ἐξοπλίζει· πᾶν ἄπονον δαιμόνιον·, welches er erklärt: Omnia deos facile et sine labore efficere dicit. Es lässt sich allerdings der letzte Vers πᾶν κ. τ. λ. in dieser Weise passend erklären, aber wie der erste zu verstehen sei, kann ich nicht einsehen. Nun hat Auratus schon οὗτιν' in οὗτις verwandelt, welche Emendation die einzig richtige ist, da wir so einen passenden Gegensatz zum Vorigen gewinnen. ἐξοπλίζω ferner hat gewöhnlich die Bedeutung von waffnen, rüsten, aber auch, wie bei App. B. C. 2, 28, von entwaffnen, gerade wie ἐξαιτέω gew. herausfordern, zurückfordern, aber auch bei Plut. Per. 32. durch Bitten abwenden heisst. Daher schreiben wir mit Westphal im Aeschyluskr. τὰν ἄπονον δαιμονίαν. Hiernach ist der Sinn folgender: »Die mühelose, göttliche Macht aber entwaffnet niemand.«

89 ff. ἥμενον ἄνω φρόνημά πωσ αὐτόθεν ἐξέπραξεν ἔμπασ ἑδράνων ἐφ' ἁγνῶν M. Zur Verbesserung dieser mehrfach verdorbenen Worte gibt das Scholion die vortrefflichsten Winke: »τὸ δὲ φρόνημα αὐτοῦ ἐπὶ τῶν ἁγνῶν ἑδρασμάτων ἐφήμενον ἐξέπραξε τὸν σκοπὸν ἑαυτοῦ αὐτόθεν ἀπὸ τῶν ἁγνῶν ἑδρασμάτων, ὅ ἐστι τοῦ οὐρανοῦ. Zunächst erkennen wir hieraus, dass, obgleich das überlieferte ἥμενον metrisch unmöglich ist, dennoch ein gleichbedeutendes Verbum hier stand, welches der Scholiast durch ἐφήμενον deutet. Dass dieses θᾶσσον gewesen sei, sah Weil und vorher schon Westphal. Vgl. Hesych. θάσσων· ταχύτερος, καθεζόμενος und θάσσοντας· καθημένους. Jenes ἥμενον ist also aus der Erklärung in den Text eingedrungen. Hieraus erkennen wir zugleich, dass die Conjekturen von Hermann μνῆμον ἄνω, Martin ἤρεμ' ἄνω, Hartung Ζηνὸς ἄνω völlig verfehlt sind. Zu φρόνημά πως bemerkt richtig Steusloff (p. 31): »Zeus ist hiernach ein Geist, doch selbst

hier zeigt das Wörtchen πως den ihm unbewussten Bruch in des Dichters Religion. Er wagt den Gedanken eines geistigen Gottes nicht auszudenken, weil er sich unfromm vorkömmt im Verlassen des väterlichen Glaubens. Und der plastische Sinn des Griechen leidet keine ihm zu abstracte Verflüchtigung des Gedankens der Gottheit . . . er bannt den πανόπτης und παγκρατής Ζεύς auf die ἕδρανα ἁγνά, vernichtet also seine allumfassende Allgegenwart.« — αὐτόθεν »von Ort und Stelle«, d. h. ohne sich Mühe zu geben, (mit göttlicher Kraft). Vgl. Hom. Od. 13, 56. αὐτόθεν ἐξ ἑδρέων und 21, 420. αὐτόθεν ἐκ δίφροιο καθήμενος. — Zu ἐξέπραξε (gnomisch. Aorist) endlich gibt das Scholion ein Object, welches wir im Texte vermissen, nämlich das durchaus passende σκοπόν; demgemäss setzen wir an Stelle des äusserst bedenklichen ἕρπας der Handschriften βουλάς. Statt ἐφ' ἁγνῶν gibt Wordsworth richtig ἀφ' ἁγνῶν, welches vermuthlich auch der Scholiast las.

V. Metakatatropa. ἀντ. ε'. Lyrischer Uebergang zum Schlusse. -- »Möge Zeus auf den menschlichen Uebermuth blicken, der auch unser Leiden verschuldet hat, indem dasselbe durch der Vettern rasende Begierde hervorgerufen ist.«

92. οἷα M. οἵᾳ Schütz. οἷα Hermann.

94. τὸ θάλος M. τεθαλώς Bothe. Was die Erklärung des Textes anlangt, so bemerkt der Scholiast zu πυθμήν· ἡ ῥίζα τῶν πεντήκοντα παίδων, ὅ ἐστιν αὐτὸς ὁ Αἴγυπτος. (Vgl. Choeph. 646.) Indessen ist klar, dass wir es von den Kindern desselben zu verstehen haben und von ihrem Uebermuthe. — τεθαλώς· οὐ φύλλοις, ἀλλὰ τῇ ἀνοίᾳ τῶν παίδων ἑαυτοῦ, καὶ διάνοιαν μαινόλιν ἔχων, ὅπερ ἐστὶ κέντρον ἄφυκτον. schol. — Richtig erklärt Meffert: »animadverte superbiam humanam, qualis pullulat, (tamquam) arbor, insania florens«. Zu ergänzen ist die Vergleichungspartikel, wie z. B. Hor. ep. I, 2, 41.

Qui recte vivendi prorogat horam,
Rusticus exspectat, dum defluat amnis.

So heisst es auch bei Schiller: »Hier steh ich, ein entlaubter Stamm«.

96. καὶ διάνοιαν μενόλιν M. Der Ausdruck ist ganz passend und mit Recht wird Eur. Or. 813. παράνοια μαινόλις zitirt, aber es steckt eine metrische Unregelmässigkeit in demselben, da dem φρόνημα der Strophe hier zwei Längen und eine Kürze gegenüberstehen. Daher vermuthet Weil μαργοσύναν τε μαινόλιν; jedoch liegen nicht die geringsten Indicien für diese gewaltsame Aende-

rung vor. — Da nun der Ausdruck sonst unverfänglich und echt
dichterisch ist, so müssen wir denselben, trotz der mangelhaften
Responsion, festhalten.

98. ἄται δ᾽ ἀπάται μεταγνοῦσ M. Gewöhnlich liest man dieses
nach Anleitung des Guelferb. ἄταν δ᾽ ἀπάτᾳ μεταγνούς, welches
Hermann erklärt: Culpam suam sero cognoscunt, fuga nostra de-
cepti. — Diese Ansicht ist aber durchaus nicht zu billigen. Die
Aegyptiaden halten ihr Benehmen gegen die Jungfrauen nicht für
ein Unrecht; im Gegentheil glauben sie gegründete Ansprüche auf
dieselben zu haben. Daher können wir hier ἄτη nicht als Schuld,
Frevel auffassen, sondern müssen die Stelle anders deuten. Treffend schreibt nun Steusloff (p. 27) über die Ate: »Ἄτη ist im äschy-
leischen Sprachgebrauche nichts anders, als der Zustand, in den
jedes ἄγαν den Menschen bringt, das ἄγαν der Leidenschaft sowohl,
als der Macht und des Reichthumes. Ἄτη ist eigentlich schon
selbst die Rache, die der leidenschaftliche Mensch an sich selber
vollzieht, oder die seine Verhältnisse über ihn bringen. Das ἄγαν
führt den Menschen in Lagen, deren ruhige Beherrschung über
seine Natur geht; so lockt es ihn weiter und weiter bis zum Verbrechen und dass dem so ist, ist Zeus' Wille und von ihm selbst
angeordnet. Und doch ist Ἄτη auch Person; gleichwie auch heute
noch dem von schwerer Krankheit ·Befallenen diese wie ein böses
Wesen vorkommt, mit dem er bis zum Siege des Lebens oder
Todes ringen muss, gleichwie die grosse Negation des Lebens, der
Tod, zu allen Zeiten und bei allen Völkern personifizirt worden
ist, so erscheint Ἄτη schwankend zwischen abstractem Begriff und
lebendigem Wesen.« — Auch an unserer Stelle, wie z. B. Ag.
355—361 u. Pers. 93—100 haben wir die Ate persönlich zu denken.
Demgemäss ist zu schreiben: Ἄτας δ᾽ ἀπάταν μεταγνούς, wie im
Aeschuskränzchen von Westphal vorgeschlagen wurde.

VI. Sphragis. στρ. ς᾽ u. ἀντ. ς᾽. — Klagen der Jungfrauen. —
Solche Leiden besiege ich. In Fetzen zerreisse ich das linnene Ge-
wand und den Sidonischen Schleier.

99. τοιαῦτα πάθεα — solche Leiden, wie sie durch den Uebermuth der Aegyptiaden mir erwachsen. — θρεομένα λέγων M. Enger
liest θρεομένα δ᾽ ἐγώ, wogegen richtig Hartung bemerkt: Weder hätte
diese weite Zurückschiebung der Partikel eine Entschuldigung, noch
hat das Pronomen einen Sinn. Auch Burgard in seiner vortrefflichen Dissertation über μέν und δέ p. 70 verwirft diese Conjektur.
Das λέγων der Handschriften kann nun ebenfalls nicht vertheidigt

werden und wir müssen daher die schon lange gemachte Aenderung
λέγω festhalten. Hiermit ist dann πάθεα zu verbinden, während
μέλεα, welches Substantivum und nicht Adjektivum ist und wozu
die folgenden Attribute λιγέα, βαρέα, δακρυοπετῆ gehören, Objekt
zu θρεομένα ist.

101. ἐμπρέπη θρεομένη μέλη M. Die Worte θρεομένη μέλη sind
von Porson gestrichen. ἐμπρέπη ändert Turn. in ἐμπρεπῆ; richtig
wird von Meffert ἐμπρεπής gelesen: »durch Klagelieder hervor-
glänzend, ehre ich mich lebend noch durch Todtenklagen«. Hermann zitirt Il. VI, 500 οἳ μὲν ἔτι ζωὸν γόον Ἕκτορα ᾧ ἐνὶ οἴκῳ.
Das Oxymoron ἰηλέμοισιν ἐμπρεπής ist der Ausdruck des bittersten
Schmerzes und gewissermassen sarkastisch. Vgl. Soph. El. 1187
(Dind.) ὁρῶν σε πολλοῖς ἐμπρέπουσαν ἄλγεσιν. Aesch. Choeph. 11.
τίς ποθ' ἥδ' ὁμήγυρις στείχει γυναικῶν φάρεσι μελαγχίμοις πρέπουσα;

103. ἰλέωμαι M. ἰλέομαι Turn. = ἰλάσκομαι schol.

104. βοῦνιν »hüglig.« βουνός ein in Cyrene gebräuchliches
Wort, welches Hügel bedeutet, Herod. 4, 199. Hesychius erklärt:
βοῦνις· γῆ. Αἰσχύλος. Ebenso der Scholiast: τὴν γῆν κατὰ βαρβάρους. Hartung macht darauf aufmerksam, dass der Dichter ab-
sichtlich solche Ausdrücke gewählt habe, um der Sprache des
Chors den Anstrich des Fremdartigen zu geben. Uebrigens scheint
auch eine Anspielung auf die Io hierin zu liegen.

105 ff. καρβάνα δ' αὐδὰν εὐακονεῖσ πολλάκι δ' ἐμπίτνω ξὺν
λακίδι λίνοισιν ἢ Σιδονίαι καλύπτραι M. Die im Texte vorgeschlage-
nen Verbesserungen wurden im Aeschyluskr. v. Westph. festgestellt.
Zu εὖ γᾶ bemerkt der Scholiast: καλῶς (libr. ὡς) γῆ νοεῖς καὶ τὴν
βάρβαρον φωνήν; (Vgl. schol. Suppl. 77 und Hesych. εὖ· καλῶς.)
Was den Ausdruck ἐμπίτνειν ξὺν λακίδι anlangt, so erklärt Schütz
richtig »nihil aliud est, quam discerpere, dilacerare, impetum in
vestes facere lacerando«. — Vgl. Pers. 121. Choeph. 28.

109 ff. θεοῖσ δ' ἐναγέα τέλεα πελομένων καλῶσ ἐπιδρόμῳ πόθι
θάνατοσ ὅπη M. Das Scholion »ὅπου δὲ θάνατος ἀπῇ, ἐκεῖ τῶν
ἀνθρώπων εὐπραγούντων τιμαὶ τοῖς θεοῖς ἐπιτρέχουσιν« gibt keine
weitern Hilfsmittel für die Kritik an die Hand, da es auf dem schon
verdorbenen Texte basirt; πελομένων καλῶς erklärt der Scholiast
durch τῶν ἀνθρώπων εὐπραγούντων — ἐναγέα τέλεα durch τιμαί —
ἐπίδρομ' durch ἐπιτρέχουσιν. Die handschr. Ueberlieferung ist nun
aber durchaus nicht zu erklären. Zwar versucht dieses Weil, indem er ὁπόθι θάνατος ἐπῇ liest: »Ubi mortis periculum est, solent
homines pro debito solvenda (ἐναγέα), si res prospere cedant,

sacrificia (τέλεα) votis ad coelum missis polliceri. Wie gewunden und gezwungen aber diese Erklärung ist, sieht man auf den ersten Blick; dann bekämpft schon Hartung den Ausdruck πελομένων καλῶς. Ohne Subjekt ist diese Verbindung unmöglich. Ueberhaupt ist Weil im Irrthum, wenn er die Stelle allgemein fasst; die beiden Strophen stehen vielmehr in engster Beziehung zum Schicksale der Danaiden. Es ist ihr eigenes Leid, welches die Jungfrauen beklagen. Die Hauptschwierigkeit bildet zunächst die Erklärung der Worte ἐναγέα τέλεα. — τέλος bezeichnet, wie bekannt, die Einweihung in die Eleusinischen Mysterien, dann aber jede religiöse Weihe und Feierlichkeit. Hiernach kann ἐναγέα τέλεα nun nichts anders bedeuten, als Todtenfeierlichkeiten, die der Chor in στρ. ς' näher dargestellt hat. Diese Deutung hatte auch der Scholiast im Auge, der ἐναγέα durch ἐναγίσματα erklärt. Ist dieses aber der Fall, so liegt die Verbesserung für πελομένων καλῶς, das wir oben als im höchsten Grade verdächtig bezeichneten, auf der Hand. Wir schreiben analog der Strophe: θεοῖς δ' ἐναγέα τέλεα μελοτυπῶν καλῶ »zu den Göttern aber rufe ich, die Todtenfeierlichkeiten im Liede darstellend.» So heisst es Agam. 1152. τὰ δ' ἐπίφοβα δυσφάτῳ κλαγγᾷ μελοτυπεῖς ὁμοῦ τ' ὀρθίοις ἐν νόμοις. Die θεοί sind natürlich die θεοὶ νέρτεροι. Was die Maskulinform μελοτυπῶν anlangt vgl. v. 205. φρονοῦντας, 271. ἔχων 989. τυγχάνοντας 1019. γανάοντες Choeph. 629. τίων Eum. 581. κύρωσον M. κύρωσσων Flor. κυρώσσων Turn. Zu dem folgenden Verse finden sich vortreffliche Emendationen von Hartung und Weil. — Hartung erkennt zunächst, dass: ἐπίδρομος ὅθι θάνατος zu lesen ist; schon hier schwebt dem Dichter das unten weiter ausgeführte Bild des Seesturmes vor. Dann corrigirt Weil schön ἐπῇ für ἀπῇ.

111. δυσάγκριτοι πόνοι M. Der Zusammenhang erfordert πόροι, welche Verbesserung im Aeschyluskränzchen Westphal vorschlug.

112. ποῖ τῇδε κῦμ' ἀπάξει; Vgl. Sept. 758. κακῶν δ' ὥσπερ θάλασσα κῦμ' ἄγει.

VII. Epilogus. στρ. ζ', ἀντ. ζ', στρ. η', ἀντ. η'. Bis jetzt ist meine Flucht vom Geschick begünstigt worden. Schenkt mir auch fürderhin euren Beistand, Zeus und Artemis! Wenn nicht, so werde ich zu dem Zeus der Unterwelt meine Zuflucht nehmen; du aber, o Zeus, kannst dann auf den Namen des Gerechten keinen Anspruch mehr machen.

119. Dem μέν = igitur entspricht τελευτὰς δ'. Vgl. Burgard p. 32. Die Worte λινορραφής τε δόμος ἅλα στέγων δορός gehören

augenscheinlich zusammen und bilden die Umschreibung für Schiff.
Um eine genaue Responsion mit der Antistrophe herzustellen, hat
Heimsoeth καὶ δόμος vorgeschlagen, Dindorf λανορραφῶς τε δρόμος,
Weil τ' εὖ. Indessen wird durch alle diese Aenderungen der schöne
dichterische Ausdruck entstellt.

122. συμπνοιαῖσ M. Im Aeschyluskr. wurde des von Westphal
Metrums wegen σὺν πνοαῖσιν geschrieben »mit günstigem Fahrwind.«
Jedoch ist die handschr. überlieferte dorische Form πνοιά festzu-
halten. Vgl. Pind. Ol. III, 31.

123. τελευτᾶς δ' ἐν χρόνωι M. — Schütz verbindet den Genetiv mit dem vorhergehenden μέμφομαι »non est, quod me huius
exitus poeniteat«. Grammatisch ist hiergegen nichts einzuwenden.
Vgl. Eur. Hecub. 962. σὺ δ' εἴ τι μέμφῃ τῆς ἐμῆς ἀπουσίας. Hipp.
1402. τιμῆς ἐμέμφθη. Thuc. VIII, 109 ὅπως μέμφηται τε τῶν περὶ
τὴν Ἄντανδρον γεγενημένων. Jedoch erlaubt der Zusammenhang
diese Verbindung nicht. »Der Anfang ihrer Flucht ist glücklich
gewesen; dieses loben sie, aber in Betreff des Ausganges sind sie
besorgt. Daher schreibe ich mit Wellauer τελευτάς und interpun-
gire nach μέμφομαι.

124. πατὴρ ὁ παντόπτασ M. Den Artikel tilgte Hermann.

126. σπέρμα σεμνᾶς μέγα ματρὸς εὐνὰς ἀνδρῶν ἐξ ἄγαμον ἀδά-
μαντον ἐκφυγεῖν M. ἀδάματον Bothe. — Die übrigen Verbesserungen
wurden im Aeschyluskr. v. Westph. aus metrischen Gründen gemacht.
— Dass unter σπέρμα nicht Epaphos zu verstehen sei, wie der
Scholiast meint, sondern die Jungfrauen selbst, ist klar. — Den
Infinitiv ἐκφυγεῖν lässt Hartung unrichtig von κτίσειεν abhängen.
Es ist derselbe vielmehr absolut gebraucht zur Bezeichnung des
Wunsches als eine Art von Ausruf. Das Subjekt, hier σπέρμα, steht
im accus. = Aeschyl. Sept. 253. θεοὶ πολῖται, μή με δουλείας τυχεῖν.
Vgl. Krüger 55, 1. 4.

129. Die Jungfrauen bitten die Artemis, die reine und keusche
Tochter des Zeus, sie, ihre Dienerinnen, die ihre jungfräuliche
Reinheit bewahren wollen, vor den Verfolgungen der Vettern in
Schutz zu nehmen. — Die beiden ersten Verszeilen sind unver-
dorben; die mangelhafte Responsion des τε und ἁγνά wird sich
wohl schwerlich heben lassen. Nun folgt ἔχουσα σέμν' ἐνώπι' ἀσφαλές. Hermann erklärt: »Oculis aberrans scriba codicis primitivi
ἀσφαλές posuerat, ubi Ἄρτεμις debebat. Hesychius ἐνώπια· τὰ κα-
ταντικρὺ τοῦ πυλῶνος φαινόμενα μέρη, ἃ καὶ ἐκόσμουν ἕνεκα τῶν
παριόντων. Idem προνώπια· τὰ ἔμπροσθεν τῶν πυλῶν, καθάπερ ἐνώ-

πια τὰ ἔνδον, ὅπου αἱ εἰκόνες τίθενται.« Es sind also nach Hesychius ἐνώπια die Wände der Vorhalle zu beiden Seiten des Einganges,
die den Eintretenden zuerst in die Augen fielen. Hieraus schliesst Hartung, es sei ein Tempel der Artemis auf der Bühne sichtbar gewesen.
Dieses ist aber nicht richtig; wir wissen bloss von dem Götteraltar auf
dem Hügel, an welchem sich später die Danaiden lagern. Zudem wäre
es doch ein im höchsten Grade frostiger Ausdruck: »die ehrwürdige
Tempelwände hat«. Die Aenderung des ἀσφαλές in "Ἄρτεμις ist aber
durchaus überflüssig, da man unter ἁγνὰ Διὸς κόρα ohnehin Artemis
versteht. Desshalb wird diese Conjectur von Kruse und Weil mit
Recht verworfen. Kruse lässt die handschr. Lesart unverändert
und übersetzt: »Schau, reines Kind des Zeus, auf mich von der
Hallen festem Thron herab.« Durch diese Uebersetzung werden
die Schwierigkeiten, die in ἔχουσα σέμν᾽ ἐνώπι᾽ ἀσφαλές liegen,
zwar leidlich verdeckt aber nicht gehoben. Andere erklären ἐνώπια
durch »Antlitz, Blick«. Indessen stützt sich diese Deutung bloss
auf unsere Stelle und lässt sich nicht weiter begründen. Weil endlich schreibt ἔχουσαν σέμν᾽ ἐνώπι᾽ ἀσφαλές. Er bezieht also den
Partizipialsatz auf με und erklärt: »venerandam, quam prae se
ferunt, ramorum speciem«. Diese Ansicht brauche ich wohl nicht
erst zu widerlegen. Einmal lässt ἐνώπια diese Deutung nicht zu;
dann wäre ἀσφαλές gar nicht zu erklären. Wir sehen, dass bis
jetzt nicht viel beigebracht ist, die verdorbene Stelle zu heilen.
Augenscheinlich bezieht sich nun ἔχουσα κ. τ. λ. auf Artemis; es
muss der Vers irgend eine Angabe enthalten haben, welche die
Macht und die Bedeutung der Göttin und ihr Verhältniss zu den
Schutzflehenden näher bestimmte. Man glaubte nun, dass sie Macht
und Aufsicht über das Thun und Treiben der Menschen ausübte;
desshalb wurde sie zu Elis ἐπίσκοπος genannt. (Plut. Qu. Gr. 47.)
Wo sie Unrecht und Frevel sieht, da tritt sie ahndend und sfrafend
auf. Mit Rücksicht auf dieses Amt heisst sie Ὦπις oder jon. Οὖπις
(vgl. Pauly, Realenc. s. v., wo die betreffenden Stellen gesammelt
sind). In ähnlicher Beziehung heisst Apoll ἐπόψιος. Demgemäss
muss offenbar der Vers geschrieben werden: ἔχουσα τέρμ᾽ ἐπόψιον
»die das Aufseher-Amt verwaltet«. Das nun folgende ΣΦΑΛΗΣ ist
augenscheinlich aus ΣΦΟΔΡΩΣ corrumpirt. Dieses σφοδρῶς hätten
wir dann mit dem folgenden παντὶ δὲ σθένει, wie Heath richtig
statt des handschr. σθένουσι verbessert hat, zu verbinden. Hiernach schreiben wir: σφοδρῶς δὲ παντί τε σθένει — Nun kömmt
διωγμοῖσι δ᾽ ἀσφαλέας. Dindorf vermuthet διωγμοὺς εἰσιδοῦσ᾽. Diese

Conjectur müssen wir aber verwerfen, da hierdurch nichts neues angegeben, sondern einfach das vorhergehende ἐπιδέτω wiederholt würde. Hermann ändert ἀσχαλῶσ' »grollend über die Verfolgungen«. Indessen genügt dieses nicht; wir verlangen vielmehr den Begriff »abwehren, entgegentreten«. Daher schreibe ich διωγμοῖς προσβαλοῦσ'. In der intransitiven Bedeutung »sich entgegenwerfen« findet sich das Wort Aesch. Sept. 615. δοκῶ μὲν οὖν σφε μηδὲ προσβαλεῖν πύλαις. Das folgende ἀδμήτας ἀδμήτα erklärt der Scholiast: ἀντὶ τοῦ ῥυσιάσθω ἡ παρθένος ἡμᾶς τὰς παρθένους. Derselbe kann hiernach nur gelesen haben: ἀδμὴς ἀδμήτας ῥύσιος γενέσθω. — ῥύσιος ist also mit dem accus. construirt, wie Choeph. 22. χοὰς προπομπός. Vgl. Matthiae, Gr. Gr. § 422. Was den Gedanken angeht, so wird derselbe erläutert durch Göthe. Iphig. I, 2.

Sinnt er vom Altar
Mich in sein Bette mit Gewalt zu ziehen,
So ruf' ich alle Götter und vor allen
Dianen, die entschlossne Göttin, an,
Die ihren Schutz der Priesterin gewiss
Und Jungfrau einer Jungfrau gern gewährt.

139. εἰδὴ μή M. εἰ δὲ μή Turn. εἰ δὲ μὴ ῥύσεται schol. — μελανθές· μέλαν Hesych. ἄνθος = Farbe. ἄνθη· τὰ χρώματα Hesych. Weil.

140. ἡδιόκτυπον M. ἡλιόκτυπον »vom Sonnenstrahl getroffen« Wellauer. »Sin minus, fusca, solis radiis icta gens, ad Jovem inferorum ibimus.« Schneidewin im Rh. Mus. VI, 2 p. 230 vergl. χιονόκτυπος, ὀμβρόκτυπος, Kruse aus Ath. X, 455. νιφόκτυπος.

141. τὸνταιων M. Wellauer verbessert τὸν γάϊον, welches auch der Scholiast las, der τὸν καταχθόνιον, Ἅιδην erklärt. καταχθόνιος· κατὰ τῆς γῆς ἢ ὁ ἅδης. Hesych. Mit Unrecht schliessen Bloomfield und Schneidewin aus dem Etym. Gud. p. 227, 37 auf ein ζάγριον. Die zitirte Stelle selbst ist lückenhaft, so dass man nicht berechtigt ist, dieselbe zur Emendirung unseres ταιων zu gebrauchen.

142. πολυξενώτατον. Vgl. Prom. 152 Ἅιδου τοῦ νεκροδέγμονος Sept. 839. πάνδοκον εἰς ἀχανῆ τε χέρσον. Ebenso wird Pluto Hymn in Cer. 9, 17. 430. πολυδέγμων und πολυδέκτης genannt. Weil.

143. Ζῆνα τῶν κεκμηκότων — Zeus der Gestorbenen, Hades.

144. ἐξόμεσθα — So steht der Plur. nach einem Collect. Eum. 950. Ἐρινὺς . . . διαπράσσουσιν. Pers. 788 πράσσοιμεν . . . λεώς. ibid. 927. μυριὰς . . . ἐξέφθινται. ibid 805. μίμνουσι. Sept. 807. Οἰδίπου γένος . . . κατεσποδημένοι. Ag. 671. λέγουσιν. ibid. 790. πᾶς τις . . . ξυγχαίρουσιν. — Die Jungfrauen drohen also sich

das Leben zu nehmen und mit ihren Zweigen hinab in die Unterwelt zn steigen, nm sich dort über die Ungerechtigkeit der Himm-
lischen zu beschweren. — Da erinnern sie sich in ihrem Leiden
an das traurige Geschick der Ahnfrau, wegen welcher all' dieser
Jammer über sie gekommen ist; denn ihr Unglück rührt von dem
noch immer glühenden Hasse der unversöhnlichen Hera.

147. ff. *ἀζηνιουσιω μῆνιο μάστειρ' ἐκ θεῶν* M. *ἃ Ζῆν, Ἰοῦς ἰωδῆς
μῆνις μαστίκτειρ' ἐκ θ.* Aeschyluskr. *ὦ Ζεῦ, ἡ παρὰ τῶν θεῶν μῆνις
κατὰ Ἰοῦς ὠδῆς* (l. *ἰωδῆς* Herm.) *ἐστὶ καὶ μαστιγωτική.* sch. ·Aus
dieser Paraphrasis folgt zunächst, dass *Ἰοῦς* gen. obi. zu *μῆνις* ist;
dann ergibt sich, dass *ιω* die Trümmer eines Adjektivums sind,
das leider im Scholion auch verdorben überliefert ist. Hermann
hat erkannt, dass dieses *ἰωδῆς* sei. Endlich fand Hartung, dass
jenes *μαστιγωτική* des Scholiasten auf ein *μαστίκτειρα* im Text hin-
weise. *ἐκ θεῶν* bezieht sich auf die Hera, die im folgenden Verse
genauer bezeichnet wird. Uebersetzt lautet demnach die Stelle:
»O Zeus, der giftige Groll der Götter gegen die Io geisselt uns.«

149. *κοννωδάταν* M. *κοννῶ δ' ἄταν* Turn. *γαμετουρανόνεικον*
M. *γαμετᾶς οὐρανόνικον* Victorius. Das Scholion lautet: *τὴν τῆς
Ἥρας τῆς ἐν ἀνδρείᾳ νικώσης πάντας τοὺς ἐν οὐρανῷ θεούς. καὶ ἐφ'
ἡμᾶς οὖν ἔφθασεν ἡ μῆνις τῆς Ἥρας.* — Hieraus ergibt sich, dass
der Scholiast *γαμετᾶς οὐρανονίκου* las, welches er durch *νικώσης
πάντας τοὺς ἐν οὐρανῷ θεούς* erklärt; dann bezieht er *ἄταν* ganz
richtig auf das Geschick der Danaiden, welches ihnen Hera bereitet hat. In dem folgenden Bilde wird dieser Gedanke weiter
ausgeführt. *χαλεποῦ γὰρ ἐκ πνεύματος* ist vom Hasse der Juno zu
verstehen und *χειμών* ist· der Schicksalssturm, der die Danaiden
als Flüchtlinge umhertreibt.

153. *ἐνεύξεται* M. *ἐνέξεται* Porson. Ohne Zweifel ist *ἐπεύξεται*
zu lesen, wie im Aeschyluskr. Westphal vorschlug. *ἐπεύχομαι* =
»sich rühmen«. Der zweite Scholiast notirt: *τὸ ἑξῆς· καὶ τότ' οὐ
δικαίοις ἐνεύξεται* (l. *ἐπεύξεται*) *Ζεὺς λόγοις, νῦν ἔχων παλίντροπον
ὄψιν λιταῖς.*

160. In den Handschriften fehlt der Refrain (Ephymnion),
der, wie aus den vorigen Strophen hervorgeht, unumgänglich nothwendig ist. Dieses erkannte zuerst Canter. M. Schmidt (Jahns
Jahrb. 1868 1. Heft p. 25, 26) verändert die Worte des Textes
folgendermassen:

*ἃ Ζῆν Ἰοῦς ἃ δύσμηνις
καὶ μαστίκτειρ' ἐκ θεῶν ἄτα*

(χυννῶ δ' ἀρετὰν τᾶς σᾶς γαμετᾶς)
οὐρανονίκου
χειμὼν ἐκ πνεύματος εἰσι.

I. Epeisodion.
v. 165—506.

I. Danaus und seine Töchter. v. 165—223. Während der letzten Worte des Chors hat Danaus den Hügel bestiegen, wo sich der Götteraltar befindet.

165. ξὺν φρονοῦντι δ' — Ubi substantivo cum praepositione coniuncto adiectivum est adiectum, δέ sive quarto sive tertio loco collocari potest. Burgard p. 64. — ἴχετε M. Porson besserte.

167. λαβεῖν M. λαβών Wordsworth.

v. 169. Das Asyndeton ist völlig gesetzmässig; das Folgende dient nämlich zur Erklärung und nähern Begründung des αἰνῶ φυλάξαι τἄμ' ἔπη δελτουμένας. Natürlich könnte nach ὁρῶ auch γάρ stehen.

v. 170. Mit Unrecht ändert Enger σιγῶσιν in σιγῶσι δ'. Einmal wäre die Stellung des δὲ auffallend; dann aber liegt gar kein Grund vor, wesshalb man sich an dem Asyndeton stossen könnte. Die Darstellung ist lebhaft, bewegt und schildert treffend die aufgeregte Stimmung des Danaus.

175. τεθειμένοσ M. τεθυμμένος Abresch. Porson. τεθηγμένος Pearson.

176. ὁρμῇ ξὺν ὀργῇ M. τὸν πρὸς ἡμᾶς στόλον μετὰ ὁρμῆς ποιεῖται schol. — Der Scholiast las also ἡμῖν ξὺν ὁρμῇ. Diese Lesart verdient aber vor der des Medicus entschieden den Vorzug. — ὀργή wird in der Regel von dem Scholiasten durch τρόπος erklärt (Sept. 678). Ueberdiess finden sich ὀργήν und ὁρμήν mit einander vertauscht, wie Sept. 678, wo Colb. b., Par. n. und Vit. ὁρμήν lesen. Dann ist durchaus nicht ersichtlich, wie Danaus ὁρμῇ ξὺν ὀργῇ sagen konnte, da er über die Gesinnung der Ankommenden ja völlig im Unklaren ist.

177. εἴνεχ' M. οὔνεχ' Heath.

178. πάγον προσίζειν κ. τ. λ. Danaus fordert also die Töchter auf, die Orchestra zu verlassen und auf den Hügel zu steigen. — τῶνδ' M. τόνδ' Turn. Paley und Weil halten mit Recht die handschr. Lesart fest, indem der letztere bemerkt: Quidni demonstrativum referatur ad deos, quorum imagines conspiciuntur? — ἀγω- νίων θεῶν — Da ἀγών urspr. »Versammlung« bedeutet und sich

θεῖος ἀγών »Götterversammlung« mehrfach findet, so ist auch ἀγώνιοι θεοί an unserer Stelle mit Kruse »die versammelten Götter« zu erklären. Schol. Venet. Il. XXIV, 1. παρὰ δὲ Βοιωτοῖς ἀγὼν ἡ ἀγορά. ὅθεν καὶ ἀγωνίους θεοὺς Αἰσχύλος τοὺς ἀγοραίους. Auch ἀγορά bedeutet zunächst »Versammlung«. Vgl. Kruse zu v. 166. 179. κρείσσων M. κρεῖσσον Guelferb. — Ueber δέ vgl. Hermann ad Vig. adn. 543. »Proprie non magis δέ pro γάρ, quam apud Latinos autem pro enim dicitur: sed ubi quid in reddenda ratione sic affertur, ut id partem aliquam rei, de qua sermo est, constituat, plane ut in quavis narratione, ubi novum praecedentibus praedicatum accedit, δέ et autem locum habent propter id ipsum, quod novum quid accedit, oppositionem quamdam fieri indicantes.«

181. 182. ἀγάλματ᾽ . . . συνωνύμων M. ὅ ἐστιν ἀντέχεσθε τῇ δεξιᾷ τῶν ἀγαλμάτων, τῇ ἀριστερᾷ τοὺς κλάδους κατέχουσαι schol. Hier scheint auf den ersten Anblick der Scholiast ἀγάλματα, welches man gewöhnlich als Apposition zu ἱκτηρίας fasst, gelesen zu haben und aus dem ἀριστερᾷ haben Auratus und Scaliger εὐωνύμων in den Text eingetragen. Indessen verhält sich die Sache anders. Der Scholiast erklärt, die Supplices sollten mit der rechten Hand die Bildnisse umfassen, während sie mit der linken die Zweige emporhielten. So haben wir uns wohl überhaupt die Stellung der Schutzflehenden zu denken. Aehnlich wird auch Il I, 500 die Thetis flehend dargestellt, wie sie mit der rechten Hand das Kinn des Zeus fasst, mit der linken seine Knie umschlingt:

καί ῥα πάροιθ᾽ αὐτοῖο καθέζετο, καὶ λάβε γούνων
σκαιῇ· δεξιτερῇ δ᾽ ἄρ᾽ ὑπ᾽ ἀνθερεῶνος ἑλοῦσα
λισσομένη προσέειπε Δία Κρονίωνα ἄνακτα·

Daher muss statt συνωνύμων — ὀρθωνύμων gelesen werden, was allerdings, da ὀρθώνυμος nomini recte respondens bedeutet, so und nicht anders erklärt werden konnte. Daraus folgt aber, dass das Komma nach Διός zu streichen und ἄγαλμά τ᾽ für ἀγάλματ᾽ zu schreiben sei.

183. γοεδνα καὶ τὰ χρέα ἔπη M. γόεδνα καὶ τὰ χρεῖ᾽ ἔπη Turn ζαχρεῖ᾽ ἔπη Bamb. Vgl. Theocr. 25, 6. ὁδοῦ ζαχρεῖον ὁδίτην· »von einem Wanderer, der des Weges unkundig ist«.

185. ἀναιμάκτους φυγάς, weil sie nicht wegen Blutschuld geflohen sind. Vgl. v. 7.

186. φθογγή M. Porson besserte. ἐπέσθω = comitetur. gew. ἕπεσθαι μετά τινος. Vgl. Heind. zu Plat. Phaedr. 64. Well.

187. τὸ μὴ μάταιον δ᾽. — Gewöhnlich folgt auf ein vorher-

gehendes πρῶτον (πρῶτα) μέν ein ἔπειτα δέ, aber auch bloss δέ, wie Prom. 447, 454, 707, 709, 1016, 1020. Eum. 1, 2. Pers. 388, 396, 857, 861. Sept. 501, 504. Vgl. Burgard p. 18. Ueber die Stellung von δέ ibid. p. 63. — ἐκ μετώπω σωφρονῶν ἴτω πρόσωπον (nach andern προσώπων) M. — Hermann hat für das verdorbene μετώπω σωφρονῶν oder μετάπω σωφρόνων (E.), welches Robort. in μετώπων σωφρόνων verwandelte, mit Porson μετωποσωφρόνων geschrieben, während er im folgenden Verse statt des πρόσωπον des M. aus dem Wolfenb. Cod. προσώπων aufnimmt. M. Schmidt ändert wahrscheinlich nach Hermann zu Eum. 44. μεγιστοσωφρόνων, wie auch Suppl. 709 ähnlich μεγιστοτίμου gesagt ist. Indessen sind hier die μέτωπα σώφρονα durchaus nöthig zur Vervollständigung des Gemäldes, welches Danaus von den züchtigen Jungfrauen entwirft. Dieses würde nun auch durch die von Dindorf, Schwerdt, Kruse aufgenommene Conjektur σεσωφρονισμένων festgehalten; jedoch bedarf es einer so gewaltsamen Aenderung nicht. Der Fehler ist offenbar in dem folgenden πρόσωπον zu suchen, wo die Aenderung in προσέρπον nahe liegt. Vgl. Soph. Phil. 1198. οὐδέ-ποτ᾽, ἴσθι τόδ᾽ ἔμπεδον, οὐδ᾽ εἰ πυρφόρος ἀστεροπητὴς βροντᾶς αὐγαῖς μ᾽ εἶσι φλογίζων.

189. 190. καὶ μὴ πρόλεσχοσ . . . τὸ τῇδε κάρτ᾽ ἐπίφθονον γέ-νοσ M. Den ersten Vers erklärt richtig der Scholiast: μήτε προ-τέρα κατάρχου τοῦ λόγου μήτε ἀμειβομένη μακρολόγει. — Der Vater ermahnt also seine Töchter, weder vorwitzig zu sein, noch beim Reden sich Umschweife zu bedienen. Diese letzte Ermahnung nimmt demnach Rücksicht auf die Gewohnheit der Argiver, sich ebenso, wie die Spartaner, in ihren Reden der grössten Kürze zu befleissigen. (Vgl. Suppl. 273. Soph. beim Schol. zu Pind. Isthm. v. 58. Stob. Flor. 74, 28. ἄλλως τε καὶ κόρη τε κἀργεία γένος, — αἷς κόσμος ἡ σιγή τε καὶ τὰ παῦρ᾽ ἔπη. Pindar. a. a. O.) Während so dieser Vers durchaus klar ist, ist der folgende um so bedenklicher. Stanley fasst τὸ τῇδε als hic locorum und übersetzt: »in hac regione valde proni sunt ad invidiam«. Stünde indessen diese Gewohnheit auch fest, welche Beziehung hätte dann diese Sitte zu der Aufforderung des Danaus? Wenn nun Hermann jene Erscheinung auch mit Recht zurückweist, so ist er selbst doch wenig glücklich in der Behandlung der Stelle, indem er τὸ τῇδε. κάρτ᾽ ἐπίφθονον γυνή schreibt. Es ist nämlich schwer zu fassen, wie in diesen Worten der Sinn liegen kann: Quod ad hanc rationem attinet, (iustum in loquendo modum tenendi) maxime vituperationi

obnoxium est femineum genus. Aber wäre dieses auch der Fall,
wer würde einen solchen faden Gedanken dem Dichter zuschreiben?
Die neuern Herausgeber Kruse und Weil lassen die handschr. Lesart unverändert, obwohl dieselbe Weil verdächtig erscheint, da er
in der Anmerkung ἐπίφθονον πέλει oder χθονί vorschlägt. Wird
aber hierdurch etwas gebessert? Bleibt nicht vielmehr der Stein
des Anstosses, jenes τὸ τῇδε unverändert bestehen, während doch
τό nicht für τόδε gebraucht sein kann? Die Worte müssen aber
eine Hinweisung auf die Gewohnheit der Argiver, Umschweife beim
Reden zu vermeiden, enthalten haben; denn hierdurch erst wird
die Ermahnung des Danaus an seine Töchter motivirt. Dieses
hat Schütz richtig herausgeführt, der die Stelle erklärt: Quod (loquendi) genus valde hic est otiosum; aber γένος allein kann doch
unmöglich genus loquendi bedeuten. Augenscheinlich steckt die
Corruptel in τὸ τῇδε. Es kann nun aber nach dem, was ich bisher gesagt habe, keine Frage sein, dass hierin ein τριβῇ δὲ enthalten ist. τριβή hat die Bedeutung von »Aufschub, Zeitvergeu-
dung«, wie sich das Wort ja häufig genug findet; ἐπίφθονος ist
act. gebraucht »hassend, feindlich gesinnt«.

191. μέμνησο δ᾽ εἴκειν — μεμνῆσθαι mit dem Infinitiv bedeutet auf etwas bedacht sein, sich angelegen sein lassen. Vgl.
Krüger § 56, 7, 10. — εἶξεν ἡ φυγάς M. εἰ ξένη φυγάς Sophianus.
Das Scholion ἐπικουρίας χρήζεις deutet übrigens auf eine andere
Lesart. Statt ξένη φυγάς stand im Texte des Scholiasten ein Substantivum im Gen. von χρεῖος abhängig, vielleicht ξυνουσίας oder
ξυνοικίας. — Ueber das Asyndeton vgl. Krüger 59, 1, 5.

193. φρονούντωσ πρὸ φρονοῦντασ M. πρὸς φρονοῦσας Turn.
φρονοῦσαν Dind. »Sed haec lectio aperte ex correctione prodiit,
corum, qui usum tragicorum ignorantes in genere masculino offen-
derunt. Hoc tamen de feminis non raro adhibent tragici —
Wellauer.

194. φυλάξομαι M. φυλάξομεν Turn. Diese Aenderung ist
völlig überflüssig. Es folgen lauter Singulare. Kruse — φυλάξομαι
μεμνῆσθαι est »cavebo ut memor sim«. Well.

197 ff. Die Stellung der Verse von 207—216 (Dind.) ist im
Med. theils unrichtig überliefert, theils sind die einzelnen Verse
nicht richtig unter Danaus und den Chor vertheilt. Im Allgemeinen
hat Hermann das Richtige gesehen und seine Verbesserungsvorschläge sind von den folgenden Herausgebern meistens angenommen
worden. Das Einzelne hierüber sehe man bei Hermann zu v. 193.

— Nur ist ein offenbarer Fehler übergangen worden. Auf v. 209 (Dind.): ὦ Ζεῦ, κόπων οἴκτειρε μὴ ἀπολωλότας folgt den Zusammenhang unterbrechend: κείνου θέλοντος εὖ τελευτήσει τάδε. Daher theilt Hermann diesen Vers dem Danaus zu und glaubt, es sei der entsprechende Vers des Chors ausgefallen. Gehört aber derselbe hierhin? Auf ὦ Ζεῦ u. s. w. folgt, wenn wir jenen Vers hier streichen, ganz treffend καὶ Ζηνὸς ὄρνιν mit offenbar beabsichtigtem Gleichklange des Versanfanges. Dagegen ist jenes κείνου θέλοντος κ. τ. λ. nach v. 197. (207 Dind.) einzureihen. Den drei Versen des Chors v. 193—195 folgten nämlich ohne Zweifel auch drei Verse des Danaus. Daher nehme ich an, dass nach ἴδοιτο κ. τ. λ. ein Trimeter ausgefallen sei u. lasse hierauf κείνου θέλοντος u. s. w. folgen. —

v. 199. πέλας θρόνους· ὡς αὐτοῦ ἤδη καθεσθέντος schol. »Scite observavit scholiastes, iam consedisse Danaum. Consederat ille autem, ut par erat, ad statuam Jovis, quam credibile est, in medio positam fuisse. Herm.

v. 200. μὴ νῦν M. μὴ νυν Dind. — μηχανῆς δ' ἔστω κράτος M. »est κρατείτω τὸ ἔργον, quin tu id facis.« Herm. μηχανὴ δ' ἔστω κράτους Schwerdt.

v. 201. ἰὼ ζεὺσ (ζεῦ zweite Hand) M. — μὴ μετὰ τὸ ἀπολέσαι οἰκτειρήσεις (οἰκτειρήσῃς Weil) ἡμᾶς. schol.

v. 202. Ζηνὸς ὄρνιν· τὸν Ἥλιον· ἐξανίστησε γὰρ ἡμᾶς ὡς ὁ ἀλεκτρυών schol. Die Bildsäule des Sonnengottes war mit einem Hahn geschmückt. Vgl. Paus. v. 25, 5. Ἡλίου δὲ ἱερόν φασιν εἶναι τὸν ὄρνιθα, καὶ ἀγγέλλειν ἀνιέναι μέλλοντος τοῦ ἡλίου· — Einen Sonnenaltar der Argiver am Inachus erwähnt ebenfalls Pausanias II, 18, 3. προελθοῦσι δὲ ποταμός ἐστιν Ἴναχος, καὶ διαβᾶσιν Ἡλίου βωμός.

v. 204. φυγάδ' ἀπ' οὐρανοῦ θεόν — Der Grund der Verbannung Apollos aus dem Himmel war, weil er die Cyclopen (Eur. Alc. 5. Apoll. III, 10, 4.), oder weil er den Drachen Pytho tödtete (schol. zu Eur. Alc. 1). Er weidete die Herden des Admet zu Pherae in Thessalien. — Helios und Apollo erscheinen also hier von einander getrennt, während sie sonst als identisch aufgefasst werden. Vgl. Aesch. Sept. 859, wo der schwarze Weg des Todtenschiffes »sonnenlos, unbetreten von Apollo« heisst und in schlagender Weise in dem Frgt. des Eurip. bei Macrobius, Sat. I, 17. ὦ χρυσοφεγγὲς Ἥλι', ὥς μ' ἀπώλεσας, ὅθεν σ' Ἀπόλλων' ἐμφανῶς κλήσει βροτός.

v. 205. εὐγνώη M. συγγνοίη Lobeck. Bothe vergl. Aen. I,

630. Non ignara mali miseris succurrere disco. So sagt auch Ceres bei Schiller (Eleus. Fest): »Doch der Menschheit Angst und Wehen fühlet mein gequältes Herz«.

206. σύγνοιτο M. σύγγνοιτο Rob. συγγνοῖτο Steph.

208. τρίαιναν· ἐν γραφῇ schol. — σημεῖον θεοῦ· τοῦ Ποσειδῶνος schol.

210. Ἑρμῆς ὅδ᾽ ἄλλος· ὡς τῶν Αἰγυπτίων ἄλλως αὐτὸν γραφόντων. schol.

211. νῦν M. Canter besserte. Der Sinn ist: ἐσθλὰ κηρυκευέτω, ὥστε ἐλευθέρους ἡμᾶς γίγνεσθαι. Vergl. Soph. Trach. 106. οὔποτ᾽ εὐνάζειν ἀδακρύτων βλεφάρων πόθον d. h. ὥστε γίγνεσθαι αὐτὰ ἀδάκρυτα. Vergl. Seidl. zu Eur. El. 442 und Herm. zu Vig. p. 897.

212. „δέ ubi in principio orationis ita positum est, ut nihil, quo respiciat, in oratione eius, qui loquitur, ipsa declaratum sit, ex tota loci conditione, maxime ex eis, quae antecedunt, interpretandum est. Atque id quidem solet hoc modo fieri, ut δέ orationi continuandae inserviat, etiamsi ea alterius dictis interpellata fuerit." Burg. p. 41. Herm. zu Vig. 343. Zu κοινοβωμίαν vergl. Herm. Strab. XIII. p. 923. schol. Pind. zu Ol. X, 58. Arnald. de diis παρέδροις c. 11.

213. δεσμός M. Wellauer besserte.

214. ἵζεσθαι χρέκω M. ἵζεσθε κίρκων Rob.

215. ἐχθρῶν ὁμαίμων καὶ μιαινόντων γένος M. ἐχθρῶς ὅμαιμον καταμιαινόντων γένος Herm. — Der Vergleich ist häufig angewendet. Vgl. Il. 22, 140 und das Orakel bei Zosimus I, 54.

  κίρκος τρήρωσιν ἱερὸν γόον ἠγγλάζων
  οἷος πολλῇσιν· ταὶ δὲ φρίσσουσι φονῆα.

216. πῶσ ἀναινεύοι M. Turn. besserte.

217. γάμων M. γαμῶν Rob. — ἄκοντοσ πάρα M. πατρός. Burges. Dind. πάρα scheint aus dem Scholion in den Text eingedrungen zu sein: παρὰ πατρὸς ἄκοντος.

218. οὐδὲ μὴν M. Turn. besserte.

219. μάταιον M. ματαίων Schütz. »temeritatis crimen.« —

220. ταπλα ἐν μ. αχωσ λόγοσ M. τἀμπλακήμαθ᾽ ὡς λόγος Canter.

222. σκοπεῖτε — Das Asyndeton desshalb, weil in diesem Augenblicke der König auftritt. — τόπον M. τρόπον Stanley = animum advertite et respondete hunc in modum, quomodo causa vestra facillime vincat. Well. Die handschr. Lesart würde heissen:

»sed huc vos conferte«. Dieses konnte aber Danaus unmöglich sagen, denn die Jungfrauen befinden sich schon an dem Altare der Götter.

223. ὅπως ἄν. Vergl. Matthiae § 520. not. Oft steht bei jenen Partikeln (ὡς u. ὅπως) noch ἄν, wenn ausgedrückt werden soll, dass die Absicht unter einer gewissen Voraussetzung oder Bedingung erreicht werden wird. — In unserm Falle wird also hierdurch angedeutet, dass die grösste Hoffnung vorhanden ist, dass die Jungfrauen Schutz finden, wenn sie dem Rathe des Vaters folgen. Vgl. Proske, über die Finalsätze bei den Tragikern, Breslau 1861. p. 34. So finden sich, wie Proske zitirt, ὅπως ἄν nach einem imp. Aeschyl. Suppl. 233. Choeph. 580. Eum. 1030. Soph. O. C. 575. El. 41. Trach. 618. Eur. Alc. 779. Jph. A. 539. Med. 939. nach einem praes. Aesch. Eum. 573. Eur. Hel. 742. Hipp. 111. nach einem fut. Aeschyl. Prom. 824. Eur. Hel. 893. Heracl. 336. ὡς ἄν nach einem praes. Aeschyl. Prom. 10. Suppl. 930. Choeph. 556. Eur. Andr. 1254. Bacch. 1240. Jph. A. 1426. Or. 534, 1562. Rhes. 72, 420, 473. Troad. 1263. Phoen. 997. nach einem fut. Aesch. Suppl. 518. Soph. Ai. 655. Phil. 129. Eur. Hipp. 286. Jph. T. 1067. Io. 77. Cycl. 634. nach einem imp. Aeschyl. Prom. 654, 706. Suppl. 493. Ag. 911. Choeph. 20, 987. Soph. Phil. 826. Oed. C. 72. El. 1496. Eur. Alc. 740. Andr. 715. Bacch. 356, 510. Hec. 390. Hel. 1411. Her. f. 725, 838. Hipp. 1314. Jph. A. 618. Or. 1099. Troad. 85. Phoen. 92. ὡς ἄν μή nach einem imp. Eur. Hel. 1182. Cycl. 155. ὅπως ἄν μή nach einem fut. Eur. Phoen. 753. nach einem imper. Rhes. 878. —

II. König, Chor und Danaus. 224—506. Der König erscheint von der rechten Seite. Die Wagen, welche Danaus v. 181. erblickt, bleiben vor der Scene stehen. — Der folgende Dialog ist nun höchst kunstreich und klar disponirt.

A. v. 224—311. Die Danaiden beantworten die Frage des Königs nach ihrer Abkunft und indem sie nachweisen, dass sie von der Io abstammen, begründen sie hiermit ihr natürliches Anrecht auf Schutz von Seiten der Argiver.

v. 224. ἀνέλληνα στόλον M. ἀνελληνόστολον Bothe. τὸν οὐχ Ἕλληνα κατὰ στολήν. schol.

v. 225. πυκνώμασι M. πυκάσμασιν Herm. κάμπυκάσμασιν Hartung. Indessen ist πυκνώμασιν beizubehalten. Spanh. zu Ar. nub. 53. erklärt das Wort als vestes spatha textae. (Choeph. 232.)

Vgl. Hes. σπάθημα· πύκνωμα ἀπὸ τῶν ταῖς σπάθαις κατακρουόντων τὰ ὕφη. Dindorf.

228. οὐδὲ — τέ M. Hermann schlägt οὔτε — τέ vor; da sich indessen τέ — οὐδέ gewöhnlich findet (vergl. Elmsley zu Soph. O. C. 367 p. 143), so scheint auch hier οὐδέ — τέ ohne Bedenken zu sein. Vergl. über τέ — δέ, οὔτε — δέ, τέ — οὐδέ, οὔτε — οὐδέ Burg p. 56.

231. κλάδοι γε μὲν δή — »wenigstens«. Cuique particulae sua vis constat et affirmatio quidem inest in δή, μέν autem hic »quidem« significat, ita ut per γὲ μὲν δή particulas ea, quae antecedunt, restringantur. Burg. p. 24. Die Umstellung, welche Burgard macht, indem er v. 238, 239, 240 nach v. 243 setzt, ist unnöthig.

v. 233. συνοίσεται στύχῳ M. συνήσεται Herm. συνάσεται Conington, Burgard. Das Scholion indessen, συμφωνήσει, welches Burgard p. 25. bei seiner Conjectur im Auge hat, kann ebensogut auf die handschr. Lesart gehen und eine Aenderung ist durchaus unnöthig. »Hoc unum Graecia coniectando vobiscum conveniet. Weil. — Oed. C. 647. Ai. 246. Kruse.

234. δίκαιον ἦν M. δίκαιος ἦν Schwerdt, Kruse, Weil. Citirt werden Soph. Antig. 400. Matthiae. Gr. § 297. »Etiam ad cetera quod attinet, multa coniicere debebam.« Weil. Auch der Scholiast las δίκαιος ἦν· ἔμελλον ἂν στοχασμῷ τὰ καθ᾽ ὑμᾶς λέγειν, εἰ μὴ φωνὴν εἴχετε.

v. 237. ἐτήν M. ἔτην Rob. ἔτην· νῦν δημότην schol. ἔται· ἑταῖροι, συνήθεις, πολῖται, δημόται, φίλοι, ἐπίκουροι Hesych.

v. 238. ἢ τηρ. ον (ἢ τηρὸν zweite Hand) ἱεροῦ M. οἶμαι ἢ ἑρμοῦ ῥάβδον Rand des Med. »Rectissime se habet Ἑρμοῦ. Nam tria tantum quaerere poterat chorus, privatusne venisset ille, an praeco, an rex.« Hermann. Mit Recht bemerkt hiergegen Weil: »sed tamen etiam sacerdotem eum habere poterat.« — Ich folge der Verbesserung von Dindorf: ἱεροῦ. — ῥάβδος ist metonymisch gebraucht = ῥαβδοῦχος.

v. 239. Nach πρὸς ταῦτα folgt der Imper., wie Prom. 915, 992, 1030. Pers. 831. Sept. 57. Soph. Ai. 1115. Vergl. M. Schmidt, Jahns Jahrb. 1859 p. 474. »Was das anbetrifft, nämlich meine Stellung, so antworte und sprich wohlgemuth«; denn ich bin der Fürst dieses Landes und habe also das Recht, euch nach dem Grunde eures Kommens zu fragen. — λέγετ᾽ εὐθαρσεῖα M. λέγ᾽ εὐθαρσίς Turn.

v. 241. *Πελασγοῦ* M. Canter besserte.

v. 244. *αἴδνησ διάλγοσ* M. *ἀντὶ τοῦ καὶ πάσης αἴας* schol. *αἶαν ἧς δι''Ἄλγος ἔρχεται Στρυμών τε* Turn. *ἁγνὸς—Στρυμών* Wordsworth, Herm. Vergl. Pers. 497. *ἁγνοῦ Στρυμόνος*. — Algos ist gar kein Fluss.

v. 245. *τό* M. (*τοῦ* zweite Hand). *τοῦ πρὸς δυσμὰς μέρους Στρυμόνος κρατῶ. Στρυμὼν δὲ ποταμὸς Θράκης*. schol. — Der Scholiast las also ebenfalls *τό*. Derjenige Theil Thraziens, welcher östlich vom Strymon lag, gehörte demnach nicht mehr zum Gebiete des Pelasgus.

v. 246. *τῆνδε* M. *τήν τε* Stanl. Herm. — der letztere vergl. Eurip. Teleph. fgt. 1. *ὦ γαῖα πατρὶς, ἣν Πέλοψ ὁρίζεται*. In meinen Gränzen liegt das Land der Perrhaeber. — Die Perrhaeber, ein mächtiger und kriegerischer Stamm der Pelasger, waren von Euboea nach Hestiaeotis und Pelasgiotis in Thessalien versetzt. Gewöhnlich verstand man unter Perrhäbia das Land, welches n. durch die Cambun. Berge, w. durch den Pindus, s. durch den Peneus, ö. durch den Peneus u. Ossa begränzt war.

v. 247. Die Päonen, ein altes über Thrazien und Macedonien verbreitetes Volk, wahrscheinlich phrygischen Namens. In historischer Zeit erscheinen sie im Thale des Axius, und östl. am Strymon und dem Gebirge Rhodope. Pauly, Realencycl. s. v.

v. 248. *ὄρη τε Δωδωναῖα* — Dodona in Epirus an den Gränzen der Molosser und Thesproter, lag nach Hesiod am äussersten Ende von Hellopia, wo es an das Gebirge Tomaros oder Tmaros stiess, an dessen Fusse der Tempel lag. Daher *αἰπύνωτος Δωδώνη* bei Aesch. Prom. 830 und das Beiwort *δυσχείμερος* wegen der vom Gebirge kommenden Winde bei Hom. Il XVI, 233 *Ζεῦ . . . Δωδώνης μεδέων δυσχειμέρου*. Pauly, s. v.

v. 249. *τῶν δετ' ἄπειτα δέ* M. *τῶνδε τἀπὶ τάδε κρατῶ*. Canter. *ὁ δὲ ὄρος ὁ ἡμέτερος τἀπὶ Δωδώνην ἔχει ἕως τῆς θαλάσσης*. schol. — Richtig Weil.: „et haec quidem in hac parte teneo."

v. 251. Nach anderer Ueberlieferung wird der Name Apia von Apis, dem Sohne des Phoroneus und der Nymphe Teledike hergeleitet. Apoll. II, 1, 1. Schol. Lyk. 177. Schol. Apoll. Rh. IV, 263. Steph. Byz. v. *Ἀπία*. Nach Pott, Etym. Forsch. II, p. 43. und Curtius, Griech. Etym. II, p. 57 ist Apia Wasserland. ap = aq. So auch der spätere slavische Name Morea von slav. more = mare, wie Pommern von po—more, »am Meere«; celt. Ar—morica. Lauth.

v. 252. πέρας· τοῦ πέρατος· ἀνεχρόνισε δέ. τῶν γὰρ Ἡρακλει-
δῶν νανσὶ διαβάντων εἰς Ἄργος οὕτως ἐκλήθη Ναύπακτος schol. —
πέρα γὰρ ἡ γῆ κατὰ γλῶσσαν, ὅθεν ἡ περαία παράγεται, ἧς ἡ
Λιτιακὴ πέραν. Eustath. zu Il. p. 306, 23.

v. 255. τὰ δέ M. τὰ δή Turn.

v. 256. 257. μηνεῖται ἄχη — δράκονθ᾽ ὅμιλον · M. Es sind
zu dieser verdorbenen Stelle eine Menge von Conjecturen gemacht
worden. Hermann schreibt μηνιταῖ᾽ ἄχη »quod solamina irae signi-
ficare puto, Dind. μηνιαῖ᾽ ἄχη menstrua mala«, Heimsoeth κηλη-
τήρια, Weil μήνιος τέκη, Martin μηνίσασ᾽ ἄχη »terra irata beluas
illas emisit ut essent calamitates »als Plagen.« Wir müssen indessen festhalten, dass zunächst ἄχη klar und deutlich geschrieben steht und dass dieses Wort einen vortrefflichen Sinn abgibt.
Daher scheint der Fehler lediglich in μηνεῖται zu liegen. Dass
hier nun ein Wort gestanden habe, welches Zorn oder Leid bedeutet, ist wohl unzweifelhaft; daher vermuthe ich πημονῆς ἄχη.
Im folgenden Verse scheint der Med. urspr. δράκωνθ᾽ gelesen zu
haben; in ὅμιλον steht der letzte Buchstabe in Rasur; ich streiche
demgemäss mit Weil ρ und θ und schreibe δακῶν ὁμίλου. Der
Scholiast hatte schon den verdorbenen Text vor Augen: τί ἀνῆξε;
δρακόντων πλῆθος; πλῆθος ist die Paraphrase von ὅμιλον. Hesych.
v. ὅμιλος· πλῆθος.

v. 259. μέμπτωσ ἄπεις M. ἀμέμπτως Ἄπις. Rob.

v. 260. ποντ αντινεισθον εὗρετ᾽ M. ποτ᾽ ἀντίμισθον Turnebus.
ηὖρετ᾽ Dind. »Si ποτέ recte se habet, sententia haec sit necesse
est, assecutum esse Apim, ut memoria aliquando ei pro mercede
sit.« Hermann. — πόνοισι μισθόν Heimsoeth.

v. 261. ἔχον δ᾽ ἂν M. Augenscheinlich ist dieses ἔχων δ᾽ ἂν
zu lesen. Der Rand des Med. hat ἔχουσαν. Hiernach schreibt
Vict. ἔχουσ᾽ ἂν, Hermann ἔχοντες, um ἂν zu vermeiden, Heimsoeth
ἔχουσι δ᾽ ἤδη. — Die Partikel ἂν hat jedoch gar nichts Bedenkliches. Mit leichter Ironie stellt der König den Jungfrauen das
Urtheil über die τεκμήρια anheim.

v. 262. γένοιτ᾽ ἂν M γένος τ᾽ ἂν Rob. — λέγοι πρόσωσ M.
Der Zusammenhang verlangt hier λέγοις σέθεν.

v. 266. πάντα M. παντί Schütz. κάρτα Meineke. προσφύσω·
ἀντὶ τοῦ ἀποδείξω schol. »astringam, confirmabo« Weil. τοῦτό γέ
τοι δὴ τῷ νῦν λόγῳ εὖ προσέφυσας Arist. nub. 371.

v. 267. ἄπειστα M. ἄπιστα Ald.

v. 268. *ὅπωσ τόδ'* M. *πόθ'* Meineke. Richtig Weil. »*τόδ'* id, quod dicitis.«

v. 270. *γυναιξὶ δ' ἐστέ* M. Turn. besserte.

v. 271. *θρέψειεν* M. Turn. besserte.

v. 272. *Κύπρισ* M. Gewöhnlich *Κύπριος*. Ein Anapäst darf aber im Aeschyl. Trimeter auch bei Eigennamen nur dann stehen, wenn das Wort seiner Natur nach ein Anapäst is. Daher schreibt richtig Hartung *Κύπρος*. Ländernamen werden nicht selten adjectivisch gebraucht. Vergl. Aesch. Ag. 109. *Ἑλλάδος ἥβας*. Philoct. 223. *Ἑλλάδος στολῆς*.

v. 273. *πρὸς ἀρσένων* M. Heimsoeth versteht die Stelle von plastischen Darstellungen, die von geschickten Künstlern angefertigt sind und schreibt: *πρὸς ἀρτίων*. Indessen ist der Ausdruck ganz einfach dahin zu erklären, dass in der Regel den Kindern eines Vaters ein ganz bestimmter Ausdruck gemeinsam zu sein pflegt, ebenso wie die Werke eines Künstlers irgend welche Eigenthümlichkeiten aufweisen, durch die sie ihren gemeinschaftlichen Ursprung verrathen.

v. 274. *ἰνδούσ τ' ἀκούων νόμαδας ἱπποβάμοισιν* M. *Ἰνδάς* Bothe *ἀκούω* Rob. *ἱπποβάμοσιν* Turn. *ἵπποις ἐπικυίαις κατὰ τὸ τάχος* schol.

v. 275. *εἶναι* M. *οἶμαι* Hermann. *οὕτως* Schwerdt. Da der Scholiast *λείπει τὸ εἶναι* erklärt, so folgert Heimsoeth mit vollem Rechte, dass aus der beigeschriebenen Erklärung *εἶναι* in den Text eingedrungen und das urspr. *τοίας* verdrängt habe. »*Ἱπποβάμοσιν καμήλοις* quum vectas dicit, nihil aliud vult, quam camelis equorum instar utentes.« Hermann.

v. 277. *καὶ τάσ* M. *καὶ τάν* G. »Non potuit has totam gentem Amazonum dicere. Bene factum, quod *τάν* in G. conservatum *καιτὰν* scribendum ostendit. Revocat se et quasi interpellat rex »quamquam, inquiens, Amazones vos esse crederem, si arcu armatae essetis.« Herm. Auch Heimsoeth stösst sich an dem Artikel und schreibt *ἢ κἂν*. Indessen sind diese Bedenken grundlos; mir scheint, wie auch Weil glaubt, wegen der weiten Entfernung des *ὑμᾶς* der Artikel nothwendig. — *χρεοβρότουσ δ'* M. *χρεοβρόους* mit Entfernung des *δέ* Hermann.

v. 279. *διδαχθείσ* M. Abresch fügte *δ'* hinzu.

v. 281. *κλῃδοῦχον· ἱέρειαν* schol. *κλῃδοῦχος· γυνή, ἀπὸ τοῦ τὰς κλεῖς τῆς οἰκίας ἔχειν* Hesych. Ueber die Priesterschaft der Jo vergl. Hesych. s. v. *Ἰὼ καλλιθύεσσα· καλλιθύεσσα ἐκαλεῖτο ἡ πρώτη ἱέρεια τῆς Ἀθηνᾶς*. Richtig emendirt Scaliger zu Euseb.

p. 24 die Stelle: 'Ἰὼ καλλίθυια ἐκαλεῖτο ἡ πρώτη ἱέρεια τῆς Ἥρας.
Apoll. II, 1, 3. ταύτην ἱερωσύνην τῆς Ἥρας ἔχουσαν Ζεὺς ἔφθειρεν.

v. 282. τῇ ἰδεῖν ἀργείαι M. Sophian. besserte.

v. 283. ἦν M. Hermann schreibt ἦν und theilt diesen Vers
dem Könige zu; denn den zwei Versen des Chors mussten ebenfalls zwei Verse des Königs folgen. ὡς μάλιστα — stark bejahend:
»so war es in der That.«

v. 284. Der König fragt den Chor nach Sachen, die ihm
wohlbekannt sind, in der Absicht, die Wahrheit seiner Angabe,
dass er aus argivischem Stamme sei, zu prüfen.

v. 285. καὶ κρυπτά·γ᾽ ἦρασ ταῦτα παλλαγμάτων M. κάκρυπτα
Herm. Vergl. Eurip. Andr. 834. ἄκρυπτα. Statt παλλαγμάτων
liest derselbe dann τἀμπαλάγματα. Der Scholiast erklärt nämlich
αἱ περιπλοκαί, las also einen Nominativ, und bei Hesych. findet sich
die Glosse ἐμπαλάγματα (ἐμπαλούγματα libr.)· αἱ ἐμπλικαί, so wie
ἐμπαλάξαι· ἐμπλέξαι.

v. 286. νείκη τάδε· τὰ νείκη Διὸς καὶ Ἥρας εἰς τί κατέληξαν;
schol.

v. 287. βού· την M. βοῦν τὴν Canter. Das Scholion zu
dieser Stelle ist folgendermassen zu schreiben: βοῦν τὴν γυναῖκα·
τὴν Ἰώ (libr. τὴν διά). Ἀργεία θεός· τὴν γενομένην ὑπὸ Διὸς μετα-
μόρφωσιν τῆς Ἰοῦς τῇ θεᾷ προσήψατο (Weil libr. προσῆψας). Der
Scholiast deutet hiermit darauf hin, dass der Dichter von Hesiod
abweiche. Vergl. Apoll. II, 1, 3. Ζεὺς .... τῆς μὲν κόρης ἁψάμε-
νος εἰς βοῦν μετεμόρφωσε λευκήν. Weil liest das schol. τὴν διὰ
τὴν (Ἥραν) γενομένην ὑπὸ Διὸς μετ. τῆς Ἰοῦς τῇ θεᾷ προσήψατο.

v. 289. πρέποντασ M. πρέποντα Turn.

v. 290. τί δὴ προσταῦτα λόγοισ χυραδιοσ M. τί δῆτα Vict.
πρὸς ταῦτ᾽ ἄλοχος Turn. ἰσχυρά Pauw. Weil vermuthet nicht
ohne Grund, vielleicht habe der Dichter ἄλοχος ἰφθίμη nach Ho-
merischer Sprachweise geschrieben. — Hesych. ἰφθίμη· ἀγαθὴ,
ἰσχυρά.

v. 291. τοπάνθ᾽ M. Gewöhnlich τὸν πάνθ᾽. — Weil möchte
πρόπανθ᾽ ὁρῶντα »totum oculeum« Plautus.

v. 292. οἰοβουκόλον = unius vaccae pastorem. Mit Recht
hebt Weil den Gegensatz zu τὸν πάνθ᾽ ὁρῶντα hervor. Stanley
vergl. Claudian. Stilich. I, 312, 313. Argum fama canit centeno
lumine, centum corporis excubiis unam servasse iuvencam. Vergl.
Ov. Met. I, 625.

v. 294. τί οὖν ἔτευξε δ᾽ ἄλλο M. ἔτευξεν ἄλλο Turn. τί δ᾽;

οὐχ ἔτευξεν Herm. Vgl. Burgard, p. 69. Ueber den Hiatus vgl. Krüger, Di. 11, 3, 1.

v. 295. Nach βοηλάτην x. τ. λ. folgt in den Handschr. der Vers: οἶστρον καλοῦσιν αὐτὸν οἱ Νείλου πέλας. (πέδας M. οἶμαι παῖδες Rand des Med. πέλας Turn.) Wellauer hat denselben als unächt entfernt und zwar mit Recht. Aus zwei Gründen ist derselbe zu verwerfen: 1) er stört die Stichomythie; desshalb sind die Vertheidiger desselben gezwungen, nach v. 311. καὶ μὴν Κάνωβον x. τ. λ. eine Lücke anzunehmen. 2) Der Ausdruck οἱ Νείλου πέλας ist durchaus unstatthaft; denn οἶστρος ist kein ägyptisches, sondern ächt griechisches Wort. Vgl. Virg. Georg. III., 147. »cui nomen asilo Romanum est, oestrum Graii vertere vocantes.« — Hermann schreibt daher Ἰνάχου πέλας, Weil οἱ μήλων πέλας. Indessen sind diese Aenderungen willkührlich und schlecht indicirt. — Wir streichen mit Wellauer den Vers und schreiben v. 309 dem Könige zu, indem wir ihn als Frage auffassen, v. 310 dem Chor, v. 311 wieder dem Könige. Nach ἵκετο ist dann ebenfalls ein Fragezeichen zu setzen.

v. 296. τριγάρ νιν· διὸ (libr. δίς) αὐτὴν ἤλασε μακρῷ δρόμῳ. schol. ἐκ τῆσ M. ἐκ γῆς Canter.

v. 297. συγκόλλως· συμφώνως schol.

v. 299. φυτεύει M. φιτύει Scaliger.

v. 300. τί οὖν M. τίς οὖν Stanley. ·

v. 301. ῥύσια — »Alia est quarta vocabuli potestas, ex primo deducta significatu, quo liberatio rei ex aliena potestate atque in integrum restitutio indicatur. Sic Io quum Jovis contactu Epapho gravida facta formam humanam recuperasset, eam formae restitutionem ῥύσια dixit Aeschylus.« Hermann zu Agam. v. 513.

v. 302. Dass hier ein Vers ausgefallen sei, den der König gesprochen habe, sah Stanley.

v. 303. λιβύη μέγιστον γῆσ καρπουμένη M. μεγίστης ὄνομα γῆς Porson. Mit Recht ergänzt Kruse nach γῆς — πέδον, indem er Suppl. 247, 637. Pers. 483, Sept. 286 vergleicht. Dann bleibe καρποῦσθαι in seiner bei Aeschylus gangbaren Bedeutung. Ohne Zweifel ging übrigens auch die Meinung des Dichters dahin, dass das Land den Namen von der Libye erhalten habe, nicht umgekehrt.

v. 304. τίν' οὖν ἔτ' ἄλλον· ὁ Εὐριπίδης πέντε φησὶ παῖδας εἶναι Βήλου, Αἴγυπτον, Δαναὸν, Φοίνικα, Φινέα, Ἀγήνορα. schol. —

βλάστημον M. βλαστημόν Dind. »Quemnam porro memoras, qui ex hac sit prognatus?« Herm.

v. 306. πάνσοφον M. Mit Unrecht hat man an diesem Worte Anstoss genommen. (τὸ πανσαφές Auratus, τοῦ πανσπόρου Hartung τὸ παντόσεμνον Weil). Die Bedeutung des Danaus als Culturträgers war so gross, dass dieser Anachronismus nichts Anstössiges hat. Hermann vergl. Strabo I, 15, p. 23. καθάπερ Δαναὸν μὲν τὰ ὑδρεῖα τὰ ἐν Ἄργει παραδείξαντα, Ἀτρέα δὲ τοῦ Ἡλίου τὸν ὑπεναντίον τῷ οὐρανῷ δρόμον, μάντεις τε καὶ ἱεροσκοπουμένους ἀποδείκνυσθαι βασιλέας· τούς δ' ἱερέας τῶν Αἰγυπτίων καὶ Χαλδαίους καὶ Μάγους σοφίᾳ τινὶ διαφέροντας τῶν ἄλλων ἡγεμονίας καὶ τιμῆς τυγχάνειν παρὰ τῶν πρὸ ἡμῶν. Eustath. p. 1645, 56. ὅτι δὲ οὐ μόνον Αἴολος ἐτιμήθη διὰ σοφίαν καὶ εὕρεσιν τοῦ χρησίμου, ἀλλὰ σὺν ἄλλοις μυρίοις καὶ Δαναὸς ὡς παραδείξας τὰ ἐν Ἄργει ὑδρεῖα — ὁ γεωγράφος λέγει καθὰ καὶ ἕτεροι.

v. 307. δαναὸσ δ' ἀδελφόσ ἐστιν πεντηκοστόπαισ M. Δαναὸς, ἀδελφὸς δ' ἐστί Scaliger. πεντηκοντάπαις Heath = pater quinquaginta liberorum.

v. 308. καὶ τοῦ δαναοίγε M. Porson besserte. — τοὔνομα φώνω M. (τοὔνομ' ἀφώνωι zweite Hand). τοὔνομ' ἀφθόνῳ Rob.

v. 309. αἴγυπτοσ δ' εἰδὼσ δ' ἁμόν M. Αἴγυπτος εἰδὼς δ' ἁμόν. Turn.

v. 310. ἀνστήσας M. »In M. G. E. adscriptum ἀντήσας, quod verum est. Id hic agendum erat Danaidibus, ut se Argivas origine esse docerent. Soph. Antig. 981. ἃ δὲ σπέρμα μὲν ἀρχαιογόνων ἄντασ' Ἐρεχθειδᾶν.« Hermann.

B. v. 311—v. 402. Die Jungfrauen geben den Grund an, wesshalb sie ihre Heimath verlassen haben, und bitten den König, sie nicht den Aegyptiaden auszuliefern. Dieser aber kann zu keinem Entschlusse kommen, da er die Gefahren voraussieht, die aus der Gewährung der Hilfe für ihn und sein Volk erwachsen.

a. Einleitung v. 311—319. — Der König hat sich überzeugt, dass die Jungfrauen Stammesgenossen sind und von Alters her Anspruch auf das Land haben, und nun fragt er, weshalb sie die Heimath verlassen hätten. Ganz allgemein antwortet der Chor, um dem Ehebund zu entfliehen. Diese kurze Partie ist mesodisch gegliedert.

König: Warum habt ihr die Heimath verlassen? } 3 Verse.

Chor: Allgemeine Betrachtung über die Mannig-
faltigkeit der menschlichen Leiden. — ⎱ 2 Verse.
Mittelpunkt. —
Chor: Antwort auf die Frage des Königs. 3 Verse.

v. 311. δοκεῖτέ μοι M. δοκεῖτε δή μοι Turn.

v. 315. δείδοισ ἄν M. δ᾽ ἴδοις Turn. — πότερον M. πτερόν
Turn. Was das Bild angeht, so vergl. man Eur. Alc. 421. κακὸν
τόδε προσέπτατο.

v. 316. ἐπεί τισ M. ἐπεὶ τίς Turn.

v. 317. κέλσειεν ἐσ M. κέλσειν ἐς Rob.

v. 318. ἔχει μεταπτοίουσαν M. ἔχθει μεταπτοιοῦσαν Turn.
Was die Anakoluthie anlangt, so ist μεταπτοιοῦσαν auf ein im
Vorigen zu ergänzendes ἐμέ zu beziehen. Dindorf. — »Quis enim
putasset, tam insperata fuga appulsuras esse affines antiquitus
hinc oriundas, odio nuptiarum domo excitatas.« Weil.

b. v. 319—v. 331. Der König kann sich dieses nicht erklären und fragt desshalb noch einmal nach dem Grunde der
Flucht. — Um nicht Sclavin der Aegyptiaden zu werden, antwortet
der Chor. Wie kann ich euch hierin helfen? erwidert der König.
Dadurch, dass du uns nicht den Söhnen des Aegyptus auslieferst,
entgegnen jene. Auch diese Partie ist mesodisch geordnet, wie
dieses Stenzel richtig erkannte.

König: Warum seid ihr als Schutzflehende ⎱ 2 Verse.
hierhin gekommen?

Chor u. König: Der Chor gibt die Ursache der ⎱
Flucht an und begründet dieselbe den ⎰ 5 Verse.
Einwürfen des Königs gegenüber.

König: Wie kann ich euch helfen? ⎱ 1 Vers.
— Mittelpunkt. —

Chor u. König: — Liefere uns den Aegyptiaden ⎱
nicht aus, o König; dann hält der Chor ⎰ 5 Verse.
diese Bitte den Gegenreden des Königs
gegenüber aufrecht.

König: Freilich hast du dich in den Schutz der ⎱
Götter begeben und schwer lastet der ⎰ 2 Verse.
Zorn des Zeus, des Flüchtlingshortes.

v. 319. ἱκνεῖσθαι mit dem gen. construirt, wie στοχάζεσθαι,
τυγχάνειν, ἁμαρτάνειν. Vgl. Krüger § 47, 14.

v. 321. Zur Bezeichnung der verneinten Absicht dient entweder bloss μή, oder ὡς μή, ὅπως μή und ἵνα μή. — μή (mit

Ausn. von Pers. 121 und Soph. Trach. 550), so wie ὡς μή und
ἵνα μή stehen nur mit dem conj. oder optat., ὅπως μή auch mit
dem Futurum.

v. 322. »utrum propterea in eorum potestatem venire non
vis, quia eos odisti, an quia illiciti aliquid times?« Wellauer.

v. 323. φίλουσ ὤνοιτο. M. ὠνοῖτο Turn. — κατ᾽ ἔχθραν δη-
λοντι· τίς γὰς τοὺς ἄνδρας δεσπότας ὠνοῖτο (libr. ὤνοιτο); — Anstössig ist φίλους. Kruse lässt das Wort unverändert und deutet
es als Gatte nach Od. XV, 22. Il. IX, 146, 288, indem er zur
Erläuterung der Structur Eurip. Hec. 848 anführt: φίλους τιθέν-
τες τούς τε πολεμιωτάτους, ἐχθροὺς τε τοὺς πρὶν εὐμενεῖς ποιούμενοι,
demgemäss übersetzt Weil »quis enim amicos (maritos) sibi emeret
(pro amicis haberet) dominos.« Indessen müssen wir die Stelle
in Zusammenhang mit der vorhergehenden Frage des Königs
bringen. Da weist nun aber der Ausdruck κατ᾽ ἔχθραν so deutlich auf das den Gegensatz bildende φιλοῦσ᾽, wie Bamberger besserte, hin, dass an der Richtigkeit dieser Emendation gar nicht
gezweifelt werden kann; desshalb kann ich auch nicht einsehen,
warum Hermann φιλῶν schrieb. Richtig deutet Stenzel die Stelle:
»wer möchte sich liebend Herren erkaufen (nämlich mit der Mitgift)? Vgl. Eurip. Med. 231. γυναῖκές ἐσμεν ἀθλιώτατον φυτόν. ἃς
πρῶτα μὲν δεῖ χρημάτων ὑπερβολῇ πόσιν πρίασθαι δεσπότην τε
σώματος λαβεῖν. — κεκτημένος ist »Herr«, wie Soph. Philoct. 778.
und an andern Stellen.

v. 324. Der König betrachtet eine derartige Verbindung mit
ganz andern Augen, als der Chor. Eine Ehe unter Verwandten,
meint er, sei ja recht vortheilhaft, da so das Familienbesitzthum
nicht zersplittert würde.

v. 325. καὶ δυστυχούντων τ᾽ M. γ᾽ Turnebus. Der Chor weiss,
dass die Aegyptiaden sie nur der reichen Mitgift wegen heirathen
wollen. Haben sie aber ihre Absicht erreicht, dann werden die
rauhen und grausamen Männer sie wie Sclavinnen behandeln.
Daher erwidern sie auf die Worte des Königs mit einem ironi-
schen καί »und im Unglück (δυστυχούντων sc. πραγμάτων) ist die
Scheidung leicht,« d. h. sie werden uns dann verstossen. ἀπαλλαγή
wird nämlich von Stenzel durchaus richtig als ἀποπομπή »Scheidung«
aufgefasst, indem er Eurip. Med. v. 236. οὐ γὰρ εὐκλεεῖς ἀπαλλαγαὶ
γυναιξίν und v. 1375. ῥᾴδιοι ἀπαλλαγαί vergleicht.

v. 327. μὴ ᾽κδῶισ M. Schütz besserte.

328. πόλεμον αἴρεσθαι νέον »novum bellum suscipere i. e. bellum periculosum, temere susceptum.«

v. 329. Zwar ist der Krieg gefährlich, aber Dike steht denjenigen, welche uns beschützen, hilfreich zur Seite.

v. 330. κοινὸσ ἦν M. κοινωνὸς ἦν Sophianus.

v. 331. πόλεως .. ἐστεμμένη M. Turnebus besserte. — πρόμναν πόλεος »übertragen vom Sitze des Steuermanns auf den Thron der stadtlenkenden Götter.« Kruse. »Gubernatores urbis deos ramis supplicum ornatos.« Hermann.

v. 332. πέφυκα λεύσων. M. πέφρικα λεύσσων Rob. — τὰσ δεδρακατασκίουσ M. τάσδ᾽ ἕδρας κατασκίους Vict.

v. 333. Mit Recht theilen Schütz und Schwerdt diesen Vers dem Könige zu, der durch die Worte des Chors an die Macht und den schwertreffenden Groll des Ζεὺς ξένιὸς erinnert wird. Wir haben nun oben schon gesehen, dass die Composition dieser Partie des Dialogs nothwendig erfordert, dass der König zwei Verse spricht.

c. v. 334—402.

v. 336. μέγαν M. ἴδε με τάν Steph. — περίδρομον M. πρόδρομον Heimsoeth; vgl. Sept. 80. ῥεῖ πολὺς ὅδε λεὼς πρόδρομος ἱππότας 211. ἀλλ᾽ ἐπὶ δαιμόνων πρόδρομος ἦλθον ἀρχαῖα βρέτη. Eur. Iph. Aul. 424. Soph. Ant. 108.

v. 337. λευκόδικτον M. λυκοδίωκτον Hermann. τῷ ἑαυτῆς βοτῆρι σημαίνουσα τοὺς διωγμούς schol.

v. 338. ἠλιβάτοισιν ἀλκαῖ M. Valckenaer besserte. Zu ἀλκᾷ gehört das Scholion τῇ (so liest M. Schmidt statt γῇ) τοῦ ὄρους. — μέμυκε M. Ich schreibe μέμυκεν und streiche mit Kruse das folgende φράζουσα βοτῆρι μόχθους; denn 1) entspricht in der Antistrophe diesem Verse nichts; 2) ist derselbe aus metrischen Gründen verdächtig; 3) gäbe derselbe ein durchaus falsches Bild, in sofern Danaus mit einem Hirten verglichen würde, was völlig unmöglich ist. Das tertium comp. ist ganz anders. »Wie die von Wölfen verfolgte Sterke auf steile Felsen flüchtet und dort vertrauend auf ihren Zufluchtsort ein Gebrüll erhebt, so fühlen sich die Jungfrauen vor den Verfolgungen der Aegyptiaden sicher in dem Lande, auf dessen Schutz sie einen gerechten Anspruch haben«. So fasste auch der Scholiast die Stelle auf, der τῇ τοῦ ὄρους erklärt. — Augenscheinlich rührt der Zusatz φράζουσα βοτῆρι μόχθους aus verfehlten Erklärungen zu μέμυκε, wovon das oben citirte Scholion τῷ ἑαυτῆς βοτῆρι σημαίνουσα τοὺς διωγμούς noch einen deutlichen

Belag gibt. Auch das partic. *φράζουσα*, welches Heimsoeth verdächtig findet, verräth die in den Text eingedrungene Erklärung.

v. 340. *νέον ϑ' ὅμιλον* M. *νεύονϑ'* Bamberger. *ὁρῶ ὅμιλον ϑεῶν ἐστεμμένων ἱκετηρίαις* schol. — *ναίονϑ'* Meineke. Weil ändert *νέῳ ϑ' ὁμίλῳ τόνδ' ἀγώνιον πάγον*, indem er *ὅμιλος* unrichtig von der Schaar der Jungfrauen versteht.

v. 341. *ἀστόξενοι· οἱ γένει μὲν προσήκοντες, ἐπὶ δὲ τῆς ἀλλοδαπῆς γεγονότες· οἱ δὲ τοὺς ξένους μὲν ὄντας, ἐπὶ τιμῇ δὲ ἀστοὺς γενομένους* Hesych. *ἀστύξενοι· οἱ μὴ ἔχοντες ἐν τῇ πόλει τὴν οἰκίαν ἰδίαν. Ταραντῖνοι.* Hesych. *ἀστόξενος δὲ κατὰ μέν τινας ὁ αὐτὸς τῷ ἰδιοξένῳ, κατὰ δέ τινας ὁ γένει μὲν ξένος, τιμῇ δὲ ἀστός· ἐνίοις δὲ δοκεῖ ὁ φύσει μὲν ἀστός, δόξῃ δὲ ξένος, ὡς Δαναὸς Ἀργείοις, ἀπὸ Ἰοῦς τῆς Ἀργείας ἔχων τὸ γένος.* Pollux III, 60. *τῶν νῦν μὲν ξένων, πρώην δὲ συνημμένων τῷ ἄστει.* schol.

v. 342. *κἀπρομηϑήτων* M. *κἀπρομυϑήτων* Turn. Mit Recht stellte Schütz die handschr. Lesart wieder her.

v. 344. *ἰδοῖτο δῆτα τὰν ἄνατον* M. Pauw besserte. Der Artikel ist augenscheinlich aus der Erklärung in den Text gedrungen. *τὴν μὴ ἐπὶ βλάβῃ τινὸς γεγονυῖαν.* schol. — Vgl. v. 7. *οὔτιν' ἐφ' αἵματι δημηλασίαν ψήφῳ πόλεως γνωσθεῖσαι.*

v. 345. *ἱκεσία θέμις.* Die Themis erscheint hier personifizirt als die Patronin der Schutzflehenden. *Διὸς κλαρίου· πάντα πᾶσι* (so richtig Weil statt *παντάπασι*) *κληροῦντος καὶ κραίνοντος* schol. — *Τὸ δὲ χωρίον τὸ ὑψηλὸν, ἐφ' οὗ καὶ οἱ βωμοὶ Τεγεάταις εἰσὶν οἱ πολλοὶ, καλεῖται μὲν Διὸς Κλαρίου· δῆλα δὲ, ὡς ἐγένετο ἡ ἐπίκλησις τῷ θεῷ τοῦ κλήρου τῶν παίδων ἕνεκα τῶν Ἀρκάδος.* Paus. VIII, 53, 4.

v. 346. *γεραφρόνων* M. *γεραιόφρων* Burges. (Vgl. *παλαιόφρων* 593 *οἰόφρων* 795 *κελαινόφρων* Eum. 459 *παλαιόφρονα* ib. 838 und 871.). Um genaue Responsion zu gewinnen, schreibt Markscheffel *γεραροφρονῶν*, Weil *γεραρὰ φρονῶν.* Kayser *πολιὰ φρονῶν.* Was den Gedanken anlangt, so vergleicht Kruse Choeph. 165, Thucyd. I, 42.

v. 347. *οὖνπερ* M. *οὐ πτωχεύσεις* schol. Hieraus schliesst Hermann mit Recht auf *οὐ πενεῖ.* Nach *πενεῖ* ist ein Punkt zu setzen; eines Zusatzes, wie *καλλιπότμου τύχας*, was Hermann vorschlägt, bedarf es nicht. *οὐ πενεῖ* muss, wie Heimsoeth richtig bemerkt, den derben, sprichwörtlichen Sinn behalten, den des Scholiasten *οὐ πτωχεύσεις* angibt.

v. 348. Der Gedanke gibt den Grund für das vorhergehende

an; die Götter nehmen nur die Opfer desjenigen auf, dem sie
hold sind. Einem solchen Manne nahen die Erinnyen nicht. Sept.
700. μελάναιγις οὐκ εἶσι δόμους Ἐρινύς, ὅταν ἐκ χερῶν θεοὶ θυσίαν
δέχωνται. Wen aber die Götter begünstigen, dem verleihen sie
Glück und Segen. Ueber das Asyndeton vgl. Krüger, 59, 1, 5.
— ἱεροδόκα· οἱ θεοὶ δέχονται τὰ ἀπὸ ἀνδρὸς ἁγνοῦ ἱερά.

v. 349. Wenn du an meinem Herde sässest, so hätte ich die
Pflicht, dich zu schützen; nun aber hast du deine Zuflucht zu
dem Landesheiligthum genommen: daher ist es Sache des Volkes,
zu bestimmen, ob du in Schutz genommen werden sollst, oder
nicht. Ehe ich dir also eine Zusage machen kann, muss ich zuvor
mit der Gemeinde berathen. — οὐ πρὸς τὴν ἑστίαν τῶν ἐμῶν
δωμάτων· ἀντὶ τοῦ οὐχ ἰδίᾳ πρὸς ἐμὲ ποιεῖσθε τὰς ἱκεσίας, ἀλλὰ
πρὸς πᾶσαν τὴν πόλιν. schol.

v. 350. πόλισ M. πόλεως unnöthig Meineke. τὸ κοινόν ist
adverbial zu fassen. Vergl. Krüger 46, 3, 3.

v. 351. ἐκπνοεῖν M. Turn. besserte.

v. 352. παρακροσ M. πάρος Sophianus.

v. 353. ἀστῶν δὲ πᾶσι τοῖσδε M. Scaliger besserte.

v. 354. Du bist Herr und König, erwidert der Chor; du hast
also das ganze Land zu vertreten und demnach über die Rechte
derer zu wachen, die bei dem Landesheiligthum Schutz gesucht
haben. Hüte dich desshalb vor der Schuld.

v. 355. ἄκριτος· ἀνυπεύθυνος schol.

v. 356. ἑστίαν χθονός. — Hiermit weisen die Jungfrauen die
Behauptung des Königs v. 365 zurück.

v. 357. νεύμασι M. Pauw besserte.

v. 358. χρόνοισι M. θρόνοισι Sophianus. θρόνοις Pauw.

v. 359. ἄλγοσ M. ἄγος Rob.

v. 360. Der König schleudert das ἄγος zurück auf das Haupt
seiner Feinde; er selbst aber schwankt, welche Handlungsweise
er einschlagen soll.

v. 364. μηηδράσητε M. μὴ δρᾶσαί τε Rob. καὶ τύχην ἐλεῖν·
καὶ τοῦ συμφέροντος ἐπιτυχεῖν schol. Vgl. Iph. Aul. 56. δοῦναί τε
μὴ δοῦναί τε, τῆς τύχης θ᾽ ὅπως ἅψαιτ᾽ ἄριστα. Dind.

v. 365. ἐπισκοπεῖ M. ἐπισκόπει Rob.

v. 369. ἱκταίου M. ἱκτίου Dind.

v. 370. ὢ δυσπαραθέλκτοισ M. κότος δυσπαράθελκτος Schütz.
Richtig schreibt Weil mit Bothe δυσπαραθέλκτους, indem er
Kruse's Emendation δυσπαράθελκτον vor Augen hat. Der Sinn ist

also: »Wenn du zulässt, dass unsere Bitten, durch die wir dich um Schutz und Hilfe anflehen, vergeblich bleiben, so erwartet dich der Groll des Zeus.« Diesen Gedanken drückt der Chor ganz allgemein aus. Vgl. Soph. Trach. 1239. ἀλλά τοι θεῶν ἀρὰ μενεῖ σ᾽ ἀπιστήσαντα τοῖς ἐμοῖς λόγοις. Aehnlich fasst die Stelle Droysen: »Es bleibt dem Zeus des Flüchtlingshortes Zorn, welchen das Flehen nicht erbarmt Bedrängter. — οἴκτοις ist der dat. caus. zu δυσπαραθέλκτους »welche nicht gerührt werden durch das Seufzen des Leidenden.«

v. 371. Der König will wissen, ob nicht die Aegyptiaden begründete Rechtsansprüche auf die Jungfrauen haben. Daher die folgende juristische Frage, wozu den Dichter die Rücksicht auf das Athen. Publicum bewog. Richtig sagt Kruse: »Es handelt sich bei der verlangten Ehe um das Erbe der bruderlosen Töchter (ἐπίκληροι), quippe quae patris heredes fierent; nam fratribus exstantibus dotem tantummodo accipiebant dicebanturque ἐπίπροικοι. Sed epiclerorum nuptias, ǫui genere proximi erant, iure ἀγχιστείας postulare poterant: qui quum lege agunt, ἐπιδικάζεσθαι τῆς ἐπικλήρου dicuntur. Schoemann, Antiq. iur. publ. Gr. p. 194. Gr. Alterth. I, p. 358.« — ἐγγύτατα γένους »qui sunt genere proximi« Weil.

v. 374. φεύγειν — aus der Gerichtssprache; sich vertheidigen, litem effugere, erweisen.

v. 375. ἔχουσιν M. ἔχουσι Turn. ἔχωσι Schütz; ὡς ist hier nicht Finalpartikel, sondern = quod.

v. 376. ὑποχέριοσ M. ὑποχείριος Rob.

v. 377. κράτεσιν M. κάρτεσιν Heimsoeth der Responsion wegen. — ὕπαστρον — remedium decerno, quod astris metior, fugiens nuptias exosas i. e. fugam longinquissimam. Wellauer. ἄστροις σημειοῦσθαι· μακρὰν ὁδὸν καὶ ἐρήμην βαδίζειν· ἡ δὲ μεταφορὰ ἀπὸ τῶν πλεόντων. Hesych. τὴν δὲ τοῦ γάμου μηχανὴν ὁριοῦμαι τοῖς ἄστροις· — ἀντὶ τοῦ μηχανήσομαι φεύγειν δι᾽ ὁδοῦ μακρᾶς τὸν γάμον, οἱ γὰρ μακρὰν ὁδὸν φεύγοντες δι᾽ ἄστρων σημαίνεσθαι ἐλέγοντο (Weil st. ἔλεγον). schol. Schwerdt zitirt O. R. 795. τὴν Κορινθίαν ἄστροις τὸ λοιπὸν ἐκμετρούμενος χθόνα ἔφευγον.

v. 379. φυγαὶ M. φυγᾷ Vict. φυγάν Heath.

v. 383. καὶ μή ποτε M. μὴ καὶ ποτέ Canter. Die handschr. Lesart vertheidigt Wellauer »nec unquam dicat populus«.

v. 384. εἴποντι καὶ μὴ τοῖον τυχῇ M. εἴ πού τι μὴ τοῖον τύχῃ Turn. τύχοι Porson. τοῖον euphemistisch, εἴ τι ἄλλο, εἴ τι

ἕτερυ συμβαίη «si quid aliter i. e. infeliciter accidat. Zitirt werden
Hesych. τοῖον· οὕτως ἀγαθόν. Thucyd. VII, 14. ἤν τι ὑμῖν ἀπ'
αὐτῶν μὴ ὁμοῖον ἐκβῇ. — Bergk unnöthig μὴ λῷον nach Pers. 526,
Meineke κάμοιρον.

v. 385. ἐιπήλυδας M. ἐπήλυδας Rob. Vgl. Il. 22, 107.

v. 386. ἀμφοτέρουσ M. »utramque partem in hac re respicit
Jupiter«. Wellauer. ἀμφοτέροις Schütz. ἀμφοτέρωσ' ὁμοιῶν Heims.

v. 388. ἄδικα M. »malis iniustitiae, iustis autem sanctitatis
praemia« Schütz. ἄθλια Heims. Weil schreibt in der Strophe
γάμου δύσφρονος μῆχαρ ὁρίζομαι und in der Antistr. δίκαν μὲν
κακοῖς, αἴσια δ' ἐννόμοις.

v. 390. μεταλγεῖν proprie est »post aliquid vel post aliquem
dolere, ut μεταστένομαι σὺν ἄλγος in Eurip. Medea v. 996. Id hic
idem fere quod paenitere.« Hermann. Besser Weil »in posterum
dolere, futuris angi.« Was zauderst du, das, was recht ist, zu
thun, da gleichschwebend die Wage schwankt?«

v. 391. δεῖ τοι· δεῖ δὴ εἰς βυθὸν-μολεῖν φροντίδος βαθείας
σωτηρίου, δίκην κολυμβητῆρος· τοῦτο δὲ τοῖς σπογγοτόμοις συμβαίνει,
τὸ πόρρωθεν σκοπεῖν καὶ περιβλέπεσθαι. schol.

v. 393. ὠνωμένων M. ᾠνωμένον Porson. »nicht vom Weine
berauscht, d. i. frei von Schwindel.«

v. 394. »ὅπως particula cum futuro coniuncta eam maxime
vim retinuit, ut modum significet et rationem, qua quid evenire
et perfici aut possit aut debeat. Quod facta cum nostra lingua
comparatione ex iis potissimum patet locis, ubi ad verba μέλειν,
βουλεύεσθαι, φροντίζειν et similia refertur.« Proske, p. 22. Bäum-
lein p. 111, 116. Ag. 847. Soph. Ai. 1040. Phil. 78. O. R. 406.
Eur. Heracl. 420. Jph. T. 1051.

v. 399. θησόμεθ' M. θησούμεσθ' Vict.

v. 400. ὡς οὐδὲν ἀιδων M. ὃς οὐδ' ἐν Ἀιδου Steph. »Der Alastor,
eine gespenstische, koboldartige Ausgeburt des Volksglaubens, ist
der durch ein schweres Verbrechen hervorgerufene Rachegeist,
der dem Verbrecher keine Ruhe lässt und ihn rastlos umhertreibt.«
Vergl. Keck, Agam. Einl. p. 19. Abzuleiten sei das Wort von
ἀλάομαι und bezeichne also den »Treiber, Peiniger.« ἄλη, so begründet Keck seine Etymologie, bezeichnet sowohl das körperliche
Umherirren, als auch den Wahnsinn des Geistes. — Schol Eur.
Hec. 675. ἀλάστωρ ... ἀπὸ τοῦ ἀλῶ τὸ πλανῶμαι· ὁ γὰρ φονεύσας
τινὰ κατὰ τὴν παλαιὰν συνήθειαν ἐξήρχετο τοῦ τόπου αὐτοῦ καὶ περι-
πατῶν κατὰ τόπους ἐπλανᾶτο ἔνθεν κἀκεῖθεν, ζητῶν τὴν ἴασιν τοῦ

φόνου οὐ ἔπραξεν, ἕως οὗ ἔζῃ. — Soph. Trach. 1235. ὅστις μὴ 'ξ
ἀλαστόρων νοσοῖ · ἐκτὸς ὢν μανίας καὶ θεηλασίας. Etym. M. s. v.
ἀλαστῶ · σημαίνει τὸ χαλεπαίνω · οἱ γὰρ πλανώμενοι χαλεπαίνουσιν
κ. τ. λ. — ἀλάστωρ · πικρὸς δαίμων, Ζεύς. Hesych. Der Alastor
ist, wie die Erinnyen, chthonischen Ursprunges; das auf die Erde
fallende Blut ruft ihn ans Licht. Nach Suppl. 650 verunreinigt er
das Dach, worauf er schwer lastet; »Ag. 1444 und 1480. heisst der
Dämon der gemästete und wassersüchtige; nach Ag. 1477 plätschert
und jubelt er in Blutströmen und v. 1632. wird ihm eine verwun-
dende Kralle beigelegt.« Vergl. Keck a. a. O.

v. 401. μῶν οὐ δοκεῖν δεῖ M. μῶν οὐ δοκεῖ δεῖν Turn. Dieses
ist festzuhalten und mit Meffert zu übersetzen: Siehst du nun etwa
nicht ein, dass es reiflicher Ueberlegung bedarf? μῶν σοι Herm.
μῶν οὖν Dind.

C. v. 402—420. Mittelpunkt des Epeisodions. Während der
Chor diese vier Strophen singt, in denen er auf die Pflichten hinweist, die der König ihnen gègenüber zu erfüllen hat, überlässt
sich dieser seinen beunruhigenden Gedanken. Das Versmass malt
das Auf- und Abwogen der Empfindungen desselben.

v. 404. προδῶσ M. προδῷς Turn.

v. 406. ὁρ^ω_ομέναν M. ὁρμέναν Pauw.

v. 407. ἐξ ἕδραν M. ἐξ ἑδρᾶν Vict. πολυθέων M. πανθέων
Heimsoeth. Jenes ist nämlich, wie H. bemerkt, die erklärende
Glosse. So Sept. 968 πανδάκρυτε M. πολυδάκρυτε G. ibid. 654.
πανδάκρυτον. schol. πολυπενθές. Hesych. πανόπτης · πολυόφθαλμος.
Vgl. Wiederherst. p. 287.

v. 411. καὶ φύλαξαι κότον · τὸν τοῦ Διός. schol. Heimsoeth
(de interp. comm. altera p. XI) findet es für durchaus unbegrün-
det, dass κότον »den Zorn der Götter« bedeuten solle; vielmehr
sei analog dem ἀνέρων ὕβριν ein Genetiv nothwendig. Daher
schreibt er θεῶν τ' ἄλευαι κότον, indem er καὶ φύλαξαι für die in
den Text eingedrungene Erklärung hält. »Vergl. Suppl. 346, 478,
616. Hesych. ἄλευαι · φύλαξαι. Hom. Il. 22, 285. Theogn. ἀθα-
νάτων μῆνιν ἀλευάμενος.« Erwägen wir indessen, dass dem Chor
fortwährend der Alastor vorschwebt, auf den er v. 381, 385
(μένει . . Ζηνὸς ἱκτίου κότος) ausdrücklich verweist und dessen
Macht der König selbst v. 415 anerkennt (ἐκδόντες ὑμᾶς τὸν πανώλεθρον θεὸν βαρὺν ξύνοικον θησόμεσθ' ἀλάστορα), so scheint es
fast, als ob κότος hier persönlich zu fassen und als der Alastor

selbst zu erklären sei, worauf auch die Glosse bei Suidas und Bachmann anecd. vol. I p. 282 ὁ ἀδηφάγος hinweisen könnte.

v. 412. μήτι τ᾽ ἀαίσταν ἱκετιν M. οἴμαι μήτι τλαίης τὰν ἱκέτιν Rand des Med. — Pauw besserte.

v. 414. ἱππηδόν — Vgl. Sept. 326. τὰς δὲ... ἄγεσθαι ἱππηδὸν πλοκάμων.

v. 415. πολυμήτων M. Turn. besserte. ἐπιλαβὰς ἐμῶν· τὰς ἐπιλήψεις τῶν πέπλων μου· ἀπὸ κοινοῦ τὸ μὴ τλαίης ἰδεῖν. schol.

v. 417. ὁποτέραν M. ὁπότερ᾽ ἄν Turn. μενειδρεικτείνειν M. μένει δορὶ τίνειν Boissonade, Markscheffel. μένει Ἄρει᾽ κτίνειν Seidler, Well. μένει ἄρ᾽ ἐκτίνειν Weil, indem er in der Strophe βίᾳ τ᾽ ἀγομέναν δίκας schreibt; indessen ist τε ungerechtfertigt.

v. 418. ὁμοίαν M. ὁμοίαν Klausen, Herm. ἀντίρροπον Heims., indem er ὁμοίαν mit Recht für die in den Text eingedrungene Erklärung ansieht. δίκαιόν ἐστιν ἀποδιδόναι ὁμοίαν δίκην. schol.

D. v. 420—v. 462. Der König fasst den Entschluss, den Schutzflehenden Hilfe zu gewähren. —

v. 422. Huc appulit consilium nostrum, iamque clavis compacta est quasi navis machinis nauticis adducta et astricta. Weil. — στρέβλαι ναυτικαί· τὰ ξύλα τῶν νεῶν, ἐν οἷς διασφηνοῦνται γομφούμενα. Hesych. (διασφηνοῦται Weil.)

v. 423. προσηγμένον M. προσηρμένον Scaliger. Hermann, ἡρμοσμένον Lincke.

v 425. ff. καὶ χρήμασι (χρημάτων Rand des M.) μὲν ἐκ δόμων πορθουμένων — ἄτην γε μείζω καὶ μέγ᾽ ἐμπλήσασ γόμου — γένοιτ᾽ ἂν ἄλλα κτησίου Διὸς χάριν. M. — Der König ist ungewiss, was er thun soll; er muss entweder mit den Göttern oder mit den Menschen den Kampf unternehmen. Handeln aber muss er' und zwar sogleich; denn das Fahrzeug ist fertig zum Auslaufen. Da ergeht er sich in allgemeinen Betrachtungen. Ohne Leiden gibt es keine Umkehr zum Bessern. Vieles erträgt der Handelsherr. Er verliert beim Seesturm sein Besitzthum; aber dann mag er sich durch des Zeus Gnade wieder reicheren Besitzes erfreuen. — Dass die Stelle so aufzufassen ist, dürfte wohl unzweifelhaft sein; γόμος ist die Schiffsladung, δόμος das Schiff selbst, welches oben v. 135. δόμος ἅλα στέγων δορός genannt wurde und ebenfalls im Agam. v. 1011 so bezeichnet wird: οὐκ ἔδυ πρόπας δόμος πημονᾶς γέμων ἄγαν. γεμίζειν, welches von dem Scholiasten statt des verdorbenen γε μείζω gelesen wurde, bezeichnet das Befrachten des Schiffes. Es sind nun aus dem Scholion: »τοῦ Διὸς ἐμπιμπλῶντος καὶ γεμίζοντος ἄτης τὸν γόμονα zu unserer Stelle mancherlei Verbesserungen gemacht worden; namentlich hat man erkannt, dass γεμίζειν καὶ μέγ᾽ ἐμπλῆσαι zu lesen sei und ebenso hat man statt χρήμασι die in einer Glosse aufbewahrte richtige Lesart χρημάτων wieder hergestellt (vgl. Burgard p. 61, 62). Kruse, Suppl. p. 159, liest zwar γεμείζων καὶ μέγ᾽ ἐμπλήσας, indem er sich auf die Participien des Scholions und die Lesart des Escor. γε μείζων stützt; indessen sind, abgesehen von der so entstehenden Anakoluthie, die zwar nicht ungerechtfertigt, aber doch bedenklich ist und bei einem so vorsichtigen und conservativen Kritiker, wie Kruse, auffällt, die Stützen sehr unsicher. Einmal ist offenbar, dass das Scholion erst späterer Fassung und augenscheinlich nach dem schon corrumpirten Text umgeformt ist; denn dass der Text ἄτης γεμίζων καὶ μέγ᾽ ἐμπλήσας γόμον — statt ἄτην — γόμου las der Scholiast ἄτης — γόμον — unmöglich richtig sein kann, liegt auf der Hand. Alsdann zwingen die Partizipien γεμίζοντος und ἐμπλήσαντος keineswegs zur Annahme der absoluten Nominative; es können vielmehr damit ebensogut die Infinitive erklärt werden, indem der Scholiast sie auf Διός bezieht. Fassen wir aber den letzten Gesichtspunkt auf, so liegt ein anderer-Schluss nahe, nämlich dass der Scholiast die Verse in anderer Ordnung las, indem der Vers γένοιτ᾽ ἂν ἄλλα κ. τ. λ. vor ἄτην κ. τ. λ. stand, welche Umstellung schon Hermann wegen des concinnen Baues dieser und der folgenden drei Verse vornahm. Eine andere Corruptel schliesslich haben die meisten Kritiker übersehen, nämlich ἄτην — γόμου, mit Ausnahme von Hartung und Burgard. Es ist doch sehr wunderlich gesagt »die Ate befrachtend und gewaltig anfüllend mit Ladung«, was durch die Weil'sche Deutung quae damnum expleant et cumulent copia, wobei die Erklärung von ἄτη durch iactura bedenklich genug ist, keineswegs gehoben wird. Besser wäre schon die Lesart des Scholiasten ἄτης — γόμον, wofür Hartung ganz ungerechtfertigt und unpassend δόμον schreibt; aber was soll hier die ἄτη, wo es darauf ankömmt, die καταστροφή zu bezeichnen? Der Fehler steckt offenbar in ἄτην, wie richtig Burgard sah, der ᾄδην schreibt, um eine genaue Responsion von ᾄδην γεμίζειν und μέγ᾽ ἐμπλῆσαι herzustellen. Es kann nun zwar das Objekt aus dem Vorherigen δόμων ergänzt werden, aber immer bleibt die Structur hart. Zudem ist der Grund der Responsion kein stichhaltiger; denn diese drei Verse correspondiren mit den folgenden ähnlich gebauten und hier erscheint bloss das Adverbium κάρτα in

dem Verse: ἀλγεινὰ θυμοῦ κάρτα κινητήρια. Wenn wir uns nun
so durch ἄδην nicht befriedigt sahen, dann fragt sich, was an
unserer Stelle gestanden haben kann. Erwägen wir, dass zu γεμίζειν
und ἐμπλῆσαι das Objekt fehlt und diesen Verben entsprechend
der Begriff Fahrzeug nothwendig ist, oben aber σκάφος angewendet
wurde, wofür sich auch sonst σκάφη findet (Aeschyl. fgt. 206), so
ist wahrscheinlich, dass Aeschylus schrieb: καὶ χρημάτων μὲν ἐκ
δόμων πορθουμένων —.γένοιτ᾽ ἂν ἄλλα κτησίου Διὸς χάριν — σκάφην
γεμίζειν καὶ μέγ᾽ ἐμπλῆσαι γόμου.

Ward aus dem Fahrzeug auch die reiche Last gestürzt,
Mag and᾽res Gut verleih᾽n der Schätzewalter Zeus,
Das Schiff zu füllen und zu thürmen hoch mit Last.

Wie aber aus σκάφην — ἄτην entstehen konnte, ist nicht
schwer zu erklären; σκ war zu Anfang des Verses ausgefallen, wie
sich z. B. Pers. 924. im Leipziger Cod. ἄγξω statt κλάγξω findet,
und nun lag die Umwandlung des ΑΦΗΝ in ΑΤΗΝ nahe genug.

v. 428. ff. Die Stellung der entsprechenden folgenden drei
Verse ist durchaus nicht zu ändern. Der Dichter führt ein zweites
Beispiel an, dass ein Schaden wieder gut gemacht werden könne.
Schwierig ist hier nur die Erklärung des ἀλγεινὰ . . . κινητήρια.
Nach Analogie dieser accus. schreibe ich im vorigen Verse μύθους,
worauf sich ἀλγεινὰ . . . κινητήρια als Apposition bezieht. Schon
oben machte ich auch Choeph. v. 24. aufmerksam: ἰαλτὸς ἐκ δόμων
ἔβαν χοὰς προπομπός. Aehnlich ist hier θελκτήριος (θελκτηρίοις
M. Turn. besserte) construirt. Wir übersetzen demnach die Stelle:

Und ward der Zunge Pfeil in Ungebühr entsandt,
So möchte wohl das Wort des Wortes Heilung sein,
Das sehr das Herz in bitterm Schmerz gekränkt.

v. 431. Der Zusammenhang ist nach Schütz: Alles andere
lässt sich sühnen, vergossenes Verwandtenblut ist aber nicht zu
sühnen. Vergl. Sept. ctra Theb. 681. ἀνδροῖν δ᾽ ὁμαίμοιν θάνατος
ὧδ᾽ αὐτοκτόνος, οὐκ ἔστι γῆρας τοῦδε τοῦ μιάσματος. — Ueber ὅπως
μή vgl. Proske p. 24. »Certa pericula imminent, nisi praecavé-
tur, et haec ipsa discriminis certitudo nescio an distincte ac bene
futuro exprimatur, nimirum quo acriore voluntate ac studio ad-
hortatio audiatur et observetur.« Vgl. Soph. Philoct. 1069. Soph.
fgt. 630. — ὁμαίμων M. ὅμαιμον Vict.

v. 432. θύειν M. δεῖ κάρτ᾽ ἀρᾶσθαι Meineke.

v. 434. ἢ (erste Hand des M., wie es scheint, ἤ zweite Hand)
κάρτα νείκουσ τοῦδ᾽ ἐγὼ παροίχομαι M. Weil lässt die handschr.

Lesart unverändert, nur setzt er v. 442. *ἄνευ δὲ λύπης κ. τ. λ.*
vor diesen Vers; dieses ist jedoch völlig ungerechtfertigt, da der
Vers dort, wo ihn die Handschriften überliefern, so nothwendig
ist, dass der ganze symmetrische Bau der Königsrede gestört würde,
wenn wir die Stellung desselben änderten. Es ist aber der Zusammenhang der Worte *ἢ κάρτα κ. τ. λ.* mit dem vorigen so klar,
dass darüber kein Zweifel sein kann. »Um abzuwenden, dass Verwandtenblut vergossen werde, so sagt der König, müssen den
Göttern viele Opfer dargebracht werden, oder ich verkenne durchaus die Natur dieses Streites.« So schliesst sich auch das Folgende passend an. — *παροίχομαι* ist, wie Weil richtig bemerkt, nach
Analogie von *ἁμαρτάνειν, παραπλάζεσθαι, παραπίπτειν* mit dem genet.
construirt. Mit Unrecht leugnet man diese Structur Eur. Med. 995.
δύστανε, μοίρας ὅσον παροίχει, indem man nach *μοίρας* ein Komma
setzt. Ein gewisses Bedenken erregt jedoch das mehrfach wiederholte *κάρτα*. Enger änderte desshalb *ἢ γάρ τι νείκους*, Kruse *ἢ
κῦμα νείκους*, ich dachte an *ἢ κρῖμα νείκους*, indessen kommen wir
mit allen diesen Aenderungen nicht viel weiter.

v. 438. »Et haec audivi neque reliqua me fugient«. Weil.

v. 439. *στρόβυυσ* M. *στρόφους* Spanheim. *ζῶνασ τε* M. *ζώνας
τε συλλαβὰς πέπλων·* *ἀντὶ τοῦ αἷς ζώννυμαι καὶ τοὺς πέπλους συλ-
λαμβάνω*. Hesych. *στρόβοι· συστροφαί*. Hesych.

v. 440. *τύχαν γυναικῶν ταῦτα συμπρεπῆ πέλοι* M. *τύχῃ* Turn.
τάχ’ ἂν Markscheffel. *κάρτ’ ἂν* Meineke. *τάχ’ ἂν γυναικί* Hermann.
συμπρέποι πέπλοις Hartung. *συμπρέποι στολῇ* Weil. — Der Hauptfehler liegt in *τύχαν*. Wir ändern nach Anleitung der handschr.
Ueberlieferung und des Gedankenzusammenhanges: *τρυφῇ ... ταῦτ’
ἂν ἐμφερῆ πέλοι*.

v. 441. *μηχανὴ καλεῖ* M. Turnebus schreibt *καλή*, und diese
Aenderung ist von allen Herausgebern angenommen worden. Mir
erscheint aber das Attribut »schön« höchst unpassend; anderseits
vermissen wir auch ein Verbum in dem Satze. Erwägen wir nun,
dass der König in dem folgenden Verse die Worte der Jungfrauen
mit *λέξων κ. τ. λ.* wieder aufnimmt, so dürfte es wohl nicht zweifelhaft sein, dass der Dichter *μηχανὴν καλῶ* schrieb.

v. 442. *γηρυθεισ* M. Turn. besserte. Vgl. Herm. zu Eurip.
Hec. 1153. Wellauer erklärt den Ausdruck als futur. exactum:
quid haec tua vox significaverit und vergl. Xenoph. anab. VII, 6,
36. *ἄνδρα κατακανόντες ἔσεσθε* »virum interfeceritis«. — *γηρύειν
σ’ ἐρεῖς* Meineke.

v. 443. ὑπὸ στήσει M. Wellauer besserte.

v. 445. νέοισ πίναξιν M. πίναξι Turn. καινοῖς ἀναθήμασι τὰ ἀγάλματα τῶν θεῶν κοσμήσω. — λέγει δὲ ὅτι μετεωρήσω ἐμαυτὸν τῇ ἀγχονῇ. schol. — Beide Scholiasten lasen also das Futurum.

v. 446. ἀλλὰ πῶσ φράσον M. ἀλλ' ἁπλῶς φράσον Abresch. Vgl. Prom. 607. οὐκ ἐμπλέκων αἰνίγματ', ἀλλ' ἁπλῷ λόγῳ.

v. 448. μαχιστῆρα M. ἤκουσα λόγον καρδίας δηκτικόν schol. Hiernach bildete Hermann δαχνιστῆρα. Richtig Auratus und Stanley μαστικτῆρα.

v. 450. καὶ μὴν πολλαχῇ M. καὶ πολλαχῇ Turn. Zu bemerken ist, dass der Scholiast nach πράγματα interpungirte und dasselbe von ἤκουσα abhängig machte. δυσπάλαιστα· δυσμεταχείριστα· ἀπὸ κοινοῦ τὸ ἤκουσα.

v. 453. ἐσέβηκα M. ἐσβέβηκε Turn. ἐσβέβηκα Schütz.

v. 456. ὁμαίμουσ M. ὁμαίμοις Turn.

v. 457. Vgl. Choeph. 681. μάχης γὰρ δὴ κεκύρωται τέλος.

v. 461. φόβος· ὁ τούτου φόβος μέγας ἐστὶν ἐν βροτοῖς. schol.

E. Willensäusserung des Königs. — v. 462—506.

a. König und Danaus v. 462—482. Der König beauftragt den Danaus, die heiligen Zweige zu nehmen und in die Stadt zu gehen, um sie auf den Altären der Götter niederzulegen und so die ganze Stadtgemeinde um Schutz anzuflehen. Auf die Entgegnung desselben, dass es für einen Fremdling gefährlich sei, sich unter ein unbekanntes Volk zu begeben, gibt er ihm einen Theil seiner Leibwache zur Bedeckung mit. — Es ist die genaue Anordnung dieser Partie zu bemerken. Den 10 Versen des Königs entsprechen ebensoviele des Danaus. Daher ist es durchaus falsch, wenn Hermann nach v. 480 eine Lücke annimmt, wodurch die Concinnität des Baues völlig vernichtet würde. Dass der Dichter aber diese Gleichmässigkeit beabsichtigte, beweist auch die Uebereinstimmung der Rede des Pelasgus mit der des Danaus im Einzelnen. Vgl. v. 481. λαβών, 491 λαβεῖν, v. 482. ἐγχωρίων, v. 492. ἐγχωρίων v. 483. θὲς, ὡς, v. 493. ξύμπεμψον, ὡς. — Dem Schlussverse des Königs τοῖς ἥσσοσιν κ. τ. λ. steht scharf v. 499 gegenüber καὶ δὴ φίλον τις ἔκταν' ἀγνοίας ὕπο. Den Abschluss bilden die vier Verse des Königs, worin er einem Theile seiner Leibwache den Befehl gibt, den Danaus in die Stadt zu begleiten.

v. 462. σὺ μὲν M. »post longam collocutionem Chorus omnia comprehendit per τούτῳ μὲν κ. τ. λ. et tum demum sequitur sententia opposita ἐγὼ δέ.« Vgl. Burg. diss. p. 22. Indessen hat

Burgard übersehen, dass mit τούτῳ μὲν etwas ganz Neues eingeleitet wird. An unserer Stelle lässt sich μέν nicht halten. Richtig
schreibt Stenzel σὺ μήν, worauf vielleicht auch das καὶ μήν (v. 450)
zu Anfang der Rede des Königs deutet. — μήν ist bei Ueber-
gängen zu etwas Neuem, namentlich bei Imperativen sehr ge-
bräuchlich. Vgl. z. B. Suppl. 1018. Eur. Med. 1375, Alk. 64,
105, 385, 507, 611, 518. Ich selbst dachte ursprünglich an σὺ νῦν
nach Eur. Alk. 377 σὺ νῦν γενοῦ τοῖσδ᾽ ἀντ᾽ ἐμοῦ μήτηρ τέκνοις.

v. 463. κλάδουσ τε M. κλάδους γε Auratus, Heath, Burges.
Unzweifelhaft ist diese Aenderung richtig.. γε steht hier vor τού-
τους, wie Prom. 622. καὶ πρός γε τούτοις. Sept. 265. Choeph. 419.
πρός γε τῶν τεκομένων. — Es sind »diese Zweige«, wie richtig
Stenzel bemerkt, nämlich die des Danaus im Gegensatze zu den
Zweigen der Jungfrauen, von denen weiter unten die Rede ist. —
Diejenigen, welche das τε festhalten, sind zu völlig unberechtigten
Aenderungen gezwungen. So schreibt Schütz στεῖχ᾽ οὖν, πάτερ.
M. Schmidt σοῦ νυν nach Hesych. σοῦ· ἴθι, τρέχε, ὅρμα, worauf
übrigens schon Wellauer aufmerksam gemacht hatte »proponerem
σοῦ μὲν, si σοῦ aeque in usu fuisse ac σοῦσθε probari posset.«
Weil schiebt endlich nach βωμούς ein τε ein und ändert αἴψ᾽ in αἶρ᾽.

v. 466. λόγοσ M. ψόγος unnöthig Conington. — »ne verba
iaciantur in me. Vgl. Eur. Cycl. 51. ῥίψω πέτρον τάχα σου.« Weil.

v. 467. φιλαίτιωσ λεώς· τοὺς γὰρ ἄρχοντας ἐν ταῖς τοιαύταις
περιστάσεσιν εἴωθεν αἰτιᾶσθαι ὁ λαός. schol. Vgl. Sept. 5 ff.

v. 468. οἶκτοσ εἰσιδὼν τάδε M. Hermann besserte.

v. 473. εὖ ῥεόντα προσξένον M. πρόξενον Canter. εὐρεθέντα
Porson.

v. 476. πολισσούχων M. Durch ein Versehen des Abschreibers ist dieses Wort aus dem vorigen Verse hierhingesetzt. πολυξέστους Hermann, welches ich als die wahrscheinlichste Aenderung aufgenommen habe. πολυλλίτους Butler. Boissonade. πολυχρύσους Kruse.

v. 477. ἀσφαλείασ δέ M. Turn. besserte.

v. 480. μὴ θράσος τέκῃ φόβον· μὴ θαρρήσας μόνος ἀπελθεῖν
φονευθῶ (so richtig Heimsoeth statt φοβηθῶ) ὑπό τινος schol. Hieraus
ergibt sich die Richtigkeit der Conjektur Heimsoeth's: φόνον, welche
übrigens schon Martin fand, der die folgenden Worte zitirt: καὶ
δὴ φίλον τις ἔκταν᾽ ἀγνοίας ὕπο. — φόβον lässt sich durchaus nicht
halten; von einer sprichwörtlichen Bedeutung des Ausdrucks, wie
Enger annimmt, ist sonst nichts bekannt. Weil's Uebersetzung

»ne audacia in pavorem vertat« ist wegen φύλαξαι nicht möglich.
Bei wem soll die Furcht erregt werden? Bei den Argivern? Dieses
anzunehmen ist ganz unmöglich. Bei Danaus? Dann past φύλαξαι
nicht. — φόνον befriedigt in jeder Weise.

v. 483. ἀστίκτουσ M. Turn. besserte.

v. 484. ξυμβόλοισι M. Vgl. Prom. v. 487. ἐνοδίους τε συμ-
βόλους. — Weil nach Hermann unnöthig ξυμβολοῦσιν. »Vgl. Sept.
330 (352)«.

b. v. 486—506. König und Chor. — Danaus geht nun in
die Stadt, um sich den Bürgern als Schutzflehender zu zeigen und
so den Antrag des Königs an die Gemeinde der Argiver um Hilfe
gegen die Aegyptier vorzubereiten. In dem nun folgenden Dialog
zwischen dem Könige und Chore spricht der König diesem gegenüber seine Willensmeinung aus. — Scenisch ist, wie Kruse richtig
hervorhebt, derselbe dadurch motivirt, dass er das Hinabsteigen
des Chors in die Orchestra vermittelt. Die Jungfrauen bitten
nämlich den König, auch ihnen anzugeben, was sie nunmehr thun
sollen. Dieser ertheilt ihnen die Weisung, die heiligen Zweige
auf dem Altare niederzulegen und hinab in den offenen Wiesen-
plan zu steigen. Dort sollen sie mit frommer Bitte an die Landesgötter sich wenden und um Erfüllung ihrer Wünsche flehen.
Der Chor äussert darauf sein Bedenken, an einen profanen Ort
zu gehen, wo er schutzlos wäre und den Angriffen von Feinden
ausgesetzt sei, die schlimmer wären, als der Drachen Brut. Nachdem nun der König die Furcht der Jungfrauen beschwichtigt hatte,
indem er ihnen vorstellte, dass der Vater nur kurze Zeit sie allein
lassen werde, während er selbst hineilen wolle, um das Volk zu
berufen und dasselbe zu bewegen, ihnen Hilfe zu leisten, begeben
sich dieselben in die Orchestra und nehmen dort ihre Aufstellung.

v. 489. χειρί M. Man hat an dem Worte Anstoss genommen,
und desshalb schlägt Valckenaer χειρία vor. Indessen bezeichnet
χείρ im Gegensatz zu λόγος die That, wie Prom. 619. βούλευμα
μὲν τὸ Δῖον, Ἡφαίστου δὲ χείρ. — So ist es auch hier zu fassen
»auf Grund deiner Thaten und Worte«. Der Ausdruck ist augenscheinlich sprichwörtlich, wie das homerische ἔπει καὶ ἔργῳ, oder
ἔπεσιν καὶ χερσίν.

v. 490. ἐπιστρέφω M. ἐπιστρέφου Rob. — λευρὸν ἄλσος —
die ebene Wiese, welche die Orchestra bildete. Kruse.

v. 492. πτερωτῶν ἅρπαγεσ M. ἁρπαγαῖς Turn. ἁρπαγαῖς
σ᾽ ἐκδώσομεν Porson. Dass der Ausdruck vom Aussetzen der

Kinder hergenommen sei, bemerkt Schütz und vergl. Eur. Ion. 902. καὶ νῦν ἕρπει πτανοῖς ἁρπασθεὶς θοίνα παῖς μοι καὶ σὸς τλάμων. v. 493. ἀλλ᾽ εἰ M. »Quid vero, si nos trades« Wellauer. ἀλλ᾽ ἦ Stanl. Porson. Hermann. Allerdings steht ἦ abundirend nach einem Comparativ; vgl. Stephan. de dialect. Att. p. 28. Toup. zu Longin. p. 321. Valckenaer zu Theocr. 20, 27, aber hier ist jede Aenderung unnöthig. (Wellauer.)

v. 494. »Fausta sit oratio fausta audienti«. Herm.

v. 495. »non mirum est, si quis animi timore perculsus impatientior est«. Wellauer.

v. 496. ἀεὶ δ᾽ ἀνάκτων M. Sowohl δέ als auch ἀνάκτων ist anstössig. δ᾽ ἀνάρκτων Herm. δαμάλεων Weil. Ich schreibe γυναικῶν, wie es der Zusammenhang erfordert, was, wie ich sehe, schon Lindwood, Martin, Meineke conjicirt haben.

v. 497. πράσσων φρενί M. Heath besserte. »Tu vero, et verbis, et factis me exhilara. Ahrens. Vgl. Eur. Or. 287. τοῖς μὲν λόγοις ηὔφρανε, τοῖς δ᾽ ἔργοισιν οὔ.

v. 498. ἀλλ᾽ οὔτι δαρὸν χρόνον ἐρημώσει πατήρ M. »Deest pronomen, neque Aeschylus χρόνον utraque brevi in medio trimetro possuisset. Quare ἀλλ᾽ οὔτι δαρόν σ᾽ ἐξηρημώσει πατήρ«. Herm. ἀλλ᾽ οὔτι δαρὸν δή σ᾽ ἐρημώσει πατήρ. Martin. ἐρημώσει πατρός. Paley. — Indessen kann das Pronomen leicht ergänzt werden und in metrischer Beziehung bietet der Vers gar keine Schwierigkeit. Vgl. Suppl. 341. εἶπας πόλεμον. 302. πρὸς ταῦτ᾽ ἄλοχος 740. μαχοῦνται περὶ σέθεν. 762. ματαίων ἀνοσίων. 950. δεῖ πόλεμον. Choeph. 439 μοι πατέρ᾽ 657 ἀκούω ποδαπός.

v. 500. πιετω M. πείσω Turn. »At πείσω si scribitur, non συγχαλῶν, sed συγχαλέσας dicendum erat. Itaque mihi scribendum videtur σπεύσω, ut συγχαλῶν futurum sit ad eamque scripturam ducit G. et E.« Martin. — συγκαλεῖν .. σπεύσω Heimsoeth und vergl. Ag. 601. ὅπως δ᾽ ἄριστα τὸν ἐμὸν αἰδοῖον πόσιν σπεύσω πάλιν μολόντα δέξασθαι. — στείχω Weil.

v. 501. τοῖα M. ποῖα Auratus.

v. 504. πορσύνων M. Heath besserte. »ἐλεύσομαι kömmt nur noch Prom. 856 vor; sonst braucht Aeschylus, wie die attischen Dichter überhaupt, εἶμι.« Kruse.

I. Stasimon.
v. 506—582.

Nachdem der Chor seine Aufstellung in der Orchestra genommen hat, beginnt er seinen Gesang, der das I. Stasimon bildet. Es ist ein Bittgebet an Zeus, den die Jungfrauen anflehen, ihnen Schutz zu verleihen, wie er vordem ihrer Stammmutter Io lindernde Hilfe gewährt habe.

Der Chor beginnt mit einer feierlichen Anrufung des Zeus und indem er dessen Macht hervorhebt, bittet er ihn, den Frevel der Aegyptiaden abzuwehren und ihre Schiffe in die Meerfluth zu versenken. Mehr als alle andern aber haben sie ein Anrecht auf des Zeus Schutz, da sie aus seinem Geschlechte sind.

v. 509. πείϑου τε καὶ γενέσϑω M. — Statt πείϑου liest Stanley mit Recht πιϑοῦ, wie das Metrum der Antistrophe erfordert. — Das folgende γενέσϑω ist durchaus nicht zu erklären, obwohl es Wellauer durch weitläufige Umschreibung versucht »et fiat, quod optamus, quod statim dicturi sumus«. Schütz und Lobeck schreiben γένει σῷ, welches Kruse und Weil in den Text aufgenommen haben. Die Conjektur ist geistreich, aber nichts desto weniger verfehlt. Einmal erfordert die Concinnität des Strophenbaues nach γενέσϑω eine Interpunktion, wie sie die Antistrophe bietet; alsdann widerspricht es dem Gedankengange, dem Chore hier in den Mund zu legen, dass sein Geschlecht von Zeus abstamme. Dieses geschieht erst in der Antistrophe, worin die Bitte, welche am Schlusse der Strophe ausgesprochen ist, motivirt wird. Auf jeden Fall stand hier also ein Imperativ, der eine genauere Angabe dessen enthielt, um was sie Zeus bitten. Daher vermuthe ich »πιϑοῦ τε καί μ' ἀνόρϑου«. In der übertragenen Bedeutung »aufrichten, retten« findet sich das Wort z. B. O. R. 46. 51. Aehnlich ὀρϑόω Antig. 162. Eur. Suppl. 1228, 1230. Martin ändert πιϑοῦ· λιταὶ τελείσϑων.

v. 510. εὖ· ἀντὶ τοῦ δικαίως. schol.

v. 512. τὰν μελανόζυγ' ἄταν. Nicht ganz genau erklärt Weil diese Worte durch »pestem nigro remigio impulsam«, während sie doch nichts anderes besagen, als »das mit schwarzen Ruderbänken ausgerüstete Verderben«. ἄταν ist nämlich metonymisch für ναῦν gesetzt, weil dieses den Danaiden Unheil und Verderben bringt, also die Ursache ihrer Leiden ist. So fasst der Scholiast richtig die Stelle auf, indem er sagt: τὴν ναῦν, ἐν ᾗ βλαβήσονται. Mit Unrecht spricht Weil von einem scholion non optimum. Nichts liegt ferner, als mit Stanley und Hermann an die dunkelfarbigen Aegyptier zu denken, von denen v. 719. die Rede ist: πρέπουσι δ᾽ ἄνδρες νήϊοι μελαγχίμοις γυίοισι λευκῶν ἐκ πεπλωμάτων ἰδεῖν, da das Attribut μελανόζυγα zu deutlich auf die dem Dichter vorschwebende Vorstellung des Schiffes hinweist. Heimsoeth (Wiederherst. p. 14) glaubt, aus dem oben zitirten Scholion folge, dass ναῦν, μελανόζυγ᾽ ἄταν die ursprüngliche Lesart gewesen sei; so werde der unrichtige Artikel entfernt. Diese Ansicht missbilligt Weil, indem er bemerkt »Heimsoeth ναῦν, μ. ἄταν, cui non assentior« und dieses mit Recht. Wir müssen uns zuerst erstaunt fragen, warum der Artikel unrichtig gebraucht sei. Die Danaiden weisen vielmehr hiermit auf das Schiff ihrer Verfolger als ein bestimmtes hin und demgemäss steht der Artikel völlig gesetzmässig. Das τὴν ναῦν des Scholiasten ist nichts anderes, als die Erklärung von τὰν ἄταν. Ueberdies wäre die Verbindung ναῦν, μελανόζυγ᾽ ἄταν so prosaisch als möglich und ich zweifle, ob so der Dichter schreiben konnte.

v. 513. τὸ πρὸσ γυναικῶν ἐπιδὼν κ. τ. λ. M. Hermann notirt zu γυναικῶν· Patet hoc non solum propter γένος γυναικὸς ferri non posse, sed etiam propterea, quod Jupiter, qui pariter, ut Io, generis eorum auctor est, excluderetur. Quare in τὸ πρὸς γεναρχᾶν mutavi. Indessen bezieht Hermann πρὸς γυναικῶν falsch auf παλαίφατον, während doch τὸ πρὸς γυναικῶν zusammengehört, wie es richtig Kruse übersetzt: »O, nimm der Frauen dich gnädig an«. Auch Weil stimmt dieser Deutung bei: Recte τὸ πρὸς γυναικῶν Paley et Kruse interpretantur feminarum ius, id, quod a feminarum parte stat. cf. Sept. 501. πρὸς τῶν κρατούντων δ᾽ ἐσμέν. Dagegen verändert derselbe unnöthig ἁμέτερον γένος in ἁμετέρου γένους und erklärt: »Veterem, quam genus nostrum ex avia tibi amata ducit, instaura favoris gratiam.« νεόω ist hier vielmehr mit dem doppelten Accusativ construirt nach Analogie der Verba ἐνδύειν, ἀμφιεννύναι u. s. w. Zu beachten ist der Gegensatz von παλαίφατον und νέωσον. — νεουμένη· δευτερουμένη. Hesych.

v. 517. πολυμνήστωρ ἐφάπτωρ M. Hermann besserte. Dind. vergl. Theocr. 17, 66. ὄλβιε, χῶρε, γένοιο. Ebenso steht der Vocativ prädicativisch Soph. Philoct. 760. δύστηνε δῆτα διὰ πόνων πάντων φανείς. und Soph. Ai. 695. ὦ Πάν, Πὰν ἁλίπλαγκτε Κυλλανίας χιονοκτύπου πετραίας ἀπὸ δειράδος φάνηθ᾽. Der Vocativ ist auch in dieser Stelle Prädicat zu φάνηθι, dem es sich assimilirt »per

mare venias« entsprechend v. 702 ὑπὲρ πελαγέων μολών. Mit
Unrecht leugnet diese Verbindung Bernhardy, Paral. Synt. Graecae
p. 19.

v. 518. δίασ τοι γένοσ εὐχόμεϑ᾽ εἶναι γᾶσ ἀπὸ τᾶσδ᾽ ἔνοικοι
M. — δίας ist eine alte Lesart, welche schon der Scholiast kannte,
der es auf Aegypten bezog: τῆς δίας Αἰγύπτου, τῆς τοῦ Διὸς ἱερᾶς
γῆς. Weil hat nicht wohl daran gethan, dieser Erklärung beizu-
stimmen, indem er folgende unmögliche Construction ῀angibt: Δίας
τοι γῆς γένος εὐχόμεϑ᾽ εἶναι, ἔνοικοι ἀπὸ τῆσδε τῆς γῆς. Eine solche
Verbindung ist gar nicht statthaft. Unter γᾶς ἀπὸ τᾶσδ᾽ ist offenbar Argos zu verstehen, was Hermann richtig erkannt hat und
welches sich aus τῆσδε mit Nothwendigkeit ergibt. Dann ist es
aber auch grammatisch unmöglich, δίας auf γῆς zu beziehen.
Daher haben Porson, Dindorf und Enger δι᾽ ἅς geschrieben; allein
diese Conjektur ist aus zwei Gründen abzuweisen: 1) erfordert die
Gleichmässigkeit des Strophenbaues eine Interpunktion nach Ἰοῦς;
2) verlangt das Metrum zwei Längen, dem λίμνᾳ in der Strophe
entsprechend. Aus dem letzten Grunde ist auch die Conjektur
von Schwerdt Διός zu verwerfen. Ob nämlich vor μν eine kurze
Silbe stehen könne, ist zweifelhaft trotz der entgegengesetzten
Ansicht von Keck, Agam. p. 447. Das einzige Beispiel bei Aeschylus ist Ag. 990. τὸν δ᾽ ἄνευ λύρας ὅμως ὑμνῳδεῖ, während ibid.
v. 1459 die Lesart unsicher ist. An unserer Stelle ist aber, wie
Kruse mit Recht bemerkt, eine jambische Basis überhaupt unzu-
lässig. Wahrscheinlich stand nun »δῖόν τοι γένος εὐχόμεϑ᾽ εἶναι«
göttlichen Stammes rühmen wir uns also zu sein«. Aehnlich heisst
es Il. 9, 538 von der Artemis: ἡ δὲ χολωσαμένη, δῖον γένος, ἰοχέαιρα.
Il. 19, 124. 6, 180. Was schliesslich die Verbindung γᾶς ἀπὸ τᾶσδ᾽
ἔνοικοι angeht, so ist dieselbe völlig unstatthaft. ἔνοικοι sind die
Einheimischen im Gegensatze zu den fremden Ankömmlingen wie
v. 611. καὶ μήτ᾽ ἐνοίκων μήτ᾽ ἐπηλύδων τινὰ — ἄγειν. Daher
wäre es eine arge Tautologie, »Einwohner aus diesem Lande« zu
sagen, die freilich in der Uebersetzung von Kruse »Rühmt doch
unser Geschlecht sich, aus Argos heiligem Lande zu stammen,«
nicht hervortritt. Dann würden wir auch den blossen Genetiv
erwarten und nicht die Präposition. Schliesslich können sich die
Danaiden auch durchaus nicht zu den Einwohnern von Argos
rechnen, wenn sie auch dorther stammen, was Weil ebenfalls bedenklich findet. Daher vermuthe ich »γᾶς ἀπὸ τᾶσδ᾽ ἔποικοι« wir
Ankömmlinge, die wir aus diesem Lande stammen.

v. 520 Das Lemma zu dem Scholion ist nicht μετέσταν, sondern εἰς ἴχνος· εἰς ἴχνος· εἰς Ἄργος. Das folgende ἐπωπάς erklärt Weil mit Kruse richtig als die Plätze, wo Io von Argos beaufsichtigt wurde.

v. 525. πολλὰ βροτῶν M. πολλ' ἀνδρῶν Meineke wegen des antistr. Παμφύλων. Vgl. indessen v. 74 u. 871.

v. 526. »Determinatque (διχῇ ὁρίζει) terras oppositas ('Ασίαν καὶ Εὐρώπην recte schol.) secundum fatum, freto maritimo transnato. Bosporum Thracium dicit, non Cimmerium, neque διχῇ duplicem maris transiectionem significat et hoc Ionis iter ab eo, quod postea in Prometheo excogitavit, prorsus diversum est.« Weil. Ob der Prometheus in der Gestalt, wie er uns vorliegt, von Aeschylus herrührt, ist überhaupt zweifelhaft. Vgl. Westph. Prol. p. 6.

v. 527. ἐν Αἴσᾳ. — Die Αἴσα tritt selten auf; es ist die Schickung, die im Leben des Menschen waltet, ohne den Nebenbegriff des Verderbenbringenden. Vgl. Steussloff, p 13. Nach Suppl. 673. wird sie von Zeus gelenkt »ὃς πολιῷ νόμῳ αἶσαν ὀρθοῖ. Auch an unserer Stelle braucht man sie nicht als unabhängig von des Zeus Willen zu denken Er leitete ja die Flucht der Io zu glücklichem Ausgange.

v. 529. ἰάπτει βασίδοσ M. Turnebus besserte.

v. 530. μηλοβότου· λείπει ὁ καὶ. schol.

v. 531. περᾷ ... μουσῶν M. Μυσῶν Turn. Statt περᾷ corrigirt Heims. Wiederh. p. 588. dem λειμῶνα der Strophe gemäss πείρει δὲ, wozu er Od. 8, 183. κύματα πείρων vergleicht. Ueber Teuthras und das von ihm an der Südgränze Mysiens gegründete Reich vgl. Strabo XII, 8.

v. 532. λύγιά τε γύαλα M. Des Metrums wegen liest Hermann Λυδιά τ' ἂγ γύαλα. Einmal ist aber die Form nicht empfehlenswerth, und andrerseits ist es wahrscheinlich, dass der Dichter auch in diesem Verse den blossen accus. setzte, wie im vorigen ἄστυ. Nun findet sich bei Hesychius die Glosse: Μαιωνία· ἡ Λυδία. Daher vermuthe ich Μαιωνίας γύαλα. Das erklärende Λυδίας τε hätte also das urspr. Μαιωνίας aus dem Text verdrängt. Das Asyndeton, an welchem ich mich anfänglich stiess, ist hier in derselben Absicht vom Dichter gebraucht, wie zwei Verse vorher, um die stürmische Eile der Io darzustellen. Zu γύαλα vgl. Eur. Bacch. 13. λιπὼν δὲ Λυδῶν τοὺς πολυχρύσους γύας.

v. 533. ὁρῶν M. ὁρῶν G. »Scripsi ὄρων ex margine cod. E. Nam in melicis tragici non ὁρῶν, sed ὀρέων dicunt. Herm. Dass dieses eine willkührliche Folgerung sei, da sich ὀρέων bei Aesch. niemals, bei Sophocles an drei Stellen in melischen Partien finde, zeigt Kruse.

v. 534. Παμφύλων τε γένη διορνυμένα M. γένη von Heath gestrichen.

v. 535. τὰν Med. γᾶς Herm. — Nobiles fluvii sunt Pamphyliae Cestrus, Catarrhactes, Melas, Eurymedon. Herm. — Unrichtig versteht Droysen Euphrat und Tigris.

v. 536. καὶ βαθύπλουτον χθόνα καὶ τὰσ Ἀφροδίτας πολύπυρον αἶαν M. Was der Dichter unter dem goldreichen Lande verstanden habe, lässt sich nicht erkennen. In dem Folgenden steckt ein Fehler, auf den Hartung und Burgard (diss. p. 48 n. 32) zuerst aufmerksam gemacht haben. Es fehlt hier nämlich das verbum finitum, da das blosse Participium διορνυμένα nicht genügt. Hartung schreibt nun χθόν᾽ ἔκελσ᾽ εἰς; indessen ist abgesehen von dieser gewaltsamen Aenderung das Wort κέλλω hier durchaus unpassend. Burgard lässt die antistr. β' unverändert und setzt bloss hinter αἶαν ein Komma, indem er das folgende ἱκνεῖται δ᾽ als Apodosis fasst. Gegen diesen Gebrauch des δέ in der Apodosis, indem ein Participialsatz die Protasis vertritt, lässt sich nicht nur nichts einwenden, sondern derselbe ist durchaus statthaft. Derartig ist z. B. Pers. 748 zu erklären: θνητὸς ὢν, θεῶν δὲ πάντων ᾤετ᾽ οὐκ εὐβουλίᾳ καὶ Ποσειδῶνος κρατήσειν. Aber unmöglich können wir hier so str. γ' mit antistr. β' verbinden. In str. β durchirrt Io Europa, während in der Ant. β' ihre Irrfahrten durch Asien und in str. γ' ihre Ankunft in Aegypten geschildert wird. Am Ende einer jeden Strophe muss also ein Punkt stehen, da jede ein abgeschlossenes Ganze bildet. Daher finden wir auch in str. γ' denselben Anfang, ἱκνεῖται δ᾽, wie in ant. β' ἰάπτει δ᾽. Wir müssen also sehen, ob sich das fehlende Verbum nicht in der ant. β' restituiren lässt. Sehr verdächtig ist hier der Artikel τὰν, wie Hermann statt τὰσ schreibt, da derselbe bloss hier gesetzt ist, während die übrigen Ländernamen ohne Artikel stehen. Mit Recht streicht ihn daher Hartung. Sehen wir uns nun die Worte genauer an: ΧΘΟΝΑΚΑΙΤΑΣ; offenbar steckt in ΑΚΑΙΤΑΣ ein ΑΛΛΑΤ ΑΙΔ, ἀλᾶται δ᾽; in der transitiven Bedeutung durchirren findet sich das Wort Eur. Hel. 532 πορθμοὺς δ᾽ ἀλᾶσθαι μυρίους κ. τ. λ. So hätten wir also den Participialsatz διορνυμένα als Protasis, worauf ἀλᾶται δ᾽ als Apodosis folgt.

Das Land der Aphrodite ist Phoenizien. Φοινίκην· ἦν ἱερὰν
Ἀφροδίτης φησὶ διὰ Βύβλον καὶ Λίβανον. schol. Ueber den Cultus
der Aschera zu Byblus vgl. Duncker, G. des Alterth. I, p. 163.
Zos. I, 58.

v. 538. εἰσιχνουμένον M. ἐγκεχριμένα Herm. Es ist indessen
nichts zu ändern, da die handschr. Ueberlieferung sich ja recht
gut erklären läst und durch den Scholiasten geschützt wird: ἐκ-
νεῖται δὲ δῖον πάμβοτον ἄλσος, τοῦ οἴστρου τῷ κέντρῳ αὐτὴν διατρυ-
πῶντος. Richtig Wellauer »dum bubulcus alatus stimulo in eam
penetrat.«

v. 541 ff. λειμῶνα χιονόβοσκον ὄντ᾽ ἐπέρχεται Τυφῶ μένος
ὕδωρ τὸ Νείλου νόσοις ἄθικτον. M. Die entsprechenden antistrophischen Verse lauten: βοτὸν ἐσορῶντες δυσχερὲς μιξόμβροτον τὰν
μὲν βοὸς τὰν δ᾽ αὖ γυναικός· τέρας δ᾽ ἐθάμβουν (So Turn. statt
δὲ θαμβοῦν des M). Heimsoeth p. 487 bemerkt hierzu: Wenn
Hermann Hiketiden v. 569 zu der Strophe λειμῶνα χιονόβοσκον
ὄντ᾽ ἐπέρχεται (l. εἰσέρχεται) statt des überlieferten βοτὸν ἐσορῶντες δυσχερὲς μιξόμβροτον unter Entfernung des von der Erklärung
herstammenden ἐσορῶντες — βοτὸν κακόχαρι δυσχερὲς μιξόμβροτον
schreibt, so reicht dieses nicht aus; erst βόσκημ᾽ ἀπόχαρι δυσχερὲς
μιξόμβροτον wäre eine Möglichkeit.« Weil ignorirt diese Heim-
soethschen Verbesserungsvorschläge und schreibt μιξόμβροτον
ἐσορᾶν τι δυσχερὲς βοτὸν, τὰν μὲν βοὸς, τὰ δ᾽ αὖ γυναικός· τέρας
δ᾽ ἐθάμβουν. Indessen hat Heimsoeth in zwei Punkten das Richtige gesehen; statt ἐπέρχεται liest er dem antistr. μιξόμβροτον entsprechend εἰσέρχεται und erkennt βοτὸν als Glosse zu βόσκημ᾽;
aber es liegt auch nicht die leiseste Andeutung vor, wesshalb man
jenes ἀπόχαρι einschalten könnte, was überdies noch die Diktion
unerträglich breit machen würde. Das Scholion zu dieser Stelle
lautet ὄψιν ἀήθη ὁρῶντες und rührt von dem zweiten Scholiasten,
der die Wortfolge angibt. Daher hat Weil in gewisser Beziehung
Recht, wenn er sagt: »Auctor scholii non habuisse videtur ἐσορῶντες, quo eiecto βοτὸν κακόχαρι dedit Hermann«; aber derselbe las
in seinem Texte entschieden ὁρῶντες, so dass also der Vers
lautet:

βόσκημ᾽ ὁρῶντες δυσχερὲς
μιξόμβροτον τὰν μὲν βοός —

Wenden wir uns nunmehr zur Strophe. Es heisst hier λειμῶνα
χιονόβοσκον κ. τ. λ. »sie kommt zur schneegetränkten Au«, nämlich
nach Aegypten. Kann man nun aber Aegypten »vom Schnee

genährt« nennen? Fällt überhaupt dort Schnee? Jenes χιονόβοσχος
könnte höchstens ein Epitheton zu Νεῖλος abgeben, nimmermehr
aber zu dem Lande selbst. Es war nämlich bei den Alten die
Meinung, das Schmelzen des Schnees in den Aethiopischen Ge-
birgen verursache die Ueberschwemmung des Nil. Vergl. Anaxag.
bei Diod. I, 38. und Aeschyl. fgt. 305 Herm.

> γένος μὲν αἰνεῖν ἐχμαθὼν ἐπίσταμαι
> Αἰθιοπίδος γῆς ἔνθα Νεῖλος ἑπτάρους
> γάνος χυλίνδει πνευμάτων ἐπομβρίᾳ,
> ἐν δ’ ἥλιος πυρωπὸς ἐχλάμψας χθονὶ
> τήχει πετραίαν χιόνα, πᾶσα δ’ εὐθαλὴς
> Αἴγυπτος ἁγνοῦ νάματος πληρουμένη
> φερέσβιον Δήμητρος ἀντέλλει στάχυν.

Wenn nun auch der Nil χιονόβοσχος genannt werden kann,
so ist es doch unmöglich, das Land so zu bezeichnen. Nun aber
galt Aegypten und zwar mit Recht als Geschenk des Nil. (Hecat.
fgt. 279 Ephor. fgt. 108. Herod. 2, 5. Diod. 1, 36. Strabo p. 691.
Plin. II, 85). Der Fluss führte nämlich eine Menge von fettem,
dunkeln Schlamm mit sich, so dass man auch ganz Unterägypten
für von ihm angeschlämmtes Land hielt. (Herod. II, 10, 13, 15.
Strab. p. 30, 36, 52, 299, 536.). Durch diesen Schlamm nun wird
die Fruchtbarkeit des Landes bedingt, das ohne ihn eine Sand-
wüste sein würde. ´ Wenn es nun, wie wir erkannten, durchaus
unmöglich ist, Aegypten »schneegenährt« zu nennen, so würde
»schlammgenährt« ein äusserst passendes Beiwort geben. Zur
Bezeichnung des Schlammes nun, namentlich dessen, den reissende
Flüsse mit sich führen, dient das sonst seltene χλῆδος, welches
sich bei Demosth. findet und bei Aeschyl. in einem Fgt. aus den
Argiv. bei Harp. v. χλῆδος· χαὶ παλτὰ χἀγχυλητὰ χαὶ χλῆδον βαλών.
Die Lexikographen (Etym. M. Suidas. Harpocr. Hesych.) erklären
das Wort als πᾶν πλῆθος, σωρός, besonders τῶν ἀποχαθαρμάτων
τε χαὶ ἀποψημάτων χαὶ ἡ τῶν ποταμῶν πρόχωσις, χαὶ πολὺ μᾶλλον
τῶν χειμάρρων oder ὁ χλῆρος τῶν ἀποχαθαρμάτων ὁ ἔχων ἰλύν τινα
χαὶ ἄσιν βοτανώδη χαὶ φρυγανώδη. Daher vermuthe ich, dass jenes
χιονόβοσχον aus χληδόβοσχον verschrieben sei. Nehmen wir diese
Verbesserung an, so lautet der Vers: λειμῶνα χληδόβοσχον ὄντ’
εἰσέρχεται Τυφῶ μένος. Im folgenden Verse hat Schütz richtig
ὕδωρ τε statt τό geschrieben, da hier der Artikel durchaus unstatthaft ist. Der Fehler ist schon alt, und der Scholiast, welcher
erklärt: ἐπεξηγήσατο δὲ τί ἐστι τὸ μένος τοῦ Τυφῶ, εἰπὼν τὸ ὕδωρ

τοῦ Νείλου scheint ebenfalls τὸ gelesen zu haben; sicherlich aber las er nicht, was Heimsoeth conjicirt hat ϑ' ὕδωρ τε Νείλου. Kruse stimmt nun der Erklärung des Scholiasten völlig bei, ebenso Hermann und Weil. Nur ändert Weil ὕδωρ in γάνος, weil er mit Heimsoeth Τυφῶ μένος zum folgenden Verse zieht, um so eine Positionslänge zu gewinnen. Jedoch ist jenes γάνος, abgesehen davon, dass der Scholiast schon ὕδωρ las, eine völlig unnöthige Aenderung, da Τυφῶ μένος augenscheinlich zum vorigen Verse gehört. Was nun die Sache angeht, so muss ich gestehen, dass mir die Deutung des Scholiasten in keiner Weise verständlich ist. Weil erläutert die Stelle: Dicit Nili aquas nive et ventis auctas morborumque, quibus Aegyptus obnoxia est, finem afferentes. Wo aber bietet der Text etwas, was dem aquas nive auctas entspricht? λειμῶνα ist doch nichts anders, als Apposition zu ἄλσος und bezeichnet Aegypten. Wie daher dieser Sinn aus dem Text zu eruiren sei, ist mir nicht klar. Kruse sagt bloss: dass ὕδωρ eine epexegetische Erklärung von Τυφῶ μένος sei, sah schon der Scholiast; eine wörtliche Uebersetzung würde indessen unverständlich sein. — Das ist nun aber sehr schlimm und der beste Beweis dafür, dass der Text fehlerhaft ist. Nehmen wir indessen die oben erwähnte Emendation von Schütz an ὕδωρ τε, so ist die Structur sowohl, als der Gedanke klar. Der Dichter stellt nämlich die wohlthätigen und verderblichen Mächte zusammen, die über Aegypten herrschen. Typhon ist die Personifikation alles Schädlichen und Verderblichen in der Natur, so namentlich der todtbringenden Gluthwinde der Wüste, während umgekehrt der Nil Segen und Heil verbreitet. Darum sagt auch der Dichter ὕδωρ τε Νείλου und nicht bloss Νεῖλος, weil das Nilwasser es ist, das dem Lande die Wohlthaten spendet. νόσοις ἄθικτον heisst dasselbe, weil mit der Ueberschwemmung des Nil zugleich die ansteckenden Krankheiten aufhören; überhaupt hat es einen angenehmen Geschmack und ist der Gesundheit zuträglich. (Ath. II, 45 Diod. I, 40. Pesc. Nig. 7). Zugleich deutet der Dichter hiermit auf die bald erfolgende Heilung der Io hin. — Τυφῶ ἀντὶ τοῦ Τυφῶνος Hesych.

v. 545. κεντροδαλήτοις ϑ. υἱὰς ἥρας M. Erfurdt und Hermann besserten. κεντροδαλήμοσι Heath.

v. 553. τόδε M. τότε Canter.

v. 556. Da die Strophe ziemlich verdorben ist, so will ich sie nach der Ueberlieferung der Handschriften niederschreiben.

Ζεὺς αἰῶνος κρέων ἀπαύστου

— — — ◡ ◡ — —   575

βία δ' ἀπημάντῳ σθένει
καὶ θείαις ἐπιπνοίαις
παύεται, δακρύων δ' ἀπο-
στάζει πένθιμον αἰδῶ.

λαβοῦσα δ' ἕρμα Δῖον ἀψευδεῖ λόγῳ   580
γείνατο παῖδ' ἀμεμφῆ,

Einige vortreffliche Verbesserungen von Hermann und Weil erleichtern die Reconstituiruug derselben. Hermann schreibt den Anfang richtig

δι' αἰῶνος κρέων ἀπαύστου

Ζεὺς, indem er den Gedanken vortrefflich durch *πράκτωρ τῶνδ' ἐφάνη* ergänzt, wozu er Eum. 317 *πράκτορες αἵματος αὐτῷ τελέως ἐφάνημεν*, Soph. Trach. 251 *Ζεὺς ὅτου πράκτωρ φανῇ*, 862 *Κύπρις τῶνδ' ἐφάνη πράκτωρ* vergleicht. Ferner streicht er *βία* als Glosse zu dem verdrängten *δύα*, welches Weil mit Unrecht verschmäht, indem er dafür *μόχθων* ergänzen will. Statt *ἀπημάντῳ* liest Heimsoeth (Wiederh. p. 257) *ἀπήμονι* und will für *σθένει* — *βίᾳ* substituiren. Indessen hat Weil richtig erkannt, dass der Fehler in der Antistrophe liegt; schön verbessert er nämlich statt *φυσίζοον γένος τόδε* — *φυσιζόου γ' ἔρνος τόδε*, da hier offenbar bloss von Epaphos die Rede ist. Dem folgenden *καὶ θείαις ἐπιπνοίαις* steht in der Antistrophe gegenüber *Ζηνός ἐστιν ἀληθῶς*. Statt *θείαις* ist daher *Διὸς* zu schreiben, um die Responsion herzustellen und *ἐπιπνοίαις* in *περιπνοίαις* zu verändern.

v. 560. *δακρύων δ' ἀποστάζει πένθιμον αἰδῶ.* Hermann bemerkt hierzu: Frustra laboratum est in explicanda scriptura librorum. Nam *ἀποστάζειν* non ea dicuntur, quae aliquid abiiciunt et removent, sed potius, quae id conspiciendum praebent. Scribendum erat *ἀποσχάζει.* — Mit Recht sagt hiergegen Weil: Locum pulcherrimum turpat Hermanni *ἀποσχάζει.* Ambitiosius *αἰδοῦς ὑγρὸν ἔρευθος ἀποστάζουσα προσώπου* Musaeus, Hero et Leand. v. 173. Das Bedenken Hermanns wegen der Bedeutung von *ἀποστάζει* kann ich ebenfalls durchaus nicht theilen. *ἀποστάζειν* heisst im transitiven Sinne »hinabträufeln lassen«, wie z. B. Soph. Ant. 959 *οὕτω τᾶς μανίας δεινὸν ἀποστάζει ἀνθηρόν τε μένος* und Eur. Ion. 1011. *κοίλης μὲν ὅστις φλεβὸς ἀπέσταξεν φόνον.* Die Stelle ist also folgendermassen zu übersetzen: »sie lässt hinab-

10*

träufeln die leidvolle Scham der‐Thränen«. — Die Thränen sind aber eine Folge der Scham über ihr Leid. Sie erkennt nämlich, welche Schmach ihr angethan war und was sie gelitten hat in dem Augenblicke, in welchem sie Zeus heilte. Da entrinnen ihr die Thränen und hiermit zugleich verschwindet das Andenken an ihr Leid, und nun reiht sich das folgende passend an »λαβοῦσα u. s. w.« Ganz entschieden hat so der Scholiast die Stelle verstanden, der erläuternd hinzusetzte ἐννοοῦσα ἃ πέπονθεν. Durchaus fehlerhaft wäre es, hierbei an eine andere Lesart zu denken.

v. 562. λαβοῦσα δ᾿ ἕρμα Δῖον ἀψευδεῖ λόγῳ. Unter ἕρμα ist die Leibesfrucht der Io zu verstehen; ἀψευδεῖ ist offenbar verdorben, da die Antistrophe die Messung _ ⏑ _ erfordert. Heimsoeth schreibt daher ἀτρεκεῖ, Weil bildet ἀψυθεῖ, viel näher aber liegt ἀψεγεῖ. Das Wort findet sich Soph. Electr. 497. μήποθ᾿ ἡμῖν ἀψεγὲς πελᾶν᾿ τέρας τοῖς δρῶσι καὶ συνδρῶσιν.

v. 566. φυσίζοον γένοσ τὸ δὴ M. φυσιζόου Schütz τόδε Porson γ᾿ ἔρνος Weil.

v. 568. τίς γὰρ ἂν κατέπαυσεν Ἥρας νόσους ἐπιβούλους; Es fragt sich, wie wir hier νόσους aufzufassen haben. νόσος bedeutet jede Krankheit des Körpers sowohl, als des Geistes; vorzüglich sind es die Leidenschaften, die so bezeichnet werden. Wir müssen also zunächst an den Hass denken und demgemäss wäre die Stelle zu übersetzen: »Wer setzte dem hinterlistigen Hass der Hera ein Ziel?« Aber hatte in der That Zeus den Groll der Hera besänftigen können? Davon wissen wir durchaus nichts; wohl aber beendete Zeus die Mühen und Leiden der Io und wenn wir so unsere vorliegende Stelle verstehen, so hätten wir eine ähnliche Frage, wie v. 571: καὶ τότε δὴ τίς ἦν ὁ θέλξας πολύπλαγκτον ἀθλίαν οἰστροδόνητον Ἰώ; Es wäre dieses aber keine störende Wiederholung, sondern der Gedanke ist durch den Bau des Chorgesanges begründet. Die ant. δ᾿ bildet nämlich den Uebergang vom epischen Mittelpunkte zum lyrischen Schlusse, und es müssen hier noch einmal die Gründe kurz zusammengefasst werden, welche die Danaiden zum höchsten Vertrauen auf Zeus bewegen. Er kann ihnen helfen, dieses hat er an der Io bewiesen, die er vor den Verfolgungen der Juno in Schutz nahm; er wird ihnen helfen, denn sie sind aus seinem Geschlechte, da sie von Epaphos abstammen, seinem und der Io Kinde. Es fragt sich nun, ob wir nach dieser Beziehung hin νόσους erklären können. Zunächst hätten wir an den Wahnsinn der Io zu denken und wir könnten die Worte deuten »den arglistigen Wahnsinn der Iuno, d. i. den Wahnsinn, der von der arglistigen Iuno herrührt. Aber auf den Wahnsinn der Io nimmt der Dichter in dem Chorgesange keine Rücksicht und er durfte es auch nicht. Die Danaiden heben bloss die Aehnlichkeiten hervor, die ihr Geschick mit dem der Io hat. Wie jene durch den Hass der Hera verfolgt durch Europa und Asien bis nach Aegypten eilte, so müssen auch sie ihr Heimathland verlassen und als arme Flüchtlinge dort Schutz suchen, von wo die Ahnfrau vertrieben wurde. Zwar sind unmittelbar des Aegyptus Söhne Ursache ihrer Flucht, aber jene sind bloss Werkzeuge in den Händen der Juno, deren alte Feindschaft sich noch nicht besänftigt hat und die ihren Hass gegen die Mutter des Geschlechtes noch an den Enkelinnen zu befriedigen sucht. — Wenn wir nun so erkannt haben, dass es hauptsächlich die Leiden der mühseligen Flucht sind, die der Chor hier ins Auge fasst, so ist klar, dass wir v. 569. μόγους für νόσους zu lesen haben.

v. 570. τόδ' ἔργον M. τάδ' ἔργα Weil. — καὶ τὸ γένος ἡμῶν ἐξ Ἐπάφου λέγων εἶναι τῆς ἀληθείας κυρήσεις καὶ οὐ ψεύσῃ. schol.

v. 572. ἐνδικωτέροισιν ἐπ' ἔργοις »non sunt iustius facta, sed quae iustiorem auctoris merito invocandi causam praebeant.« Weil.

v. 574. Zu Anfang des Verses findet sich eine Lücke von drei Silben _ ᴗ ᴗ . Richtig ergänzt Heimsoeth aus dem Scholion αὐτὸς ὁ πατὴρ φυτουργὸς τοῦ γένους, ὁ τῇ ἑαυτοῦ χειρὶ θεραπεύσας τὴν Ἰώ die Worte αὐτὸς ὁ. »Ipse pater noster propria manu sator divinus, ipse antiquus generis magnus auctor est salutaris, secundus Jupiter.« Weil.

v. 577. Verdorbener ist die Antistrophe. Der Anfang lautet: ὑπ' ἀρχὰς δ' οὔτινος θοάζων — τὸ μεῖον κρεισσόνων (so Turn. statt des handschr. κρεῖσσον ὢν) κρατύνει — οὔτινος ἄνωθεν ἡμένου σέβει κάτω. Es sind zwei Scholien zu dieser Stelle überliefert: οὐχ ὑπὸ τὰς ἀρχὰς δέ τινος τῶν κρεισσόνων καθήμενος, τὸ μεῖον ἔχων und σέβει κάτω ὢν αὐτός. Der Scholiast hatte also die fehlerhafte Schreibung ὑπ' ἀρχὰς, die Butl. u. Schütz in ὑπ' ἀρχᾶς verbessert haben. Dann erklärt er θοάζων durch καθήμενος und versteht es demnach in der Bedeutung von sedere, die Hermann mit Unrecht anficht. In dieser Beziehung sagt treffend Nauck zu Oed. R. 2. τίνας ποθ' ἕδρας τάσδε μοι θοάζετε »der gleiche Klang (vgl. θόωκος, θῶκος, θᾶκος) und eine dunkel gefühlte Verwandtschaft der Begriffe veranlasste ältere Dichter, θοάζειν im Sinne von θαάσσειν, θάσσειν zu gebrauchen, so Emped. 18. σοφίης ἐπ᾽ ἄχροισι ϑοάζειν Vgl. Buttm. lex. II, 82. Dann beobachtete Heimsoeth (Wiederh. p. 149), dass das ἔχων im Scholion auf eine Partizipialform hindeute, die dem Scholiasten noch vorgelegen habe. Er schreibt nun den Vers: τὸ μεῖον χρεισσόνως παχύνων· »zu παχύνων, so begründet derselbe die starken Veränderungen, die er mit dem Texte vorgenommen hat, was ich in Folge des vorhergehenden χρεισσόνων verschrieben halte, vgl. Hiket. v. 614 ἱκεσίου Διὸς κότον μέγαν προφωνῶν μήποτ᾽ εἰσόπιν χρόνου πόλιν παχῦναι. Ein über χρεισσόνως (vgl. μειζόνως Eur. Hec. 1121, μειόνως Soph. O. C. 104) geschriebenes χρεῖσσον scheint das Wort getheilt und die Ueberlieferung χρεῖσσον ὧν veranlasst zu haben.« Jedoch liegt nicht der geringste Grund zu diesen Veränderungen vor. Halten wir nur das Eine fest, dass der Scholiast im zweiten Verse ein Partizipium las und schreiben demgemäss χρατύνων, so ist allen Anforderungen Genüge geleistet, wenn wir, noch nach χρατύνων ein Komma setzen und im folgenden Verse mit Heath und Heims. χράτος statt χάτω lesen. Vgl. Hor. I, 12. unde nil maius generatur ipso, nec viget quidquam simile aut secundum.

v. 581. σπεῦσαί τι τῶν δούλιως φέρει φρήν. M. βούλιος Auratus. Schön corrigirt ein Mitglied des frühern philologischen Vereins in Breslau: σπεῦσαι· τί τῶνδ᾽ οὐ Διὸς φέρει φρήν; Wir gewinnen damit einen ähnlichen Schluss, wie Suppl. 823. τί δ᾽ ἄνευ σέθεν ϑνατοῖσι τέλειόν ἐστιν; und Ag. 1486.

τί γὰρ βροτοῖς ἄνευ Διὸς τελεῖται;
τί τῶνδ᾽ οὐ ϑεόχραντόν ἐστιν;

Die Composition des Liedes ist einfach und schliesst sich eng an den kitharodischen Nomos an. Westphal stellt sie (p. 110) folgendermassen dar:

str. α'. Archa. — Verherrlichung des Zeus.
ant. α'. Katatropa. — Der Chor stammt aus dem Geschlechte des Zeus; desshalb darf er ihn um Hülfe bitten.
στρ. β'.
ἀντ. β'.
στρ. γ'. Omphalos.
ἀντ. γ'. Mythus der Iò.
στρ. δ'.
ἀντ. δ'.
στρ. ε'. Metakatatropa. — Als Spross der Io darf der Chor zum Zeus um Hülfe rufen.
ἀντ. ε'. Sphragis. Verherrlichung des Zeus.

II. Epeisodion.

v. 582—606.

Danaus und der Chor.

Danaus kommt mit seinen Begleitern aus der Stadt zurück und theilt den Jungfrauen mit, dass die Gemeinde von Argos einstimmig beschlossen habe, ihnen in der Stadt ein sicheres Asyl zu gewähren und sie gegen jeden Angriff in Schutz zu nehmen.

v. 582, 583. *θαρσεῖτε, παῖδεσ, εὖ τὰ τῶν ἐγχωρίων. δήμου δέδοκται παντελῆ ψηφίσματα.* M. Hermann nimmt nach *ἐγχωρίων* eine Lücke an und glaubt, es sei ein Trimeter ausgefallen; den richtigen Weg fand Heimsoeth (Kr. St. p. 165); im ersten Satze fehlt nämlich das Verbum, im zweiten das Adverbium zu *δέδοκται*, welches aber unumgänglich nothwendig ist. Nun würde *εὖ* im ersten Satze vortrefflich zu *δέδοκται* passen; daher lässt sich schliessen, dass *δήμου* als Glosse das ursprüngliche *λαῶν* verdrängt habe, für welche treffliche und über jeden Zweifel erhabene Conjektur Heimsoeth Suppl. 517 *ἐγὼ δὲ λαοὺς συγκαλῶν ἐγχωρίους*, Eur. Hec. 549 *λαοὶ δ' ἐπερρόθησαν* und Hesych. *λαοί· δῆμοι* zitirt.

v. 584. *ἀγγέλων* M., die zweite Hand des M. *ἀγγέλλων.* »Hoc editores praetulerunt, illud dulcius quid sonare mihi videtur. Sic *φίλτατ' ἀνθρώπων πατρί* Choeph. 1049, *ὦ φιλτάτου μνημεῖον ἀνθρώπων ἐμοί* Soph. El. 1126«. — Weil.

v. 585. *ἐνόσπερ ἡμῖν* M. *ἔνισπε δ' ἡμῖν* Rob. *ποι κεκύρτωται* M. *ποῖ κεκύρωται* Rob. Choeph. 1021. Sept. 659.

v. 586. *χειροπληθύεται* M. *πληθύνεται* Hermann. *χείρ θ' ὅπη* Dindorf. — Die *χειροτονία*, Abstimmung durch Handaufheben ist die ältere und gewöhnlichere Form. Vgl. Schoemann, Gr. A. und Kruse zu dieser Stelle.

v. 587. *ὥστ' ἂν ἡβήσαιμι* M. *ἀνηβῆσαί με* Tyrwhitt.

v. 591. *ἡμᾶς μετοικεῖν* κ. τ. λ. Inhalt des Psephisma. — Daher der acc. cum inf., die gewöhnliche Form der Psephismata.

v. 596. Steph. Byz. s. v. *δῆμος· καὶ σύνθετα, δημηλάτης· Αἰσχύλος Ἱκετίσιν "Ατιμον εἶναι ξὺν φυγῇ δημηλάτην.* Stanley conj. nun *δημηλάτην*; richtig aber bemerkt Wellauer, es möchte wohl eher bei Steph. *δημήλατος* zu corrigiren sein.

v. 597. *ἔπειθεν* M. *ἔπειθε* Turn.

v. 599. *πρόφρων ὢν* M. *προφωνῶν* Canter. Unter *Ζηνὸς κότον* ist der Alastor zu verstehen; hierauf deutet auch der plastische

Ausdruck παχῦναι »fett machen, mästen«. In dem von προφωνῶν abhängigen Infinitivsatze ist πόλιν Subjekt, μέγαν χότον Objekt zu παχῦναι. Gemästet wird aber der Alastor durch Frevel und Verbrechen, daher der folgende erläuternde Partizipialsatz λέγων, welcher dem προφωνῶν subordinirt ist, »indem er nämlich sagte, dass ein von der Stadt gegen die Schutzflehenden und Stammesgenossen verübter Frevel eine Quelle heillosen Leides sein werde«. Der Ausdruck διπλοῦν μίασμα wird durch ξενικὸν ἀστικόν θ' ἅμα erklärt; die Danaiden sind nämlich Schutzflehende und Stammverwandte zugleich. Aus beiden Gründen musste der Staat ihren Schutz übernehmen.

v. 601. προπόλεωσ φανέν M. πρὸς πόλεως φανέν Paley, Hermann, Dind. Weil.

v. 602. ἀμήχανον M. ἀμηχάνου Stanley.

v. 604. ἔκλαναν εὐκλήτοροσ M. Turnebus besserte. ταῖς χερσὶν ἐπέκρανε, πρὶν εἰπεῖν τὸν χήρυκα, ἀράτω τὰς χεῖρας ὅτῳ ταῦτα δοχεῖ. schol. Provocabatur populus ab epistata praeconis voce, ut qui sentirent, uti rogatum esset, manus porrigerent. — Schoemann, de com. p. 124. Kruse. ὥς εἶναι M. Unnöthig Martin »ὦδ' sic, ut dixi«.

v. 605, 606. δημηγόρουσ δ' ἤχουσεν εὐπειθεῖσ στροφὰσ δῆμοσ Πελασγῶν· Ζεὺσ δ' ἐπέκρανεν τέλοσ. M. εὐπιθεῖς Blomfield zu Prom. 341. Hermann versteht die Stelle durchaus falsch von dem Auflösen der Versammlung (apertum est, solvi contionem debuisse) und schreibt demgemäss ἔλυσεν statt ἤχουσεν. Den falschen Weg weiter verfolgend ändert Heimsoeth Wiederh. p. 59 im Folgenden δήμου Πελασγός, da derjenige die Versammlung auflöse, welcher sie zusammenberufen habe, darauf Meineke ἄναξ Πελασγῶν und endlich Heimsoeth (Kr. St. p. 159) ἀγὸς Πελασγῶν. In Folge dieser verkehrten Auffassung musste man auch an Ζεὺς δ' ἐπέκρανεν τέλος Anstoss nehmen. Optare debebat, sagt Hermann, ut comprobaret Juppiter. Ob eam causam χράνειεν scripsi. Auch Martin ändert: δημηγόρους δ' ἤστωσεν εὐπιθεῖς στροφὰς — δῆμος Πελασγῶν· Ζεὺς δέ γ' εὖ χράναι τέλος. — Jedoch sind alle diese Aenderungen überflüssig und wir haben nichts zu emendiren, als εὐπιθεῖς, welches wir mit Hartung in εὐπιθής verwandeln, damit nicht zu στροφὰς zwei Attribute stehen; ausserdem passt εὐπιθής besser zu δῆμος. — Die Rede des Danaus zerfällt nämlich in zwei Theile, von denen der erste v. 605—614. das Psephisma der argivischen Gemeinde enthält, der zweite v. 614—624 auseinandersetzt, wodurch die Argiver zu ihrem Entschlusse gekommen sind und zwar 1) durch die wohlberechnete Rede des Pelasgos, 2) durch Zeus. — Unter δημηγόρους στροφάς haben wir also die Rede des Königs zu verstehen, die das Volk überzeugte und willfährig machte; Ζεὺς δ' ἐπέκρανεν τέλος, Zeus aber lenkte die Herzen der Argiver, dass sie das Richtige beschlossen.

II. Stasimon.

v. 607—678.

Das anapästische System von 607—612 begleitet das Abtreten des Dánaus und bestimmt zugleich den Inhalt des folgenden Chorliedes.

v. 607. λέξομεν M. λέξωμεν Turnebus.

v. 611. τέρμον' ἀμέμπτων πρὸς ἅπαντα M. Hermann schreibt hier ἄμεμπτον, welche Conjektur von den meisten Herausgebern gebilligt worden ist. Nur Weil ändert die handschr. Lesart in τέρμον' ἀπαντᾶν πρὸς ἄμεμπτον, welches er erklärt »ita ut vota, quibus hospites honoramus, ad exitum evadant integrum und wozu er Aristoph. Lys. 420. τοιαῦτ' ἀπήντηχ' ἐς τοιαυτὶ πράγματα und Bion 4, 7. ἀσχαλόων ὅκα οἱ τέλος οὐδὲν ἀπάντη vergleicht. Der Scholiast erklärt aber: βεβαίως εἰς παντελὲς φέρων αὐτάς. — βεβαίως = ἐπ' ἀληθείᾳ; εἰς παντελὲς = τέρμονα πρὸς ἅπαντα. Für φέρων allein findet sich im Text kein analoges Wort. Offenbar aber hatte der Scholiast τέρμονα πέμπων πρὸς ἅπαντα vor Augen, auf welche Conjektur, wie ich sehe, auch Hartung mit Hülfe des Scholions gekommen ist. Es folgt nun der eigentliche Gesang des Chors von v. 630—710. Den Inhalt desselben bilden Segenswünsche auf Argos. Kruse und andere vertheilen das Chorlied unter Halbchöre, aber mit Unrecht. Hiervon zeigt sich in dem ganzen Gesange auch nicht die geringste Andeutung; vielmehr trägt es den Charakter eines einheitlichen, einen Grundgedanken verfolgenden, ruhig fortschreitenden Liedes. Wenn nun in demselben das oben besprochene Compositionsgesetz auch keine unmittelbare Geltung hat, so ist es doch diesem analog gebildet. str. α' und ant. α' enthalten die Einleitung. Mögen die Götter Argos schützen und vor verheerenden Kriegen bewahren, weil sich die Bürger des Landes unser erbarmt und das Recht der Schutzflehenden geachtet haben. — str. β' und ant. β', str. γ' und ant. γ' bilden den Mittelpunkt des Liedes, die eigentlichen Segenswünsche. Dieselben sind theils negativer, theils positiver Art, indem sie einerseits um Abwendung unglücklicher Ereignisse bitten,

anderseits bestimmte Segnungen erflehen. Zunächst richten sie
zu den Göttern ihr Gebet, von Argos schreckliche Seuchen abzu-
halten und blutigen Bürgerkrieg. Daran reihen sich die Bitten
um gute Regierung der Stadt. »Möge die Stadt gut geleitet
werden, so flehen sie, und immerdar einen Ueberfluss haben an
Greisen, die des Zeus Satzung ehren, des Fremdlingshortes, der
nach uraltem Gesetze das Recht der Schutzflehenden wahrt; mögen
stets wackere Fürsten des Landes geboren werden und möge
Artemis gnädig der Kindergeburten walten«. Nun tritt nach den
Handschriften eine Störung des Gedankenganges ein; statt dass
nämlich im Zusammenhange mit ant. β' von dem Gedeihen der
Feldfrüchte und der Herden die Rede sein sollte, wird in str. γ'
wieder von Seuchen und Krieg gesprochen. Dieses ist aber entschieden unmöglich; solche Gedankensprünge können wir bei dem
Dichter nicht annehmen. Daher müssen wir nothwendig str. γ'
und ant. γ' umstellen, so dass sich $\varkappa\alpha\rho\pi\sigma\tau\varepsilon\lambda\tilde{\eta}$ $\varkappa.$ $\tau.$ $\lambda.$ als str. γ'
unmittelbar an ant. β' anreiht. Es ist aber der Zusammenhang
zwischen diesen beiden Strophen so klar, dass er gar nicht ver-
kannt werden kann Hieran schliesst sich in ant. γ' durchaus
passend der Wunsch, dass alles Schädliche von Argos fern bleiben
möge, besonders verheerende Bürgerkriege und Seuchen. Den
Schluss des Chorliedes bilden str. δ' und ant. δ'. Sie enthalten
den Gedanken, dass die vorhin ausgesprochenen Segenswünsche
dann in Erfüllung gehen, wenn die Rechte der Gastfreundschaft
gewahrt werden, wenn die Bürger treu sind in der Verehrung der
Götter und wenn die Kinder den Eltern die schuldige Ehrfurcht
erweisen. So gewinnen wir also folgendes Schema: (Vgl. Zeitschr.
f. öster. Gymn. 1868 p. 281.).

$\sigma\tau\rho.$ α' ⎫
$\dot{\alpha}\nu\tau.$ α' ⎬ Einleitung.

$\sigma\tau\rho.$ β'. ⎫
$\dot{\alpha}\nu\tau.$ β'. ⎪
$\sigma\tau\rho.$ γ'. ⎬ Haupttheil.
$\varkappa\alpha\rho\pi\sigma\tau\varepsilon\lambda\tilde{\eta}$ δ'.. ⎪
$\dot{\alpha}\nu\tau.$ γ'. ⎭
$\mu\eta\delta\acute{\varepsilon}$ $\tau\iota\varsigma..$

$\sigma\tau\rho.$ δ'. ⎫
$\dot{\alpha}\nu\tau.$ δ'. ⎬ Schluss.

Westphal lässt die Ordnung der Strophen, wie sie in den

Handschriften überliefert ist, unverändert bestehen und theilt das
Gedicht folgendermassen ein (p. 111):

Prooimion.

{ v. 630. Bitte um Abwehr des Ares.
{ v. 639. Grund der Bitte.
{ v. 656. Bitte um Abwehr des Ares (Krieg u. Seuche).

Haupttheil.

{ v. 667. Bitte um Frömmigkeit.
{ v. 674. Bitte um Fruchtbarkeit.
{ v. 678. Bitte um Abwehr des Ares (Krieg u. Seuche).
{ v. 688. Bitte um Fruchtbarkeit.
{ v. 694. Bitte um Frömmigkeit.

Epilogus.

v. 698 }
v. 704 } Bitte um Erfüllung der 3 Gesetze der Dike.
v. 707 }

Gehen wir nun auf das Einzelne näher ein:

v. 612. νῦν ὅτε καὶ θεοί — vgl. Sept. 705 νῦν ὅτε σοι παρέστα-
κεν. Soph. O. R. 165. Nunc tempus est, ubi. Dind. nunc demum,
quum Argivi ipsarum preces exaudierint, sic vos quoque, Dii.
Keck. ἀντὶ τοῦ εἴποτε schol.

v. 613. χεούσας· χεούσης ἐμοῦ εὐκταῖα γένει ἢ τῷ γένει. schol.

v. 614. πυρέφατον M. πυρίφατον Turn. τὰν πελασγίαν πόλιν M.
»metri indicio posui τάνδε Πελασγίαν deleto πόλιν. Trimetrum
iambicum posuerat aliquis grammaticus«. Hermann. Im Folgenden ist Hermann weniger glücklich. Die Handschriften lesen τὰν
ἄχορον βοὰν κτίσαι μάχλον Ἄρη. Hermann schreibt nun τὰν ἄχορον
und erklärt die Struktur μήποτε ἥδε Πελασγία τὴν ἄχορον βοὰν
κτίσειε, βοῶσα μάχλον Ἄρη. Indessen ist diese ganze Erklärung
falsch. Subjekt ist augenscheinlich Ἄρη, Objekt τάνδε Πελασγίαν.
Zu πυρίφατον κτίσαι, incensam reddere vergl. Kruse Eum. 706.
χρησμοὺς ἀκαρπώτους κτίσαι. Choeph. 1060 Λοξίας δὲ προσθιγὼν
ἐλεύθερόν σε τῶνδε πημάτων κτίσει. Der Artikel τὸν, welcher von
einigen (Schwerdt, Weil, Meineke) in γᾶν verändert ist, darf aber
nicht fehlen, da schon das folgende τὸν θερίζοντα auf denselben
hinweist, wie Kruse richtig erkennt. Die dochmischen Thesen
sind ja oft ohne Responsion. ἄχορον βοάν ist aber unbedenklich;
man hat τῶν ἀχόρων βοὰν vorgeschlagen (Keck), oder ἄχορον βοᾶν
(Schwerdt, Meineke, Weil), oder ἄχορον βοᾶς (Kruse nach Agam.
1102 ἀκόρετος βοᾶς). Indessen sind alle diese Aenderungen un-

nöthig; βοάν ist das Objekt zu ἄχορον, in Bezug auf welches dem Ares das Attribut ἄχορος zukömmt (Krüger § 46, 4.). ἄχορος selbst findet sich O. C. 1224. μοῖρα ἄλυρος ἄχορος und in unserm Chorliede v. 681 als Attribut zu Ἄρης· ἄχορον ἀκίθαριν δακρυογόνον Ἄρη. Hier ist an das wilde, tumultuarische Geschrei zu denken, welches bei der Erstürmung von Städten von Belagerern und Belagerten erhoben zu werden pflegt. — μάχλον· τὸν εἰς τοὺς πολέμους κατωφερῆ, ἢ τὸν παλίμβολον. schol. »petulanter in pugnarum amorem effusum« Weil.

v. 616. θερίζοντα· τὸν ἐν ἄλλοις ἀρότοις θερίζοντα βροτούς. schol. Vgl. Pers. 951. Ἄρης ἑτεραλκὴς νυχίαν πλάκα χερσάμενος und Suppl. 665. — ἐν ἄλλοις — euphemistisch. »in aliis, quam ubi meti solet.« Ahrens.

v. 621. μετ᾽ ἀρσένων· τῶν Αἰγυπτιαδῶν. schol.

v. 623. πράκτορά τε σκοπὸν δυσπολέμητον ὃν οὔτισ ἂν δόμοσ ἔχοι ἐπ᾽ ὀρόφων μιαίνοντα. M. Augenscheinlich haben die Jungfrauen den Alastor im Sinn. Zu σκοπόν bemerkt der Scholiast: Διὸς σκοπόν, τὸν Διὸς ὀφθαλμὸν τὸν πάντα σκοποῦντα. Es sind hier zwei Scholien confundirt, von denen das erste ein Bruchstück der τὸ ἑξῆς Scholienklasse ist, das zweite ältere auf die Lesart πάνσκοπον hinführt, wie Hermann richtig erkannte. Zu dem folgenden sind viele Conjecturen gemacht worden. Ganz besonders nahm man an μιαίνοντα Anstoss, wofür man ἰαύοντα, κοταίνοντα, λαχαίνοντα, λάπτοντα, ἐπ᾽ ὀρόφοισι ναίοντα, oder ὃν τίς ἂν δόμος ἔχειν ἐπ᾽ ὀρόφων λιλαίοιτο (Martin), oder τὸν οὔτις ... ἔχειν .. λιλαίοιτο (Butler) vorgeschlagen hat. Mit Recht vertheidigt Keck das Wort. Von dem Dämon, der sich im Blute mästet, kann es ebensogut heissen, dass er das Dach besudele. Im Vorherigen schreibe ich nach Meineke und Bergk δυσπαλαμῇ, τὸν οὔτις ἂν δόμος ἔχοιτ᾽. — δυσπάλαμον, τὸν οὔτις ἂν δόμος ἔχοιτ᾽. Zu δυσπάλαμος vgl. Hesych. δυσπάλαμον· δυσχερές, κακότεχνον und Eum. 846. δυσπάλαμοι παρ᾽ οὐδὲν ἦραν δόλοι. Die mediale Form ἔχοιτ᾽ schützt Kruse durch Sept. 94. ἀκμάζει βρετέων ἔχεσθαι. Ueberhaupt liebt Aeschylus diese Formen.

v. 630. ὑποσκίων ἐκ στομάτων. Richtig deutet Kruse den Ausdruck von den Olivenkränzen, mit denen das Haupt der Jungfrauen geschmückt war und vergl. Orest. 383. ἱκετῆς ἀφύλλου στόματος, Lucret. III, 910. inumbrant ora coronis. Oed. T. 3. ἐξεστεμμένοι. Virg. Aen. VII, 154. ramis Palladis velati.

v. 631. φιλότιμος εὐχά. Vgl. v. 628. στόματος τιμάς.

— 157 —

v. 633. τῶνδε M. τάνδε Herm.

v. 634. In dem lückenhaften Verse ergänzt Bamberger στάσις nach Pers. 716. τίνι τρόπῳ; λοιμοῦ τις ἦλθε σκηπτὸς ἢ στάσις πόλει; Eum. 976. ταν δ᾽ ἄπληστον κακῶν μήποτ᾽ ἐν πόλει στάσιν τᾷδ᾽ ἐπεύχομαι βρέμειν, μηδὲ πιοῦσα κόνις μέλαν αἷμα πολιτᾶν δι᾽ ὀργὰν ποινᾶς ἀντιφόνους ἄτας ἁρπαλίσαι πόλεως.

v. 640. καὶ γεραροῖσι πρεσβυτοδόκαι γεμόντων θυμέλαι φλεγόντων M. Hierzu sind die Scholien überliefert: γεμόντων· πληρούσθωσαν. — καὶ διαπρεπέτωσαν τοῖς γέρουσιν αἱ θυμέλαι. — ἢ οἱ γέροντες .... Ich schreibe mit Kruse γέμουσαι und verbinde dieses mit γεραροῖσι, welche Construction sich ebenfalls (Vgl. Steph. Thes. s. v.) findet; γεραροῖσι ist substantivisch gebraucht, wie Agam. 722. καὶ γεραροῖς ἐπίχαρτον. Unter θυμέλαι versteht Kruse richtig die Altäre im Sitzungslocale der Volksvertreter und meint, dass von den die Sitzung eröffnenden Opfern die Rede sei. Vgl. Eur. Electr. 713. θυμέλαι δ᾽ ἐπίτναντο χρυσήλατοι, σελαγεῖτο δ᾽ ἀν᾽ ἄστυ πῦρ ἐπιβώμιον Ἀργείων. — Hermann liest statt γεμόντων — προβούλοις und ändert φλεγόντων in φλεόντων nach Ag. 361, 1377. Indessen ist, wie wir sahen, ein Substantivum zu γεραροῖσι nicht unbedingt nothwendig und φλεγόντων las schon der Scholiast, der es durch διαπρεπέτωσαν erklärt und den Dativ γεραροῖσι davon abhängig sein lässt.

v. 642. τῶσ πόλεισ M. τὼσ πόλις Rob. Richtig setzt Hermann die Interpunktion nach φλεγόντων.

v. 643. μέγα M. μέγαν die Aldina. σεβόντων ist nicht Imperativ, sondern gen. des partic. und mit πόλις zu verbinden. Das Scholion τῶν γερόντων σεβόντων τὸν Δία τὸν ξένιον ὑπερτάτως rührt von dem II. Scholiasten. Jedoch sind unter σεβόντων alle Argiver zu verstehen.

v. 644. τὸν ξένιον δ᾽ ὑπέρτατον ὡς M. ὑπερτάτως schol. »hospitalem autem maxime«. Weil's Aenderung τῶν ξενίων ὑπερστατῶν »hospitum iura (τὰ ξένια) defendens« ist schwerfällig und unnöthig.

v. 646. δ᾽ ἐφόρους γᾶς M. Man hat hier vielfache Aenderungen vorgenommen, weil man namentlich die Erwähnung der Feldfrüchte vermisste. Daher lesen Erfurdt, Ahrens, Hermann, Dindorf δὲ φόρους γᾶς, tributa terrae. Da indessen die ganze folgende Strophe hiervon handelt, so müssen wir jede hierauf bezügliche Aenderung an unserer Stelle zurückweisen. Uebrigens ist durchaus nicht einzusehen, warum ἐφόρους, welches der Scholiast durch *βασιλεῖς* erklärt, nicht statthaft sein soll. Die Erwähnung des *Ζεὺς, ὃς πολιῷ νόμῳ αἰσαν ὀρθοῖ,* führt den Chor von selbst zu der Bitte um wackere Herrscher. Nur lässt sich *ἄλλους* wohl schwerlich rechtfertigen; wir schreiben daher *κεδνοὺς,* wie es der Zusammenhang erfordert.

v. 649. *λόγους* M. *λόχους* Sophianus. Als Göttin der Entbindung wurde Artemis unter dem Namen *λοχεία, λυσίζωνος* verehrt. Plut. Sympos. III, 10, p. 152. Schol. Apoll. Rhod. I, 288. *εὔλοχος* heisst sie bei Eurip. Hipp. 166.

v. 650. *καρποτελεῖ* M. *καρποτελῇ* richtig Stanley. *καρποτελεῖν· τελεσφορῆσαι ποιείτω* schol.

v. 651. *φέρματι· κυήματι.* — *πανώρῳ· κατὰ πᾶσαν ὥραν αὐξομένῳ.* schol.

v. 652. *πρόνομα· πρὸ τῆς πόλεως νεμόμενα* schol. »Significantur potius pecudes huc illuc, dum pabulum quaerunt, vagantes. Herm. Es ist dieses ein Bild des Friedens und fröhlichen Gedeihens. — Aehnlich heisst es bei Schiller in der Braut von Messina: »Schön ist der Friede! Ein lieblicher Knabe liegt er gelagert am ruhigen Bach, und die hüpfenden Lämmer grasen lustig um ihn auf dem sonnigen Rasen«. — *βρότατοσ* M. *βοτὰ τώς* Turn.

v. 653. *τὸ πάντ'* M. *τὸ πᾶν τ'* Turnebus. — *λάθοιεν* M. *λάβοιεν* Turn. *λάχοιεν* Dind. »Scripsi *θάλοιεν,* etsi huius aoristi non aliud prolatum video exemplum, quam *θάλε* ex Homerico hymno in Pana v. 33«. Hermann. Jedoch verdient das Dind. *λάχοιεν* entschieden den Vorzug. Als Subjekt sind natürlich die Argiver zu denken.

v. 654. *εὐφήμοισ δ' ἐπὶ βωμοῖσ μοῦσαι θεαί τ' ἀοιδοί* M. Hermann besserte. *εὔφαμον* Dind.

v. 659. *δαΐζων* M. *δαΐζων* Aldina. Im folgenden Verse lesen die Handschr. *ἄχορος ἀκίθαρις . . . βοάν τε δῆμον ἔξω παίζων.* Die Verbesserung *ἄχορον ἀκίθαριν* gründet sich auf Plut. Amat. c. 16. *ἄχαριν ἀκίθαριν δακ . . . γόνον ἀρ . . . τᾶτε δῆμον ἐξοπλίζουσα* nämlich *μανία.* — Mit Recht schrieb hiernach Porson *ἄχορον ἀκίθαριν.* Dann corrigirte Pauw *βοάν τ' ἔνδημον,* welche Lesart auch der erste Scholiast hatte, der *ἐμφύλιον μάχην* anmerkte. *ἔξω παίζων* endlich wurde von Stanley in *ἐξοπλίζων* verbessert. Es fragt sich nun, wie wir die Stelle zu erklären haben. *λοιγός* bezeichnet Verderben überhaupt und aus dem folgenden *δαΐζων* und *Ἄρη βοάν τ' ἔνδημον ἐξοπλίζων* ergibt sich, dass wir es hier vom Bürgerkriege zu verstehen haben. Mit Unrecht denkt Kruse an

Landplagen, wie Drachen, Sphingge und andere und deutet in Folge dessen δακρυογόνον "Αρη auf den thränenreichen Kampf gegen solche Ungeheuer, so wie βοὰν ἔνδημον nach dem spätern Scholion τὴν ἐπὶ ἀπολωλόσι βοήν auf das Klagegeschrei, welches über die den Unthieren zur Beute gefallenen Opfer erhoben wird. Zu einer solchen Auffassung fehlt uns jeder Anhaltspunkt. βοὰ ἔνδημος ist vielmehr das Kriegsgeschrei, welches die Bürger gegen einander erheben. ἐξοπλίζων = excitans.

v. 662. δεσμόσ M. δ' ἐσμὸς·Turnebus. Vgl. Hor. od. I, 3, 30. nova febrium . . . cohors.

v. 664. λύκιοσ M. Λύκειοσ Arnald. — Apollo Lykeios galt als Schutzgott von Argos; derselbe hatte einen ansehnlichen Tempel am Markte der Stadt. Vgl. Paus. II, 19, 3. Thuc. V, 47. Soph. Electr. 7, 645, 655, 1379. Durch sengende Sommerglut sendet Apollo Lyk. Missernte, Hunger und Krankheit über die Erde. Il. I, 44. Durch ihn erfolgt bei Männern der unerwartet schnelle Tod bei gesundem Leibe in den Tagen der Jugend und Kraft, durch seine Schwester Artemis bei den Frauen. (Od. III, 279, VII, 64. XV, 478, XVII, 251. 494. XVIII, 202. XX. 80. Il. XXIV, 757. Anderseits reifen durch ihre Gunst Jünglinge und Jungfrauen zu kräftigem Alter heran. Od. XIX. 86. XX, 71. Nitsch zu Od. III, 279. Wie der Gott verderbliche Seuchen sendet, so heilt er sie auch. So hiess er in Athen ἀλεξίκακος, weil er die Pest im Pelop. Kriege abwendete. Vgl. Pind. Pyth. IV, 293. V, 63. Eur. Alk. 970. Androm. 900. Soph. Ai. 186. Strab. XIV, p. 635. Paus. IV, 34, 4. Soph. O. R. 150 ff. Paus. X, 11. 4. — Pauly, Realenc. s. v. Apollo. Preller Gr. Myth. I, p. 161.

v. 666. τ'ἀτιμίασ τιμάσ M. ἀσφαλίασ Rand des Med. τὸ δήμιον τὸ πτόλιν κρατύνει προμήθεὺς εὐκοινόμητισ ἀρχά M. Zu dem Verse findet sich das Scholion ἀμετακίνητοι εἶεν αὐτοῖς αἱ τιμαί. Hieraus schlossen Butler und Paley auf ἀτρεμαῖα, welche Form auch bei Eur. H. f. v. 1054. sich als Adverbium findet. — Heimsoeth bildet ἀτρεμιστί, C. O. Müller und Kruse schreiben φυλάσσοι τιμῶσι τιμάς. Bergk γᾶς πρόμοισι. Statt προμαθεὺς liest Hermann προμαθίς und rechtfertigt die Form durch den weiblichen Eigennamen Προμαθίς (Anth. Palat. XIII, 27, 5). Bergk und Weil entscheiden sich für προμαθίς. Das Scholion ἡ γὰρ ἀρχὴ ὑπὲρ (Weil statt ὑπὸ) τῶν κοινῶν προνοουμένη τήν τε πόλιν καὶ τὸ κοινὸν αὔξει dient bloss zur Erläuterung von εὐκοινόμητις. — τὸ = ὅ, in der Regel angewendet, um den Hiatus zu vermeiden, oder eine Positionslänge zu gewinnen. Aeschyl. Pers. 780. κἀγὼ πάλου τ᾽ ἔκυρσα τοῦπερ ἤθελον. Agam. 620. διπλῇ μαστίγι τὴν Ἄρης φιλεῖ. Soph. Ai. 256. ξυναλγεῖν μετὰ τοῦδε, τὸν αἶσ᾽ ἄπλατος ἴσχει. O. C. 1258. ἐσθῆτι σὺν τοιᾷδε, τῆς ὁ δυσφιλής. Phil. 14. σόφισμα τῷ νιν αὐτίχ᾽ αἱρήσειν δοκῶ. Eur. El. 278. ταῦ:ῷ γε πελέκει τῷ πατὴρ ἀπώλετο. Antiop. fgt. 38 Matth. (219. ed. Nauck) τρεῖς εἰσὶν ἀρεταὶ, τὰς ἐχρῆν σ᾽ ἀσκεῖν.

v. 669. εὐξυμβόλους δίκας· — ξύμβολα = pacta conventa civitatum. Schoem. Harp. — Kruse will hierin sehr gesucht eine Anspielung auf die vor Ol. 80 seitens der Argiver erfolgte Rückgabe des Heiligthums von Nemea an die Kleonaeer finden. Es bezieht sich vielmehr der Ausdruck lediglich auf das Verhältniss der Schutzflehenden zu den Argivern. — τοῖς τε ξένοις δίκας εὐσυμβόλους διδοῖεν πρὶν ἐξοπλίζειν Ἄρη. II. schol.

v. 672. θεοὺς . . . ἐγχωρίους πατρῴαις δαφνηφόροις (Schütz statt δαφνοφόροισιν) βουθύτοισι τιμαῖς. Der Ausdruck enthält eine Anspielung darauf, dass die Jungfrauen gesonnen sind, dem ägyptischen Kult, der die Stieropfer verbot, zu entsagen und dem alten heimischen sich wieder zuzuwenden. Kruse. Zu ἐγχωρίους zitirt Hermann das Gesetz des Draco bei Porphyr. IV. de abstin. θεσμὸς αἰώνιος τοῖς Ἀτθίδα νεμομένοις κύριος τὸν ἄπαντα χρόνον, θεοὺς τιμᾶν καὶ ἥρωας ἐγχωρίους ἐν κοινῷ ἑπομένοις νόμοις πατρίοις, ἰδίᾳ κατὰ δύναμιν, σὺν εὐφημίᾳ καὶ ἀπαρχαῖς καρπῶν, πελάνοις ἐπετείοις.

v. 675. τὸ γάρ κ. τ. λ. πρῶτον θεοὺς, δεύτερον νόμους, τρίτον δὲ τόδε, τὸ τοὺς γονεῖς τιμᾶν. ἐχρῆν δὲ εἰπεῖν· καὶ τοὺς γονεῖς δὲ σέβειν. τὸ γὰρ τιμᾶν γονεῖς τρίτον ἐστὶ παράγγελμα δίκης. schol. — γάρ bezieht sich auf πατρῴαις . . . τιμαῖς, wie Schütz richtig bemerkt; denn eben dadurch beweisen die Bürger die Ehrfurcht gegen die Eltern, dass sie die Götter nach väterlichem Brauche verehren. Die drei Gesetze der Dike sind nach Eurip. Antiop. fgt. 38. Matth. τρεῖς εἰσὶν ἀρεταὶ τὰς ἐχρῆν σ᾽ ἀσκεῖν, τέκνον· θεούς τε τιμᾶν, τούς τε φύσαντας γονεῖς, νόμους τε κοινοὺς Ἑλλάδος· καὶ ταῦτα δρῶν κάλλιστον ἕξεις στέφανον εὐκλείας ἀεί.

III. Epeisodion.
v. 678—v. 746.

Danaus und seine Töchter. — Danaus, welcher während des Chorgesanges von dem Hügel, wo sich die Götterbilder befinden,

Umschau auf das Meer gehalten hat, erblickt die Aegyptische Flotte und berichtet dieses seinen Töchtern.

v. 678. εὐχὰς μέν — Vgl. Burg. diss. p. 60, C.

v. 679. ἡμεῖσ δὲ μῆτρεσ ἀεὶ ἀκούσασαι M. ὑμεῖς δὲ μὴ τρέσητ' ἀκούσασαι Turneb.

v. 682. τὸ πλοῖον — mit Nachdruck zu Ende des Satzes und an die Spitze des Verses gestellt. — εὔσημον γὰρ οὔ με λανθάνει M. — Zunächst ist εὔσημον ohne Partizipium anstössig, wesshalb Meineke εὔσημον γὰρ ὂν μ' οὐ λανθάνει schreibt. Hierdurch würde nun zwar eine Schwierigkeit gehoben, aber es bleibt noch der mangelhafte Satzbau im Folgenden bestehen, da doch στολμοί und die folgenden Nominative ohne Verbum nicht sein können. Das Richtige hat wohl Weil erkannt, der εὔσημον γὰρ, οὐδὲ λανθάνει στολμοί τε κ. τ. λ. schreibt. Ueber den Gebrauch dieses sog. schema Pindaricum, dass nämlich beim Plur. des Subjects masc. und fem. auch das Verbum im Sing. steht, bei den attischen Dichtern vgl. Matthiae § 303. — Zunächst schwebt dem Dichter als Subject zu λανθάνει das Ganze, nämlich das Schiff vor, von welchem nun im Folgenden die einzelnen besonders in die Augen fallenden Theile angegeben werden.

v. 683. παραρρύσεισ νεώσ M. Unter παραρρύσεις versteht Hermann »pelles vel crates vel plutei«, welche von Xen. Hell. I, 6, 19 und II, 1, 22. παραρρύματα und παραβλήματα genannt würden. — Wahrscheinlich sind die Stricke gemeint, womit die Segel befestigt sind und wodurch dieselben aufgezogen werden. — νεώς ist augenscheinlich aus dem Folgenden ὑστάτου νεώς in den Text eingedrungen. Weil schlägt σκάφους vor; vielleicht stand ἐμέ.

v. 685. συνουτῆροσ M. εὐθυντῆρος Turn. ἰθυντῆρος Salvinius.

v. 686. τῶσ ἂν M. τὼς ἂν Herm. κλύουσαί γ' ὥς ἂν Turn. οὕτως δὲ ἡμῖν, κλύουσα τοῦ οἴακος, οὐ φίλη ἐστίν. schol. Hieraus ergibt sich, dass der Scholiast ein Nomen im dativ zu φίλη las, wovon ἡμῖν die Paraphrasis ist. τῶσ scheint durch ein überge-schriebenes οὕτως in den Text eingedrungen zu sein.

v. 687. νήϊοι M. νάϊοι Dind. Hart. Weil.

v. 688. γύποισι M. γυίοισι Turn. Die gewöhnliche Tracht der Aegyptier war ein kurzärmeliger, unsern Hemden ähnlicher Leibrock aus Leinwand oder aus Baumwolle, der immer ganz rein und weiss gewaschen sein musste. Herod. II, 37. Plut. de Is. 4. Plin. XIX, 2. Uhlem. A. Alterth. II, 286. πρέπουσι — ἰδεῖν wie oben v. 78. κατιδεῖν ἄφραστοι.

11

v. 689. *καὶ τἄλλα πλοῖα* — die ganze Flotte der Aegyptiaden ist im Anzuge.

v. 690. *αὐτὴ δ' ἡγεμών* — das Schiff, welches den Herold trägt.

v. 694. *ἥξω λαβών* — »ich aber will euch Hülf' und Schutz zu holen gehn«. Droysen. Mit Recht macht Kruse darauf aufmerksam, dass es »nactus redibo« heisse. Das »Wiederkommen« betone Danaus und zwar mit Absicht, um die Töchter zu beruhigen. *ἄξω λαβών* Heimsoeth.

v. 695. Früher theilte man v. 695 und v. 696. dem Chore zu; Danaus antwortete mit v. 697. *ἀλλ' οὐδὲν ἔσται κ. τ. λ.*; hierauf sprach der Chor v. 698 und 699; endlich entgegnete Danaus mit v. 700 und 701. — Diese Eintheilung ist ganz unstatthaft. Danaus bereitet vielmehr seine Töchter auf die Ankunft des Herolds vor und sucht sie zu beruhigen. — *ἴσωσ γὰρ ἤ* M. *ἄν* Burges. *κήρυξ τισ* M. *κῆρυξ* Dind. *ἢ πρέσβήμολοι* M. *ἢ πρέσβη μόλοι* Herm. »*πρέσβη* veterum librorum est *πρεσβεία*«. — *πρέσβυς* Vict. Dind.

v. 696. *ἄγειν θέλοντες* — Ueber die Participiale. vgl. Matth. Gr. Gr. § 566, 6. — Der Plural *θέλοντες* ist gebraucht, weil beiden Substantiven die Handlung zukömmt und es gleichgültig ist, wem man sie zuschreiben will. *ῥυσίων· ἐνεχύρων. ἐφάπτορες· ἐνεχυρά-ζοντες ἡμᾶς διά τινος ἁρπαγῆς.* schol.

v. 697. *μητρεσαῖτέ νιν* M. *μὴ τρέσητέ νιν* Porson. »ne timeatis eos«.

v. 698. Augenscheinlich macht Danaus eine Pause, um die Wirkung seiner Rede auf die Töchter zu beobachten. Als er sie nun voller Unruhe sieht, fordert er sie auf, der Hilfe der Götter zu vertrauen. — *εἰ βραδύνοιμεν βοῇ* — »wenn wir euerm Hülferuf zu langsam sein sollten«. Keck. Ag. p. 427.

v. 698. *ἀλκῆς τῆσδε* — Vgl. v. 713. »Des Schutzes dieser Götter«. Kruse. — *τῆς τῶν βωμῶν καταφυγῆς.* schol.

v. 699. Die Jungfrauen geben Zeichen der höchsten Angst und Unruhe. — Der Vater sucht ihre Furcht zu beschwichtigen. *θαρσεῖτε* M. Turn. besserte.

v. 703. *ἐν μέσῳ· τῆς ἡμῶν φυγῆς καὶ τῆς τούτων παρουσίας.* schol. — In den Jamben suchen die Jungfrauen ihre Unruhe zu bezwingen, aber bald bricht in den Dochmien ihre Herzensangst durch. Kruse.

v. 705. Ich setze mit Hermann und andern nach *μοι* einen

Punkt und erkläre *παροίχομαι* wie v. 786.*ομαι φβό οἴχῳ.* Der Scholiast las: *περίφοβόν μ' ἔχει τάρβος· ἐτητύμως πολυδρόμου φυγᾶς ὄφελος εἶ τί μοι, παροίχεται, πάτερ, δείματι.* Er erklärt nämlich: *ὅσον μοι προγέγονεν ὄφελος διὰ τῆς ἐνθάδε φυγῆς τῷ δείματι νῦν παροίχεται. ἀπιστῶ γὰρ εἰ τεύξομαι ἐπικουρίας.* — *παροίχεται* war auch von Turn. conjicirt.

v. 709. *ἐξώλεσα τίμαργον* M. Turn. besserte.

v. 710. *καὶ λέγω πρὸς εἰδότα* — Danaus selbst ist von den Aegyptiaden besiegt worden.

v. 712. *νῆασ* M. *νέας,* die homerische Form, Meineke, Weil der Responsion wegen. — *ἐπὶ τάχει* M. *ἐπιτυχεῖ* Turn.

v. 713. *πόλει* M. *πολεῖ* Stanley. Vgl. Ag. 723. *πολέα* und Matth. § 123. Die seltene Form wegen der folgenden Dative. Kruse.

v. 714. *μεσημβρίαι* M. *μεσημβρίας* Schütz.

v. 715. *βραχεῖον* M. Turn. besserte. — *καλῶς ἐν ἡλίῳ γεγυμνασμένους.* schol. »von abgehärteten und an Mühen und Anstrengungen aller Art gewöhnten Männern. Vgl. Hor. od. I, 8, 3 von dem verweichlichten Sybaris« Cur apricum oderit campum | patiens pulveris atque solis.«

v. 716. *πρόλιπε* M. Turn. besserte.

v. 717. *οὐκ ἔνεστ' Ἄρης.* Soph. Electr. 1243. *ὥρα γε μὲν δὴ, κἂν γυναιξὶν ὡς Ἄρης ἔνεστιν.* und Aeschyl. Ag. 78 von den Knaben *Ἄρης δ' οὐκ ἔνι χώρᾳ.* Eum. 38.

v. 718. *δουλόφρονεσ δὲ καὶ δολομήτιδεσ* M. *δολόφρονες δ' ἄγαν* Herm. *οὐλόφρονες* Valckenaer. *δολιομήτιδες* Askew. (Rand)

v. 720. *βωμῶν* M. *βωμόν* Meineke.

v. 722. *εἰ σοί τε καὶ θεοῖσιν* M. Aeusserst bedenklich und schwer zu rechtfertigen ist *σοί; die* Stelle aus Homer. Il. 22, 41. *σχέτλιος, εἴθε θεοῖσι φίλος τοσσόνδε γένοιτο, ὅσσον ἐμοί,* welche Paley herbeizieht, trägt auch nicht das Geringste dazu bei, die handschriftliche Lesart zu schützen. Wahrscheinlich schrieb nun der Dichter *εἰ θεοῖς τε καὶ θεαῖσιν* . ., worauf auch der Scholiast hindeutet, der kein *σοί* kennt, wohl aber durch sein »*εἰ ἀσεβήσαιεν εἰς τοὺς βωμούς*« im Allgemeinen den Sinn der Stelle wiedergibt. Vgl. Sept. 86. *ἰὼ θεοὶ θεαί τ'.* Schon oben machte ich darauf aufmerksam, dass vermuthlich auch die Bildnisse der Hera und Aphrodite sich auf dem Götteraltare befanden. — *εἴ τοί τι* Markscheffel. Zur Synizese in *θεοῖς* vgl. Soph. Ai. 1129.

v. 723. σέβη M. Da sich der Plural sonst nicht findet, schreiben Conington und Petri ἔδη, Nauck στέφη. (Philol. XII. p. 642.)

v. 725. περίφρονες M. ἀντὶ τοῦ ὑπέρφρονες schol. φυσίφρονες Dindorf nach Hesych. φυσίφρονες· πεφυσημένοι τὰς φρένας, μάταιοι. — οὐδὲν und am Rande ἐπαΐοντεσ M. ἐπαΐοντες οὐδέν Meineke.

v. 728. τοὐσ λύκουσ κρείσσων M. Hermann besserte. τοσοῦτον αὐτῶν διαφέρουσιν ὅσον λύκοι κυνῶν. schol. .

v. 729. βύβλου δὲ καρπὸς οὐ κρατεῖ στάχυν. — Auf ū in βύβλου machte Dindorf aufmerksam. — ἐπεὶ παπυροφάγοι οἱ Αἰγύπτιοι schol. Der Sinn ist nach Stanley: tanto Aegyptii imbelliores sunt Graecis, quanto minus robusta est papyrus eorum cibus, quam frumentum Graecorum. Dass die Redensart sprichwörtlich geworden sei, beweisen Zenob. II, 73 und Suidas s. v.

v. 731. Ueber die Anakoluthie des Nom. vergl. Krüger § 56, 9, 4. und besonders über die Verkürzung des, hier causalen, Nebensatzes durch einen Partizipials. E. Wentzel »die sog. absolute Partizipialconstr.« Glogau 1857 p. 38. Elmsl. zu Soph. O. R. 60. Von Aeschylus gehören z. B. hierhin: Suppl. 446. Sept. contra Th. 681. Choeph. 519. 791 (ἀμείψει ist nicht mit Pauw, Bamb. und Herm. durch vicissim accipies zu übersetzen, sondern wegen θέλων mit Weil durch reddet und auf Orestes zu beziehen). 1059. Eumen. 100. 360. 476. Agamemn. 1007. 1314 (ἀλλ' εἶμι κἂν δόμοισι κωκύσουσ᾽ ἐμὴν Ἀγαμέμνονός τε μοῖραν, ἀρκείτω βίος mit Hartz und Burgard). Pers. 120. Prom. 199. — κράτος erklärt Kühner Gr. Gr. § 549. mit κατὰ κράτος, κάρτα, wie ebenfalls τάγος adverbial gebraucht ist. Besser fasst es Wellauer als Objekt zu φυλάσσεσθαι: »quum iam beluarum quoque iras gerant, vim eorum fugere nos oportet«. — καλῶς Schütz.

v. 732. ταχεῖαι ναυτικοῦ στρατοῦ στολῆι M. Der I. Scholiast las ταχεῖα . . . στολή; er erklärt nämlich οὐδὲ ἡ ὁρμὴ ταχεῖα, οὐδὲ ἡ ἔκβασις. Dagegen hatte schon der Epitomator die verdorbene Lesart des Mediceus: στολῇ· ἀντὶ τοῦ ὁρμῇ.

v. 733. πισμάτων σωτηρίου M. σωτηρίαν Guelf. ἀντὶ τοῦ πείσματα σωτήρια schol. Derselbe las also πεισμάτων σωτήρια, wie Scaliger conjicirte. πεισμάτων Victor. σωτηρία Turn. Vgl. Plat. Crit. p. 52, b. οὐκ ἐπιθυμία σε ἄλλης πόλεως οὐδ' ἄλλων νόμων ἔλαβεν εἰδέναι. σωτήριον Tittler.

v. 734. οὐδὲν M. οὐδ᾽ ἐν Rob. κοὐδ᾽ ἐν Herm.

v. 736. ἀλλ᾽ ὥστε καὶ M. ἄλλως τε καὶ Vict.

v. 737. Die Interpunktion nach ἡλίου rührt von Bamberger. Durchaus unnöthig setzt Hermann nach φιλεῖ — δ᾽ ein. Das Asyndeton, weil der Gedanke zur Begründung des Vorherigen dient. φιλεῖ· εἴωθεν. Hesych. Vgl. Soph. Electr. 320. Antig. 722. Eur. Med. 48. Hipp. 161. Arist. Nub. 812. »Es liebt die Welt das Strahlende zu schwärzen«. Schiller.

v. 738. τίκτει M. τίκτειν Turn. Hierzu zitirt Hermann Plut. de non suaviter vivendo secundum Epicurum p. 1090. *A.* ἀλλ᾽ ὥσπερ ἐν θαλάσσῃ κατ᾽ Αἰσχύλον ὠδῖνα τίκτει νὺξ κυβερνήτῃ σοφῷ καὶ γαλήνη. Hieraus ergänzte Paley nach σοφῷ den Vers:

κἂν ᾖ γαλήνη νηνεμός δ᾽ εὕδῃ κλύδων.

Der ganze Ausdruck ist sprichwörtlich geworden und wurde in mancherlei Wendungen gebraucht. Vgl. Plut. Qu. Symp. I, 3. οὐ γὰρ μόνον ὠδῖνα τίκτει κυβευτῇ σοφῷ κατὰ τὸ λεγόμενον πᾶς βόλος.

v. 742. φρονεῖ M. φρόνει Rob. — Dass nach θεῶν ein Vers ausgefallen sei, erkannten Hartung, Schwerdt, Weil. Danaus musste angeben, dass er in die Stadt gehen wolle, um Hilfe zu holen.

v. 745. εὐγλώσσωσ᾽ M. εὐγλώσσῳ Rob.

III. Stasimon.

v. 746—801.

Der Chor ist von der grössten Angst gequält; er will um Hilfe flehen, aber die Furcht treibt ihn zu den Aeusserungen des höchsten Affektes.

v. 746. βουνῖτι ἔνδικον M. βοῦνις, ἔνδικον Pauw. βοῦνι Dind. πάνδικον Paley; diese Lesart liegt dem ältern Scholion ἦν δικαίως πάντες τιμῶσιν zu Grunde, während das zweite δικαία (Weil statt δίκαια) auf ἔνδικον σέβας hinweist.

v. 750. νέφεσι γειτόνων M. νέφεσσι Arnald.

v. 751. τὸ πᾶν δ᾽ ἄφαντοσ ἀμπετήσαισ δόσωσ κόνισ ἄτερθεν πτερύγων ὁλοίμαν M. Es sind zu dieser Stelle eine Menge von Conjecturen gemacht worden, aber der Hauptfehler, der in ἀμπετήσαισ liegt, ist nicht gehoben, weil man in diesem Worte ein Adjektivum vermuthete. So schreibt Hermann ἀφάντως ἀμπετὴς εἰς ἀος, ὡς κόνις, Hartung εἰς αἰθέρ᾽, Haupt ἄϊστος, ὡς, Enger ἄφαντος· Ἤ ἀμπετὴς ἀελλὰς ὡς, Dindorf ἄφαντος ἂμ πνοιαῖς διφᾶς ὡς . . . ὁροίμαν, Peiper ἂμ᾽ πέτραις αἰόλ᾽ ὡς, Weil ἄφαντος ἀμπετής ἄστως ὡς. Augenscheinlich ist aber ἀμπετήσαισ der Rest einer Verbalform und es steckt in demselben ἀμπετασθείην. — δόσωσ aber ist aus ὅπως corrumpirt und im Folgenden müssen wir ἄτερθεν in ἄτερ τε trennen; ἄτερ ist hier vorgestellt, wie oben v. 703. ἄτερ πημάτων. Statt ὀλοίμαν schreibt Dindorf unzweifelhaft richtig ὀροίμαν.

v. 753. ἄφυκτον δ᾽ οὐκέτ᾽ ἂν πέλοι κέαρ M. Mit vollem Rechte verändert Hermann ἄφυκτον, welches hier ganz widersinnig ist, in ἄλυκτόν, indem er höchst scharfsinnig bemerkt, jenes τὸ ἄφυκτον, womit Suidas das Wort deutet, sei einem Scholion zu unserer Stelle entnommen. Für κέαρ schreibt er alsdann νόαρ, welches soviel als φάσμα bedeuten und den Herold bezeichnen soll. Indessen wird das Wort mit Recht von Lobeck bezweifelt; ausserdem wäre der Ausdruck sehr sonderbar. Im Gegentheil ist es die baare Wirklichkeit, die ihnen vor Augen steht. Was sie vorher gewünscht haben, das sind leere Träumereien, nichtige Gedanken, die unmöglich realisirt werden können. Aus diesen Träumen ruft sie das ans Land stossende Schiff zurück und sie erkennen, dass sie der Wirklichkeit nicht entrinnen können; daher vermuthe ich: ἄλυκτὸν δ᾽ οὐκέτ᾽ ἂν πέλοιθ᾽ ὕπαρ. Die Herausgeber gehen in ihren Conjecturen weit auseinander; Dindorf schreibt ἄθικτον nach Ag. 432. πολλὰ γοῦν θιγγάνει πρὸς ἧπαρ, Heath und Enger ἄφρικτον, Schwerdt ἄφυκτον φυκτὸν . . . πέλοι, indem er κέαρ in den folgenden Vers zieht, Weil ἀφύκτων . . . φυγή.

v. 754. μελανόχρωσ M. Dass hierfür κελαινόχρως zu schreiben sei, sah Lachmann de chor. syst. p. 48. ἡ μεταφορὰ ἀπὸ τῆς θαλάσσης, ἥτις ἐν τῷ ταράσσεσθαι μελαίνεται schol. und Hesych. κελαινεφές· ὁ μελαίνων τὰ νέφη, κελαινὰ συνάγων τὰ νέφη. Im folgenden ändert Dindorf μου καρδία wegen der ungenauen Responsion der Thesen nach Choeph. 183 κἀμοὶ προσέστη καρδίᾳ κλυδώνιον χολῆς in κελαινόχρῳ δὲ πάλλεται κλυδωνίῳ, besser Schwerdt κελαινόχρων δὲ πάλλεται φίλον κέαρ. Vgl. Choeph. 410. πέπαλται δ᾽ αὐτέ μοι φίλον κέαρ . . . σπλάγχνα δέ μοι κελαινοῦται.

v. 755. πατροσκοπαι δὲ μειλον M. πατρὸς σκοπαὶ δέ μ᾽ εἷλον Victor. προσκοπήσας ὁ πατήρ καὶ σημάνας ἐτάραξεν ἡμᾶς· schol. Unrichtig erklärt Schütz »receptaculum hoc, quod pater nobis tamquam tutum perfugium commendavit, nihilo secius nobis illusit nosque perdidit. — σκοπή ist hier nicht die Warte, der Ort, wo sich der Vater befand, sondern das Ausspähen selbst. »Was der Vater gesehen hat, bringt mir den Tod.«

v. 756. θέλοιμι δ' ἂν μορσίμου βρόχου τυχεῖν ἐν σαργάναις M. Dindorf stösst sich an dem Ausdrucke μορσίμου βρόχου, indem er glaubt, dieses könne nur dann gesagt werden, wenn es allen Menschen oder wenigstens allen Danaiden vom Schicksale bestimmt sei, durch den Strick zu enden. Daher schreibt er προπρό statt βρόχου und erklärt μορσίμου == τοῦ μορσίμου, wie Sept. 263; der Artikel sei des Metrums wegen ausgelassen. Das Fehlen des Artikels jedoch ist in hohem Grade bedenklich; dann aber hat die Verbindung μορσίμου βρόχου nichts bedenkliches; es ist der Todesstrick, der den Tod bringt. Richtig erklärt der Scholiast »μόρον μοι ἐπάγοντος. Statt σαργάναις, welches Hesych. erklärt: δεσμοὶ καὶ πλέγματα γυργαθώδη, σχοινίων ἀγκυράγωγα habe ich mit dem cod. Paris. ἐν ἀρτάναις geschrieben.

v. 758. πρὶν ἄνδρ' ἀπευκτὸν τῷδ' ἐχριμφθῆν χροῖν M. τῷδ' ἐγχριμφθῆναι χεροῖν Guelf. τῷδε χριμφθῆναι· Par. τῷδ' ἐγχριμφθῆναι χροΐ Esc. Dind. schreibt ὧδε χριμφθῆν χροΐ. Die richtigen Lesarten geben die codd. P. u. E.

v. 761. πρὸσ ὃν νέφη δ' ὑδρηλὰ γείνεται χιών M. Statt der verdorbenen Ueberlieferung νέφη δ' gibt Dindorf unzweifelhaft richtig κύφελλ' ὑδρηλά, wozu νέφη die Erklärung ist, während Weil mit Enger νεφῶν ὑδρηλὰ aufnimmt »nubium aquosa.« Burgard (diss. p. 70) schreibt πρὸς ᾧ γ' und stellt die folgenden Worte folgendermassen um: »ὑδρηλὰ γίγνεται νέφη χιών. Indessen ist der Grund, wesshalb man κύφελλ' verschmäht hat, nicht stichhaltig; denn dass man das Wort blos bei Callimachus (fgt. 300) und Lykophron (v. 1426) nachweisen kann, genügt nicht, um demselben den Gebrauch bei den Tragikern abzusprechen (ex quo non sequitur ab Alexandrinis demum poetis formatum esse, quos satis constat vocabulis non paucis usos esse ex remota antiquitate petitis. Dindorf). Vgl. Hesych. κύφελλα· τὰ νέφη und ὑδρηλά· ὑδατώδη.

v. 762. ἢ λισσασ M. ἢ λισσάς Turn. Auf die grossartige Plastik in der Ausmalung des Geierfelsens machen Bernhardy, Gr. Lit. II, 2, 249, Hermann, Kruse aufmerksam. »Haec divina immensae altitudinis descriptio ita excessit captum quorundam χαμαιζήλων criticorum, ut ἀπρόσδεικτος alius in ἀπρόσδεκτος, alius in ἀπρόστειχτος, alius in ἀπρόστειπτος mutari vellent.« Hermann.

v. 766. πρὶν δαίκτοροσ βίαι καρδίασ γάμου κυρῆσαι M. Richtig erkennt Heimsoeth (Wiederh. p. 355), dass der gen. χαρδίας von der Erklärung herrühre; der Scholiast erklärt nämlich: τοῦ γάμου δαϊκτῆρος τῆς καρδίας μου. So lautet zu Ag. 103. θυμοβόρος φρένα λύπη das Scholion: ἥτις ἐστὶ θυμοβόρος λύπη τῆς φρενός, worauf H. verweist. Mit leichter Aenderung der Heims. Conj. πρὶν δαίκτυ-ρος βίᾳ θυμὸν γάμου κυρῆσαι lese ich desshalb: πρὶν δαίκτορος βίᾳ κέαρ γάμου κυρῆσαι.

v. 769. ὄρνισιν M. πετῆσιν Dindorf, um eine genaue Responsion herzustellen. Aus demselben Grunde schreibt Weil in der Strophe ἀμφ᾽ ὅν. — δείπναν M. δεῖπνον G. (Philol. XVIII. p. 58).

v. 770. τὸ γὰρ θανεῖν ἐλευθεροῦται M. Einmal um eine genaue Responsion zu gewinnen, dann wegen des ungewöhnlichen Gebrauches von ἐλευθεροῦται nehmen Dindorf, Heimsoeth, Weil mit Recht die Conjektur von Schütz an »τῷ γὰρ θανεῖν ἐλευθεροῦμαι.

v. 771. φιλιιιαχτῶν M. φιλαιάκτων Lobeck Paralip. 497. φιλοστόνων Dind. wegen des stroph. οἰόφρων nach Sept. 279 φιλοστόνως.

v. 772. ἐλθέτω ἐλθέτω M. Pauw besserte.

v. 774. τίν᾽ ἀμφ᾽ αυτᾶσ ἔτι πόρον τέμνω γάμου καὶ λυτήρια M. ἢ τίν᾽ ἀμφυγὰν ἔτ᾽ ἢ πόρον τέτμω γάμον λυτῆρα und in der Strophe βίᾳ με Herm. ἀλλύτας. τίν᾽ ἂν πόρον τέμνοιν γάμου λυτῆρα, in der Strophe κάρζας Dind. ὥς τιν᾽ ἀμφί μου πόρον τέτμω γάμου λυτῆρα Heimsoeth. ποῖ τίν᾽ ἀμφυγᾶς ἔτ᾽ οἶμον τέμω γάμου λυτῆρα; Weil. Was soll indessen hier die Frage, wie sie der Heirath entfliehen können, da sie ja schon ihre feste Absicht ausgesprochen haben, sich den Tod zu geben, ehe sie den Ehebund mit den Vettern eingehen. Daher vermuthe ich τοῦτον ἀμφί μου τέμωπύρον γάμου λυτῆρα. Die Lesart ἀμφί μου hatte offenbar auch der Scholiast, der dieses durch περὶ ἐμαυτῆς erklärt. Das folgende ἔτι der Handschriften halte ich für die Trümmer des ursprünglichen τέμω, während ich τέμνω als Glosse zu diesem Worte streiche. Anfänglich hatte ich die Conjektur von Hermann τέτμω aufgenommen, indessen verdient die von Weil herbeigezogene Form τέμω den Vorzug, da sie sich auch Il. 13, 707 findet, wo sie seit Spitzner mit Recht aus dem Ven. rezipirt ist. Dass εὕρω im Scholion die Paraphrase zu τέτμω sei, erkannte Heimsoeth. ἔτετμε· κατέλαβεν, εὗρεν. Hesych. In dieser höchsten Noth nun, da sie nirgends Rettung und Hilfe erblicken, richten sie noch einmal zu Zeus ihren Jammerruf in στρ. γ᾽ und ἀντ. γ᾽.

v. 776. ἴυζεν M. ἴυζε δ᾽ Rob. Statt des folgenden οὐράνια

der Handschr. lese ich *οὐρανῷ*; im folgenden Verse streicht Weil
mit Unrecht *καί*, obwohl erst hierdurch ein Versschluss zu Stande
gebracht wird. Was Weil gibt »*ἴυζε δ' ὀμφὰν οὐράνια μέλη θεοῖσι
λιτανά.*« ist ein völlig unmöglicher Vers. Statt des handschr. *μέλη
λίτανα θεοῖσι καὶ* ändert Hermann richtig *μέλη θεοῖσι λιτανὰ καὶ.*

v. 778 ff. *τέλεα δέ μοι πῶσ πελομένα μοι λύσιμα μάχιμα δ' ἔπιδε,
πάτερ* M. *τέλεα δύας πελόμενά μοι λύσιμα· μάχαν δ'* Hermann.
τέλεα δὲ πῶς πελόμενά μοι; λύσιμά μ' ἄχειμ' ἔπιδε, πάτερ. Weil.
Offenbar hat hier Hermann das Richtigere gesehen. *δύας* las vermuthlich auch der Scholiast, welcher *ἐπιτελεστικά μοι καὶ λύσιμα
τῶν κακῶν γινόμενα* erklärt. Statt des handschriftl. *μάχιμα* habe
ich *χλιδάν* geschrieben; *μα* — ist blosse Wiederholung der Endsilbe von *λύσιμα.*

v. 780. *βίαια μὴ φιλεῖς· ὁρῶν* M. *μὴ φίλοις* Lachm. *φιλῆς* Hart.
στέρξῃς Herm., *μὴ φαιδροῖς* Weil. Das Wort ist ganz passend,
aber es ist das Adverbium nöthig *φαιδρῶς.* Vgl. Ag. 520, 725.

v. 782. *γαιάοχος* erklärt Döderlein Hom. Gloss. § 69 p. 54.
»der Wagenfrohe von *γαίειν* und *ὄχος* nach Lex. Rhet. M. S. in
Auct. Emend. Hesych. I, 790. *γαιήοχος· ἵππιος ἀπὸ τοῦ τοῖς
ὀχήμασι χαίρειν.* Richtig Hesych. an erster Stelle *ὁ τὴν γῆν συνέ-
χων* und Schol. Ven. in Il. *N.* 125. *ὁ ἔχων, ἤγουν βαστάζων τὴν
γῆν.* Vgl. Düntzer in Jahn's Jahrb. LXIX, p. 600 und Kruse.

v. 784. *αἰγύπτιον ὕβριν* M. »Scripsi *Αἰγύπτειον ὕβρι.* Dixit
ὕβριν ἄνερα Hesiodus O. et D. 189. Eius adiectivi neutrum hic
posuit Aeschylus.« Hermann. Mit Recht ist die Form *ὕβρι* von
allen Herausgebern verworfen. Augenscheinlich ist in *αἰγύπτιον
ὕβριν* ein *Αἰγύπτου στυγνόν* enthalten.

v. 785. *δύσφορον* M. (ob *δύσοργον* nach Soph. Ai. 1017?) *δύσοιστον* Hermann. Am Schlusse des Verses fügt derselbe durchaus
richtig *οἳ* hinzu. Ein auf ein Collectivnomen bezügliches Relativ
steht im Plural: Pers. 422. *πᾶσα ναῦς.. ὅσαιπερ* 341. *χιλιὰς μὲν ἦν,
ὧν ἦγε πλῆθος.* Prom. 421. *ἄνθος ... οἳ.* ibid. 417. *ὅμιλος ..
οἳ* 805. *στρατὸν ... οἳ* 808. *φῦλον, οἳ.* Pers. 482. *στρατὸς....
οἱ μὲν.* Soph. Ai. 235. *ποίμναν ... ὧν.* Trach. *ἥβην ... ὧν.*

v. 787. An *μάταισι* hat man keinen Anstoss genommen und
man begnügt sich mit der Erklärung des Scholiasten *ταῖς ζητήσε-
σιν.* Indessen ist das Wort doch jedenfalls sehr sonderbar und
in einem so abweichenden Sinne hier gebraucht, dass ich an
dessen Echtheit nicht glauben kann. Ich vermuthe *πάτοισι πολυθρόοις.*

v. 788. δὶζῆντιι M. δίζηντιι Rob. —
v. 800. πιϑανευ σέϑεν M. τί δ᾽ ἄνευ σέϑευ Rob.

Exodos.

I. Wechselgesang zwischen dem Chor und dem Herold.
v. 802—882. — Mit Beendigung ihres Gesanges sehen die Jungfrauen den ägyptischen Herold herankommen. Sklaven, welche
Stangen, Stricke und Peitschen tragen, begleiten ihn. Zwischen
beiden erhebt sich nun ein Zwiegesang, der zu den schwierigsten
Partien des ganzen Stückes gehört. Was die Anordnung desselben im Allgemeinen betrifft, so ist zunächst klar, dass das 3. Stasimon mit τί δ᾽ ἄνευ σέϑεν ϑνατοῖσι τέλειόν ἐστιν, durch welche
Worte der Schluss auf das Evidenteste bezeichnet ist, beendet
wird. Dann erkannte Wellauer, dass der erste Theil bis σοῦσϑε
χ. τ. λ. welches augenscheinlich der Herold spricht, in Strophe
und Antistrophe zu scheiden sei. Die Worte ἀμφαίνω und προτάσσου
geben den Schluss der Strophe und Antistrophe deutlich an. Ist
dieses aber der Fall, und steht fest, dass diese beiden Strophen
zum Wechselgesange zu rechnen sind, dann muss auch die folgende Partie, welche dem Herold gebührt und die Hermann als
mesodos, Weil als proodos fasst, von σοῦσϑε — ἐπαμίδα (so der
Med.), strophisch gegliedert gewesen sein. Nun ist klar, dass nach
ἀμφαίνω etwas ausgefallen ist; dieses beweist deutlich der Anfang
der Antistrophe α᾽ · ὁρῶ τάδε φροίμια πράξαν πόνων βιαίων ἐμῶν.
Unter dem Vorspiel zu den Leiden, von welchen die Jungfrauen
sprechen, kann aber nur die Drohung des Herolds, sie bei den
Haaren zu reissen und ihnen das Haupt abzuschlagen, wodurch
dieselben erschreckt werden sollen, gemeint sein. Desshalb vermuthe ich, dass der erste Theil der Worte des Herolds von σοῦσϑε
— χρατός nach ἀμφαίνω zu stellen sei, während nach ἐπαμίδα
die Verse ausgefallen sind, welche dem strophischen οὐχοῦν
χρατός entsprechen. — Im Einzelnen aber sind alle Verbesserungen, die man zu diesen traurig verstümmelten Versen gemacht
hat, unsicher und durchaus ungenügend. Daher habe ich es vor-
gezogen, im Text die handschriftliche Lesart unverändert zu
lassen. Vielleicht werden in der Zukunft noch bessere Quellen
aufgedeckt, als wie sie uns vorliegen, aus denen sich sicherere
Schlüsse auf den ursprünglichen Text ziehen lassen. Die Hoffnung,
die ich selbst hegte, Einzelnes aus dem Aegyptischen restituiren

zu können, erwies sich mir als eitel. — Im Folgenden will ich wenigstens die Scholien zu diesen Versen anführen.

v. 803. ὁ ὁ ὁ· ταῦτα μετά τινος πάθους ἀναβοῶσιν, ἐξ ἀπόπτου τοὺς Αἰγυπτιάδας ἰδοῦσαι. — ὅδε μάρπτις· ὁ ἐλθὼν ἐπὶ τὸ μάρψαι ἡμᾶς.

v. 804. νάϊος γάϊος· ὁ πρώην μὲν ἐπὶ νηὸς, νῦν δὲ ἐπὶ γῆς γεγονώς.

v. 806. τῶν πρόμαρπτι κάμνοις· πρότερον θάνοις, ὦ μάρπτι, πρὶν ἡμᾶς συλλαβεῖν.

v. 807. ἰόφ· ἐπὶ ἀποπτυσμοῦ μίμημα (Dind. st. μίσημα). ἀπὸ δὲ τοῦ ἀποπτύειν ἐπίφλεγμα (Weil st. ἀπόφθεγμα) ἐποίησε. διὸ δεῖ τὴν ὑστέραν δασύνειν. — τοῦτο διὰ μέσου.

v. 809. κάκκας· καταβάσεις (Vict. st. κατακλάσεις).

v. 811. βοὰν ἀμφαίνω· οὐκέτι παρὰ τοῦ πατρὸς ἀκούσασα, ἀλλ' αὐτόπτης γενομένη βοῶ. Unrichtig setzt Dindorf das Lemma ὁρῶ τάδε vor das Scholion. Schwerdt entnimmt hieraus εἰδυῖα. Vielleicht stand ursprünglich: αὐτόθεν καββάσεις νῦν ἰδὼν βόαμα φαίνω.

v. 812. βάριν M. — ὅπως ποδῶν· ὡς ἔχετε τάχους ποδῶν. schol. Kruse zitirt Herod. VI, 116. ὡς ποδῶν εἶχον. Thuc. II, 90. ὡς εἶχε τάχους ἕκαστος. Plat. Gorg. p. 507. ὡς ἔχει ποδῶν ἕκαστος. Matthiae Gr. § 337. ὅπως τάχος Heimsoeth.

v. 813. οὐκοῦν· ἰδίως τοῦτο, ἀντὶ τοῦ εἰ δὲ μή.

v. 815. Schön malt die aufgelöste Arsis die leidenschaftliche Erregung des Heroldes.

v. 819. βαῖνε φυγᾷ πρὸς ἀλκάν· πρὸς τὴν τῶν θεῶν ἀλκήν, τὴν ἐπὶ τῇ δόξῃ ἐπηρμένην ἀλκὴν τῶν θεῶν. ἔστι δὲ παρὰ τὸ »κύδεϊ γαίων«. (Hom. Il. Λ, 405).

v. 822. προτάσσου· ὦ Πελασγὲ, πρὸ ἡμῶν παράταξαι.

v. 823. ὀλύμεναι M. ὀλοαὶ μέγ' Hermann. ὀλομεν' ἐπαμίδα M. ὀλομεν' wurde von Hermann entfernt. Statt ἐπ' ἀμίδα liest derselbe nach Hesych. »ἄμαλα· τὴν ναῦν, ἀπὸ τοῦ ἀμᾶν τὴν ἅλα. Αἰσχύλος Πρωτεῖ σατυρικῷ« — ἐπ' ἄμαλα.

v. 827. εἰθάνα M. εἰθ' ἀνὰ Herm. πολύρρυτον M. πολύρυτον Herm. Weil vermuthet nach Eur. H. f. 386. ἀργυρορρύταν Ἕβρον — πολυρύταν. Kruse πουλύρυτον.

v. 828. Der Responsion wegen sucht Hermann den Spondeus zu entfernen, indem er ἁλμύεντα schreibt. Ich habe oben zu v. 74. schon diesen Fall besprochen.

v. 830. δορὶ διώλου M. δόρει διώλου Herm. Dass die beiden folgenden Verse nicht dem Chore, sondern dem Herold angehören, erkaunte Weil. Der Chor droht in dem ganzen Kommos nicht mit Gewalt, sondern ruft blos den Zorn der Götter über die Aegyptier herab, indem er stets sein Recht hervorhebt. Augenscheinlich haben dieselben mit dem folgenden κελεύω ἄταν ihren Platz verwechselt. Ich restituire nun in dem ersten Verse statt βία den acc. βίαν und ergänze das Subjekt im acc. cum inf. σέ. Im zweiten Verse: ἴχαρ φρενί τ᾽ ἄταν gibt der Scholiast die Verbesserung an: τὴν ἐπιθυμίαν ἴχαρ εἶπε, τὴν ἄτην τῆς φρενός. Hiernach ist zu schreiben: ἴχαρ, φρενὸς ἄταν. Die Form ἴχαρ, für welche Lobeck λίχαρ oder γλίχαρ vermuthete, rechtfertigt Hermann durch die Verbalformen ἰχανᾶν und ἰχαίνειν, welche »begehren« bedeuten. Vgl. Hesych. ἰχανᾷ· ἐπιθυμεῖ und ἰχανᾶν· ἐπιθυμεῖν, γλίχεσθαι, θέλειν, ἥδεσθαι. Etym. M. p. 478, 44. ἰχαίνειν ὅ ἐστιν ἐπιθυμεῖν. Weil hält κελεύω für die in den Text eingedrungene Erklärung und corrigirt:

αὐδῶ σε βίας μεθίεσθαι
ἴχαρ φρεσσί τ᾽ ἄταν ἐᾶν.

Hierauf folgen vier Verse des Herolds, die wohl unheilbar verdorben sind. Weil schreibt: δίαιμόν σ᾽ ἐς ἄμαλ᾽ ἵζω σύδην.
ἀπιτέ᾽, ἀπιτέα.
Hermann: αἶμον᾽ ἴσως σέ γ᾽ ἐπ᾽ ἄμαλα ἥσει δουπίαν τἀπὶ γᾷ. »Cruentum te, inquit, fortasse mittent in navem copiae terrestres Argivorum«, indem er die beiden Verse fälschlich dem Chore zuschreibt. Paley liest den ersten Vers nach Angabe des Scholiasten: ἡμαγμένην (Weil statt ἡμαγμένον) σε καθίζω — αἶμον᾽ ἔσω σέ γ᾽ ἐπ᾽ ἄμαλα.

v. 836. μήποτε τιμῆς μετέχων ἐν τῇ πόλει τῶν εὐσεβῶν. schol. Derselbe legt also diese Worte dem Chore in den Mund. (Weil) ἀτίετος ἀνὰ πόλιν ἀσεβῶν Herm. ἃ τίετ᾽ ἀμ πόλιν, οὐ σέβω Scholefield, Paley. Dass der Herold hier von Aegypten rede, schliesst Kruse mit Recht aus der Antwort des Chors. Weil schreibt desshalb: ἃ τίετ᾽ (i. e. τιετά, quam vocem probabiliter restituit Meineke Eum. v. 385. ἄτιμα τιετὰ δώμεναι) ἀνὰ πόλιν ἐμὰν πάλιν εὐσεβεῖν »ut ea, quae in mea civitate coluntur, rursus venereris.« Diese Emendation ist indessen höchst unwahrscheinlich. Wir erwarten vielmehr: »Verlass den Altar, komm auf das Schiff, welches dich hinabführen soll zur Stadt der Frommen.«

v. 837. εἴδοι M. ἴδοιμ᾽ Butler ἴδοιν, Peiper. Vgl. Eurip. Hel. 263 (271) und Hermann zu dieser Stelle. ἴδοι Par.

v. 839. ἔνθεν δεξόμενον M. δεξόμενον Scaliger und Porson,

v. 840. ζώφυτον αἷμα βροτοῖσι θάλλει M. Conington, Paley und Hartung lesen βοτοῖσι nach dem Scholion: τὸ ζωοποιοῦν τὰ θρέμματα. Indessen ist die Aenderung unnöthig. Im Alterthum glaubte man, das Nilwasser mache feist und das weibliche Geschlecht fruchtbar. Vgl. Solin. Polyhist. Lips. 1777 p. 16. Uhlemann, Aegypt. Alterth. II, 39. Plin. VII, 3. Aelian. anim. III, 33. Senec. quaest. nat. III, 25. Nach Plut. Is. 5. verursachte es Wohlbeleibtheit (πολυσαρκίαν). Strab. XV, 1. p. 695. καὶ Νεῖλον δ' εἶναι γόνιμον μᾶλλον ἑτέρων καὶ μεγαλοφυῆ γεννᾶν καὶ τἆλλα καὶ τὰ ἀμφίβια. τάς τε γυναῖκας ἔσθ' ὅτε καὶ τετράδυμα τίκτειν τὰς Αἰγυπτίας. Aelian. de anim. III, 33. λέγεται δὲ αἴτιος ὁ Νεῖλος εἶναι εὐτεκνότατον παρέχων ὕδωρ.

v. 841. ff. ἄγειος ἐγὼ βαθυχαῖοσ βαθρείασ βαθρείασ γέρον M. Der Scholiast erklärt βαθυχαῖος· ἡ μεγάλως εὐγενής· χάοι γὰρ οἱ εὐγενεῖς. ἐγὼ ἡ βαθυχαῖος ἀναξία ταύτης τῆς βαθρείας, ὦ γέρον. Im Text, sowie im Scholion ist βαθρείας corrupt. Hermann sucht dasselbe zu halten, indem er es für gleichbedeutend mit βάθρα erklärt als »gradus in quibus et signa deorum posita erant et virgines consederant«. Desshalb verändert er ἐγώ in ἔχω, welches schon Butler gefunden hatte. Für ἄγειος schrieb Lobeck Paral. p. 552. γέγειως, Hermann bildete γεῖος »ut indigenae ab antiquissima nobilitate generis hunc locum sibi vindicantes«, Weil ἔγγαιως, oder vielleicht Ἀργεῖος = Ἀργεία. Indessen deutet das Scholion auf einen andern Text. βαθρείας ist entschieden mit Emper. in λατρείας zu verwandeln und im Uebrigen schreibe ich:

λατρείας, γέρον, βαθυχαῖος
ἄμοιρος ἐγὼ βαρείας.

Unter γέρον haben wir natürlich den Herold zu verstehen, unter λατρεία die Knechtschaft, in welche die Jungfrauen bei den Aegyptiaden zu gerathen fürchten.

Auf die Restituirung der nun folgenden Worte des Herolds muss ich verzichten.

v. 839. ἆι ἆι αἱ ἅι M.

v. 840. καὶ γὰρ δυσπαλάμως ὄλοιο M. εἰ Heath. Im Folgenden las der Scholiast σὺν παλάμαις statt δυσπαλάμως. Das Scholion lautet nämlich: τοῦτο ἰδίᾳ, εὐκτικῶς· ὄλοιο οὖν σὺν ταῖς σαῖς μηχαναῖς. Hierzu ist zu vergleichen das Scholion zu Prom. 166 B. παλάμῃ· μηχανῇ· παλαμᾶσθαι γὰρ τὸ μηχανᾶσθαι. Auch Heimsoeth erkennt dieses (W. p. 480), wo er εἰ γὰρ σὺν παλάμαις δυσώλου vorschlägt, während er früher εἰ γὰρ δυσπαλάμως ὄλωλας las. Weil verwirft mit Unrecht die Lesart des Scholiasten und schreibt: *αἲ γὰρ δυσπάλαμος σύ γ' ὤλου.*

v. 841. *δι' ἀλλίρυτον* M. *δι' ἀλίρρυτον* Rob.

v. 842. Sarpedon, Sohn des Zeus und der Laodameia (Hom. Il. VI, 199. Apoll. III, 1. 1.), Fürst der Lykier (Hom. Il. II, 876, VI, 479.), Bundesgenosse der Troer, von ausgezeichneter Tapferkeit (Hom. Il. V, 629. XII, 292, 397. XVI, 550. XVII, 152). Zeus sagt seinen Tod voraus (Il. XV, 67), Patroclus tödtet ihn. (Il. XVI, 419—503). Die Genossen des S. kämpfen um seinen Leichnam, welchen Apollo rettet. Dieser übergibt den Leichnam dem Schlafe und dem Tode, welche ihn nach Lycien tragen, wo er mit *τύμβος* und *στήλη* geehrt wird. (Il. XVI, 675. Strabo, XIV, p. 670. Soph. fgt. 40. *Σαρπηδὼν ἀκτή.*) Das Grabmal stand nach Pomp. Mela I, 13 an der Gränze seines Reiches, das hiernach sich über einen Theil von Cilicien erstreckte; denn das Vorgebirge Sarpedon (*Σαρπηδωνία ἄκρα*) lag in Cilicien, 80 Stadien westlich von der Mündung des Calycadnus. Pauly s. v. Kruse.

v. 843. *πολυφάμαθον* M. *πολύφαμμον* Herm.

v. 844. *εὐρείαις εἰν αὔραις* M. Hermann schreibt *ἀερίαις ἐν αὔραις*, Kruse besser *ἀερίαισιν αὔραις*, ohne dass jedoch hierdurch der Stelle geholfen wird. Marckscheffel schlägt *εὐρυχύροις* vor, Paley *εὐρείαισιν;* indessen findet sich in der Responsion des Spondeus und Dactylus nichts Anstössiges; schon oben haben wir diesen Fall besprochen. Vgl. R. W. Metr. III, p. 529. — *αὔραις* aber lässt sich nicht halten. Wahrscheinlich ist dafür *αὐλαῖς* zu lesen. Wir hätten dann *αὐλή* auf das Meer zu beziehen, welches oben *ἄλσος* heisst, so dass dann *εὐρείαις* als durchaus passendes Beiwort erscheint.

In den Handschriften folgen nunmehr die drei Verse des Herolds *ἴυζε καὶ λάκαζε κ. τ. λ.* Der Zusammenhang ergibt aber klar und deutlich, dass wir hierhin die folgenden drei Verse *βαίνειν κελεύω — οὐδάμ' ἄζεται* zu stellen haben.

v. 845. *βάριν εἰσ ἀντίστροφον* M. *τὴν ἐξ ἀμφοτέρων τῶν μερῶν ἑλισσομένην, ὅ ἐστιν ἀμφιέλισσαν.* schol. Richtig nach dem Scholiasten *ἀμφίστροφον* Porson und Hermann. So auch Etym. Gud. p. 104, 42. *Βάρις· τὸ πλοῖον, ἡ πηγή· Αἰσχύλος· βαίνειν κελεύω βάριν εἰς (τὸ) ἀμφίστροφον. εἴρηται παρὰ τοῦ βαίνειν* (cod. *τὸ βαίνων.* Vgl. Peiper p. 19) *βάρις.* Nicht unberücksichtigt darf die öftere Wiederholung des dem Herold in den Mund gelegten Wortes *βάρις* bleiben; es soll hierdurch der Rede desselben ein ägyptischer Klang gegeben werden. — bari bedeutet nämlich auch im Aegypt. Schiff und besonders das Nilschiff; das Wort ist hier ebenfalls gen. fem. Vgl. Herod. II, 96. ἡ μὲν δὴ θύρη τοῦ ῥόου ἐμπίπτοντος χωρέει ταχέως, καὶ ἕλκει τὴν βάριν· τοῦτο γὰρ δὴ οὔνομά ἐστι τοῖσι πλοίοισι τούτοισιν — nämlich in Aegypten. So wird es Pers. 554 den Persischen Greisen in den Mund gelegt (βαρίδεσσι ποντίαις). Vgl. Teuffel zu dieser Stelle, welcher noch Her. II, 41. Diod. I, 92, 96 s. f. Prop. IV, 10. 44 und Eur. Iph. A. 249. βαρβάρους βάριδας zitirt. Später wird das Wort für Schiff, Kahn ohne Einschränkung gebraucht.

v. 846. ὅρον τάχιστα M. ὅσον Rob. —

v. 847. οὗτοι πλόκαμον οὐ δαμάζεται M. οὔτι Schwerdt, οὐδάμ' ἄζεται Pauw. οὖλον πλόκαμον οὐδάμ' ἄζεται Martin (Progr. p. 23), wozu er Herod. II, 104 vergleicht.

v. 848. οἱ οῖ οῖ οῖ οῖ M.

v. 849. λύμασισ ὑπρογασυλάσχ^{οῖ}εῖ περιχαμπτὰ βρυάζεισ M. λύμας εἰς σὺ Weil. λύμαισιν σὺ Kruse, λυμανθεὶς σὺ πρὸ γᾶς ὑλάσχοις περίχομπα βρυάζων Herm., περίχρεμπτα Stanley, περίγαυνα Enger, περιχανδὰ M. Schmidt, λύμας οἱ σὺ προβὰς ὑλάσχεις περιχανδ' ἃ βρυάζεις Martin »Vae, vae, quo tu contumeliae progressus latras, quae nimis diducto victu iactas! In einer frühern Arbeit über die Scholien schrieb ich: λυμάσεις σὺ πρὸ γᾶς ὑλάσχων | περίγαυνα βρυάζεις. λύμασις = λύμη. — λυμάσεις ὑλάσχων bezieht sich auf das vorhergehende ὁλκὴ γὰρ οὔτι πλόκαμον οὐδάμ' ἄζεται.

v. 851. ὃσ ἐρωτᾶσ ὁ μέγασ νεῖλοσ ὑβρίζοντα σὲ ἀποτρέψει ἔναιστον ὕβριν M. Hierzu gehören die Scholien εἰς ὑπὲρ τῶν Αἰγυπτίων πρεσβεύοι, welches fälschlich zu v. 877. geschrieben ist und in welchem mit Unrecht Schwerdt πρεσβεύων liest und ὁ Νεῖλός σε. Die Worte des Textes sind nun stark verdorben. Hermann liest ὁ δὲ βώτας und im Folgenden ἄοιστον »qui te nutrivit magnus Nilus avertat te ab intolerabili ista temeritate«, Scaliger ὁ δ' ἔρως γᾶς, Peiper nach Hermanns Citat (schol. Lycophr. 389, Etym. M. p. 708, 56. Zon. p. 1631) ὁ σαρώτας und ἀποτρέψει·ἐναίσιον ὕβριν, Martin ὃς ἐπωπᾷ δ', ὁ μέγας Νεῖλος, ὑβρίζοντά σ' ἀποτρέψειεν ἄιστον ὕβριν »sed qui te videt, magnus Nilus, superbientem, avertat insolentiam tuam, ut ad nihilum redigatur«, indem er ἄιστον proleptisch erklärt »ὥστε ἄιστον εἶναι«, Marckscheffel, Fix, Hartung ἀποστρέψειεν. Schwerdt endlich schreibt ὃς ἐπωπᾷ σε μέγας Νεῖλος, welches Weil in ὃς ἐπωπᾷ σ', ὁ μέγας Νεῖλος umändert, da der

Artikel nicht fehlen kann. Indessen haben wir wohl an ein aus-
zeichnendes Beiwort zu denken; ich vermuthe desshalb ὁ δ' ἐπώπας,
welches nach Hesych. eine andere Form für ἐπόπτης ist. Auch
Heimsoeth hat (W. p. 363) ἐπώπας geschrieben; nur versteht er
die Stelle falsch, wenn er bemerkt: »Was soll aber der Nil jetzt
in Argos? er kann hier nicht im Nom. gestanden haben, wohl
aber der den Hiketiden und den Aegyptiern gemeinschaftliche Gott,
der erhabene Hort des Nils: ὁ δ' ἐπώπας, ὁ μέγας Νεῖλου.« Wer
war aber dieser Hort?. Davon ist uns durchaus nichts bekannt.
Nun wurde aber der Nil selbst als Gott verehrt; Uhlemann reiht
ihn als identisch mit Neptun unter die 12 Zodiakalgötter ein (II,
p. 181) und macht ihn zum Beherrscher des Zeichens der Fische.
Der Nilgott hatte seine besonderen Priester und wurde vorzüglich
in Nilopolis verehrt, wo ihm ein Tempel geweiht war. Ihm zu
Ehren wurden die Niloen gefeiert, welches Fest mit Opfern, Tän-
zen, Schmausereien, Festzügen und Trinkgelagen begangen wurde.
(Uhlem. Aeg. Alterth. II, p. 146). Daher schreibe ich:

ὁ δ' ἐπώπας, ὁ μέγας Νεῖλος

und im Folgenden mit Schwerdt und Heimsoeth

ὑβρίζοντος ἀποτρέ-
ψει' ἀθέμιστον ὕβριν.

v. 854. ἴυζε καὶ λάκαζε — Spöttische Anklänge an ὑλάσκων
und βρυάζεις; κάλει θεούς bezieht sich auf die Anrufung des Nil-
gottes.

v. 855. ἴυζε καὶ βόα πικρότερ' ἀχέων οἰζύος ὄνομ' ἔχων M.
καίπερ χέουσα πικρότερ' οἰζύος νόμον. Enger. Das Richtige χέουσα
καὶ πικρότερον οἰζύος νόμον hat wohl Hermann gefunden, während
die Conjectur von Weil »πρὸς ταῦτα πικρότερ' οἰζύος νόμον χέον«
in keiner Weise anspricht.

v. 856. In den Handschriften steht der Vers Αἰγυπτίαν κ. τ. λ.
vor ἴυζε καὶ βόα πικρότερ' ἀχέων κ. τ. λ. Augenscheinlich muss
derselbe nachgestellt werden; denn er gibt den Grund für das
Vorherige an.

v. 857. δι δὶ πάτερ βροτιοσα ρνσαται M. ἡ τῶν βρετέων
ἐπικουρία βλάπτει με. schol. Hieraus ergibt sich, dass der Scholiast
las: βρετέων ἄρος μ' ἀτᾷ. Dieses führt dann auf die richtige
Schreibung hin: βρετέων ἄρος ματᾷ »simulacrorum auxilium cuncta-
tur.« Falsch wird die Stelle von Eustath. p. 1422, 18 zitirt:
ἀπὸ δὲ τοῦ ἀρῶ καὶ ἄρος τὸ ὄφελος παρ' Αἰσχύλῳ ἐν Ἱκέτισι. βρό-
τεος ἄρος ἄτα, ἤτοι τὸ εὖ τῶν βροτῶν καὶ τὸ ὄφελος ἄτη ἐστίν.

Jedoch wird hierdurch die Form ἄρος beglaubigt. Uebrigens hat auch Paley βρετέων aus dem Scholion aufgenommen und ματᾷ ist schon von Martin und Enger gefunden. Martin liest nämlich βρέτεος ἄρος ματᾷ, Enger βρέτους ἄρος ματᾷ μάλα. Die von Hermann, Dindorf, Kruse, Peiper, Weil aufgenommene Schreibung ist βρέτεος ἄρος ἄτα.

v. 858. μαλδααγει ἄραχνος ὡσ βάδην ὄναρ ὄναρ μέλαν M. Hermann ist unentschieden, ob er ἀμαλδυνεῖ lesen soll, oder ἀμαλάδ᾽ ἄγει μ᾽. Das letztere hat er in den Text aufgenommen. Martin meint ἀμύγδ᾽ ἄγει μ᾽ »vellicando et lacerando me abigit«, Weil μάλα δ᾽ ἄγει »utique me abigit.« Diese Verbesserung habe ich angenommen. — Ὄναρ de praecone, qui spectri instar est, tam bene dictum, ut per se minime suspectum sit.« Herm. Des Metrums wegen schreibt er jedoch νόαρ. Indessen ist nichts zu ändern. ὄναρ μέλαν — ein schwarzes Gespenst, Anspielung auf die schwarze Farbe des Heroldes. Dass unter ἄραχνος die schwarze Spinne zu verstehen sei, lehrt Arist. hist. an. IX, 39. τὸ δ᾽ ἕτερον (ἀράχνιον) μεῖζον, τὸ μὲν χρῶμα μέλαν, τὰ δὲ σκέλη τὰ πρόσθια μακρὰ ἔχον, τῇ δὲ κινήσει νωθρὸν καὶ βαδίζον ἠρέμα. — βάδην Pers. 19.

v. 861. ὀτοτοτοτοῖ M.

v. 862. μᾶ γᾶ μᾶ γᾶ βοᾶν M. Vgl. den Spruch der Priesterinnen zu Dodona bei Paus. X, 12, 5.

Ζεὺς ἦν, Ζεὺς ἐστὶ, Ζεὺς ἔσσεται, ὦ μέγαλε Ζεῦ. Γᾶ καρποὺς ἀνίει, διὸ κλῄζετε μητέρα γαῖαν. βοᾶν ändert Pauw in βοᾷν, Herm. in βοᾷ. Richtig Weil: Requiritur nomen substantivum, quo referatur φοβερόν, id genus qualia sunt ὄναρ ἄραχνος ὄφις ἔχιδνα. Nur hat er nicht das Richtige gesehen, wenn er βύαν vorschlägt »bubonem«. Wahrscheinlich stand »βόαν« den Schreier. Zwar lässt sich das Wort bloss Luc. Lapith. 12 nachweisen, aber der Zusammenhang spricht hier so deutlich, dass die Aufnahme desselben unbedenklich ist.

v. 864. ὦ βὰ γᾶσ παῖ ζεῦ M. βᾶ soll König bedeuten = βασιλεῦ. Hermann zitirt den Eigennamen Βᾶς, eines Königs von Pontus. Der Scholiast erklärt ὦ πάτερ Ζεῦ, γῆς παῖ. ἡ αὐτὴ γὰρ Ῥέα καὶ Γῆ. Hiernach und nach Arcad. p. 125, 17, Choerobosc. p. 1181, Bekker schreiben Weil und Valckenaer zu den Adoniaz. p. 382 mit Recht ὦ πᾶ. Zu Γᾶς παῖ vergl. Herm. Soph. Philoct. 391. ὀρεστέρα παμβῶτι Γᾶ, μᾶτερ αὐτοῦ Διός., Weil Prom. 210. Γαῖα πολλῶν ὀνομάτων μορφὴ μία.

v. 866. οὐ γάρ με θρέψαν οὐδὲ γήρασαν τροφῇι M. μ᾽ ἔθρεψαν

Turn. οὐδ᾽ ἐγήρασαν Turn. εἰς γῆράς με ἤγαγον (Schwerdt st. ἤγαγεν). schol.

v. 867. μαι μαι M. μαιμᾷ Rob. furibunda petit. ἐνθουσιᾷ schol. μαιμᾷ· ἐνθουσιᾷ καὶ ὀξέως ὁρμᾷ, ἢ ὀρέγεται, προθυμεῖται und μαιμᾶν· ὀρέγεσθαι, ἐπιθυμεῖσθαι. Hesych. Nach πέλας nimmt Herm. eine Lücke an. δίπους ὄφις — vgl. Ag. 1258., wo Klytaemnestra δίπους λέαινα heisst.

v. 869. ff. ἔχιδνα δ᾽ ὥς με τί ποτ᾽ ἔν δακοσάγ M. Kruse ἔχιδνα δ᾽ ὥς μέ τις πόδα δακοῦσ᾽ ἔχει. Peiper klammert ἔχιδνα δ᾽ ὥς ein und ändert τὸ πόντιον δάκος μ᾽ ἄγει, Hermann, Hartung, Schwerdt τις πόδ᾽ ἐνδακοῦσ᾽ ἔχει. Ich schreibe mit Weil ἔχιδνα δ᾽ ὥς μέ τις ποτιδακοῦσ᾽ ἔχει.

v. 876. χιτῶνος ἔργον· τὴν ἐργασίαν τοῦ χιτῶνος. schol. Vgl. Suppl. 847 (884).

v. 877. πρόμνοι M. πρόμοι Stanley.

v. 878. Richtig rückte Heath diese beiden Verse (909, 910 Dind.) hierhin, während er vv. 905 und 906 an deren Stelle setzte.

v. 879. ἐπεὶ οὐ κακοῦ ἔξυτᾶν ἐμῶν λόγων M. οὐκ ἀκούετ᾽ ὀξὺ τῶν ἐμῶν λόγων Porson. οὐκ ἀκουάζεσθε Peiper. οὐκ ἀκούειν ἀξιοῦτ᾽ ἐμῶν λόγων. Feder, obs. crit. 29. (Kruse). Vgl. Eur. Or. 1530. Il. ρ, 256.

v. 880. διωλόμεσθα ἐπτάναξ πάσχομεν M. διωλόμεσθ᾽ ἄελπτ᾽, ἄναξ Rob. Die Danaiden sehen den König herankommen.

v. 881. πολλοὺς ἄνακτας — höhnende Anspielung auf ἄναξ.

v. 882. θάρσει τοῦ χερεῖ ταναρχίαν M. ὄψεσθε βασθαρσεῖτ᾽ οὐκ ἐρεῖτ᾽ ἀναρχίαν Rob., ut βασ. personae signum alieno loco illatum sit. Herm. Der Hohn und die bittere Ironie dieser Worte ist zu beachten.

II. Der König und der Herold. v. 883—940. Während der letzten Verse des Welschelgesanges ist der König mit kriegerischem Gefolge aufgetreten. Energisch und muthig tritt er dem Uebermuthe des Herolds entgegen.

v. 883. οὗτος, τι ποιεῖς; tu, quem compellare mihi animus est. Ellendt, L. S. Vgl. Ai. 71, 1047. O. C. 1627. O. T. 532, 1121. Die handschr. Lesart ἐκ ποίου, wofür im Classical Journ. VII, p. 159 τίνος verbessert wurde, was Herm. u. A. aufgenommen haben, stellte Paley wieder her, indem er sich auf Od. XX, 89 und Eum. 424 stützt. Vgl. über solche Verkürzung von Diphthongen vor Vocalen Matthiae, Gr. § 23, 6 und Kruse zu Suppl. v. 100, wo er Ag. 315, 593, 1034, 1312, 1320. Eum. 197. 638. Prom. 956. fgt. 161, 372 und τοιόσδε Sept. 27. Ag. 1400 fgt. 324 zitirt. Vgl. Krüger, Di. § 3, 3.

v. 886. χάρβανος δ' ὧν M. χάρβ. ὧν δ' Porson. Ueber die Stellung von δέ vergl. Burg. diss. p. 65 und 66 und § 43.

v. 887. ὤρθωσα φρενεί M. ὤρθωσας φρενί Rob. Weil bemerkt richtig: καί a πολλά separari non debet neque copulae vim hic obtinet. cf. καὶ πολλαχῇ γε 454. καὶ πολλὰ χαίρειν ξυμφορὰς καταξιῶ. Ag. 543.

v. 889. Hermann glaubt, nach v. 917 (Dind.) seien zwei Verse ausgefallen. Respondere debebat praeco »quomodo non? nemini enim iniuriam facio. Tum regem dicere oportebat »at has virgines vi abducere conaris«. Mit vollem Rechte wendet Kruse hiergegen ein, es sei selbstverständlich, dass es sich um das Wegführen der Mädchen handele; die Zwischensätze wären lästig und breit.

v. 890. τἀπολωλόθ' εὑρίσκων ἐγώ M. τἄμ' ὀλωλόθ' εὑρίσκων ἄγω. Porson. Vgl. O. C. 833. τοὺς ἐμοὺς ἄγω und Eur. Hec. 175. τἄμ' ἐῶν ἄγειν ἐμέ. Wellauer lässt die handschr. Lesart unverändert, indem er nach ἐγώ einen Gedankenstrich setzt, als ob der Herold in seiner Rede unterbrochen würde. »Interrumpitur a rege praeconis oratio:« quidni ego amissa inveniens . . .

v. 891. προσξένοις M. προξένοις Vict.

v. 895. σέθεν κάτω M. σέθεν κλύω Rob.

v. 896. »abducam, nisi tu mihi has eripias«. Videtur praeco nonnihil territus increpatione regis iam minus confidenter loqui. Hermann.

v. 897. οὐδὲ μάλ' M. οὐ μάλ' Rob.

v. 900. λέγοισ ἂν M. λέγοιμ' ἂν Heath. Den König aufzufordern, es selbst den Aegyptiaden zu sagen, wäre ganz widersinnig.

v. 901. ἀβουκόλητον — vergl. Eum. 78. τόνδε βουκολούμενος πόνον. Ag. 669. »mei officii non est.«

v. 902. εἰδώσ M. Ganz verfehlt ist die Conjektur von Turn. und Hartung εἰδῆς. Vgl. Sept. 375. λέγοιμ' ἂν εἰδὼς εὖ τὰ τῶν ἐναντίων. Agam. 838. εἰδὼς λέγοιμ' ἄν. Kruse.

v. 905. In den Handschr. folgen vv. 934—937 bei Dind. οὗτοι — βίου. Mit Recht sind dieselben als den Zusammenhang störend nach v. 919 (950 Dind.) gestellt. Mit τί σοι λέγειν χρὴ τοὔνομ' κ. τ. λ. antwortet der König auf v. 904. πρὸς τίνος. — Weil nimmt nach v. 905 eine Lücke an und lässt sonst die handschr. Lesart unverändert.

v. 907. εἰσθιγαυτος χοϊ ζυνέμπορος Μ. ἴσωσ γ' αὐτὸς χ' οἱ ξυνέμποροι Rand des Med. Burges 'besserte.

v. 909. λόγοισ Μ. λόγος Turn.

v. 912. τῶνδε φιλωταὶ τορῶ Μ. τῶνδ' ἐφήλωται τορῶς Turn.

v. 913. ἀραρότωσ Μ. ἀραρότα Meineke. Weil.

v. 918. ἴσθι μὲν τάδ' ἤδη πόλεμον ἐρεισθενέον Μ. αἴρεσθαι νέον Porson nach v. 328. — Anspielung auf den frühern Krieg in Afrika. Für die verdorbenen Anfangsworte schlägt Hermann σοὶ μὲν τόδ' ἡδύ, welches Paley aufgenommen hat, oder εἴ σοι τόδ' ἡδύ vor. Dieses Letztere ist wohl das Richtige. Nach diesem Verse haben wir dann eine Lücke anzunehmen. — Bothe und Weil lesen ἴσθ' οὖν τάδ' ἤδη, Dindorf ἢ 'σται τάδ', ἢ δεῖ πόλεμον αἴρεσθαι νέον. — χράτη Μ. χράτος Nauck. Weil.

v. 921. Kruse vergl. Ag. 814. δίχας γὰρ οὐκ ἀπὸ γλώσσης θεοὶ κλύοντες.

v. 922. γίνεται Μ. Vgl. Od. XIII, 427. πρὶν χαί τινα γαῖα χαθέξει. Kruse.

v. 923. βίου Μ. Nach Plut. de curios. p. 517. F. und de facie in orbe lunae p. 937 F. schreiben Boissonade und Hermann βίων. Vgl. fgt. 184. μαχραίωνας βίους. — Nach diesem Verse nimmt Hermann mit vollem Rechte eine Lücke an: »quare vide an bene prospicias populo tuo, si eum feminarum caussa in belli discrimen coniicias.«

v. 927. Die Aegyptier tranken Gerstenwein. Vgl. Herod. II, 77. οἴνῳ δ' ἐκ κριθέων πεποιημένῳ διαχρέωνται. Diod. I, 34. χατασκευάζουσι δὲ χαὶ ἐκ κριθῶν Αἰγύπτιοι πόμα und es bemerkt derselbe, dass es ζύθος genannt worden sei, nach Uhlemann A. A. 2, 285 von so Trank und ἰοτ Gerste, Strabo XVII, 1 nennt das Gerstengetränk Λιβυχὸν οἶνον. — Bei diesen Worten entfernt sich der Herold mit seinen Begleitern.

v. 928. φίλοισ Μ., was Paley beibehält. φίλαις Schütz.

v. 931. τὰ δήμια — Staatseigenthum.

v. 933. εὐθυμεῖν ἔστιν ἐντυχούσηναίειν δόμοισ Μ. εὐθυμόν ἐστιν εὐτυχεῖς ναίειν δόμους Turn. εἰ θυμός ἐστιν εὐτύχους ναίειν δόμους Bothe, Herm. — ἕτοιμον Dobree, ἔνθ' ὑμιν oder ὑμὶν Kirchhoff und Weil zu Ag. 98, ἔνθ' ἔστιν ὑμῖν Weil zu Suppl. 914. εὐτυχῶς Paley.

v. 934. πολλῶν μετ' ἄλλων· ὡς πολλῶν ξένων ἐκεῖ οἰκούντων. schol. Dem Scholion war das falsche Lemma μονορρύθμους δόμους vorgeschrieben. — »πόλεως ita ut a δόμους pendeat« Martin.

v. 935. μονορύθμυσα M. μονορρύθμους Turn. »Non suas singulis aedes dicit, sed in quibus virgines solae cum patre habitent.« Unrichtig Weil. Gemeint ist vielmehr der Königspalast.

v. 937. πάρεστι λωτίσασθαι M. πάρεστι, λωτίσασθε Canter.

Die das Abtreten des Königs begleitenden Anap. bilden zugleich die Einleitung zu der ἄφοδος (Vgl. Pollux 4, 108 und Westphal a. a. O. p. 19), dem Gesange der hinausziehenden Chöre. Dieselben sind von dem Auszugsliede durch einen kurzen Dialog zwischen Danaus und dem Chore getrennt, welcher aus scenischen Gründen hier eingeschoben ist; denn 1) konnte Danaus unmöglich als stumme Person auftreten; 2) es nahm die Aufstellung der Dienerinnen eine gewisse Zeitdauer in Anspruch, welche durch den Dialog auf das Zweckmässigste ausgefüllt wird.

Chor. I. 940—947. Nachdem der Chor dem Pelasgos Segen und Heil gewünscht hat, bittet er ihn, den Vater zurückzusenden, damit derselbe, welcher sie bisher besonnen und klug geleitet habe, überlege, wo es sich für sie zu wohnen schicke.

v. 940. ἀγαθοῖσ M. ἀγαθοῖσιν Porson.

v. 941. δῖε Πελασγῶν· ὡς »δῖα γυναικῶν« (Hom. Od. 18, 207).

v. 945. καὶ τόποσ εὔφρων M. κεὶ τόπος εὔφρων (gleich εἰ καὶ τόπος εὔφρων ἐστί) Heimsoeth.

v. 946. πᾶς τις· ἐπεὶ πᾶς ἄνθρωπός ἐστιν ἕτοιμος εἰς τὸ ψέγειν τοὺς ξένους. schol. ἐνίπτειν Burges. ἐνίπτειν· ψέγειν Hes. Ag. 590.

v. 947. εὔτυκτος M. εὔτυχος Turn. εὔτυχος Spanheim. εἴη δὲ τὰ λῷστα. Vgl. Ag. 121. τὸ δ᾿ εὖ νικάτω. Cho. 868.

Der König tritt mit Gefolge ab. Durchaus falsch schrieben Hermann u. A. diese Verse dem Könige zu; richtig geben sie Klausen, Hall. Lit. Z. 1830 p. 463, Droysen, Dind., Hart., Schwerdt, Enger, Kruse, Weil dem Chor: 1) der König muss sich vor der Ankunft des Danaus entfernen; der Chor fordert ihn ja auf, den Vater zu schicken. 2) Es ist unmöglich, dass der König in Anapästen spricht. 3) Ebenso wenig kann er die Dienerinnen φίλαι δμωίδες nennen; diese Bezeichnung passt nur im Munde des Chors. 4) Er kann nicht wissen, dass Danaus einer jeden seiner Töchter eine Dienerin als Mitgift schenkte. Aus allen diesen Gründen ergibt sich, dass der König die Verse von 948—954 nicht gesprochen haben kann; nach v. 947 verlässt derselbe vielmehr die Bühne. Es findet aber ein anderes Bedenken statt. Der König soll den Danaus schicken. Augenscheinlich ist nun die Zeit zwischen dem

Abtreten des Königs und dem Erscheinen des Danaus zu kurz.
Wenn nun auch diese Unwahrscheinlichkeit nicht ganz gehoben
werden kann, so wird sie doch gemildert, wenn wir mit Weil nach
λαῶν eine Lücke statuiren, welche Annahme ausserdem durch die
Beschaffenheit der Verse wahrscheinlich gemacht wird. Zwar
findet eine Responsion der Anapäste nur selten statt (R. W. Metr.
III, p. 103), aber unsere Stelle scheint durchaus symmetrisch ge-
baut, so dass mit εἴη δὲ τὰ λῷστα die eine Hälfte ihren Abschluss
findet. Endlich weist der Gedankengang auf eine Lücke hin.

v. 952. Der Chor ruft die Dienerinnen zu sich auf die Bühne
und fordert sie auf, eine geordnete Aufstellung zu nehmen.

Schlussrede des Danaus an seine Töchter.

v. 955—989.

Danaus tritt mit bewaffnetem Gefolge auf; hierdurch wurde
einmal der Pomp beim Abzuge von der Bühne vermehrt, dann
aber deutet der Dichter durch diese Leibwache auf die spätere
Königswürde des Danaus hin, wie Welcker und Klausen scharfsinnig bemerken.

v. 958. καί μου τὰ μὲν πραχθέντα πρὸσ τοὺσ ἐκτενεῖσ —
φίλου* πικρῶσ ἤκουσαν αὐτανεψίουσ M. Hermann schreibt zunächst
καί μοι . . . ἐχγενεῖς, welches Wort »e genere eiectos vel eiiciendos,
degeueres« bedeuten soll; Heath, Enger, Hart., Schwerdt ἐγγενεῖς,
welches neben αὐτανεψίους ganz müssig ist, Martin ἐκμανεῖς. Im
Folgenden liest Hermann μάλ' οὐ, Enger φίλ' οὐ πίκρ' εἰσήκουσαν,
Stanley, Schwerdt φίλ' οὐ πικρῶς ἤκουσαν. Das Richtige hat
Kruse gesehen, der καί μου τὰ μὲν πραχθέντα πρὸς τοὺς ἐγγενεῖς
— φίλους πικρῶς ἤκουσαν αὐτανεψίους schreibt. »Atque me dicente in
nos consanguineos ab ipsis patruelibus commissa cum indignatione
audiverunt.« (Weil) Augenscheinlich bezieht sich der Bericht des
Danaus auf die Verfolgung der Aegyptiaden nach Argos.

v. 960. ἐμοῦ δ' aus ἐμοῦσ δ' M. ἐμοῦ δ' Guelf. ἐμοὶ δ' Schütz.

v. 962. καὶ μήτ' δέλπτωσ M. μήτ' ἐξ δέλπτων Weil. δορυξ' ἀνημέρωι
M. δορικανεῖ μόρῳ Porson. ἄγθ. ἀείζων »piaculum semper vivum.«

v. 964. εὐπρυμνῇ M. ἐν πρύμνῃ Hermann und früher Paley (vgl.
Choeph. 390 πρώρας καρδίας), welcher jetzt »τυγχάνοντα πρευμενῆ φρενὸς χάριν σέβεσθαι τιμιωτέραν θέμις« schreibt. »tutum animi decus.«

v. 965. σέβεσθαι . . . ἐμοῦ M. θέμις Herm. λέγω Schwerdt.
Heimsoeth erkennt, dass τυγχάνοντας ein regier. Verb. verlange;

Hermann's ϑέμις ist nicht gerechtfertigt, da hierbei eher der Dativ stehen würde. Daher streicht er ἐμοῦ und schlägt hierfür πρέπει oder χρεών vor. Weil nimmt zwischen σέβεσϑαι und τιμιωτέραν eine Lücke an, da er den gen. ἐμοῦ durch den compar. für gesichert hält.

v. 966. καὶ ταῦτα μὲν γράψεσϑε M. Unnöthig schreibt Hermann καὶ ταῦϑ' ἅμ' ἐγγράψασϑε, Hartung καὶ ταῦτά μοι γράψεσϑε. Vgl. Burgard, diss. § 23. »hic inprimis considerandus videtur is usus, ex quo pronomen sive etiam substantivum per μέν particulam effertur, ea autem vox, quae per δέ opponi debuit, verbis quidem non continetur, sed ipsa cogitatione intelligitur. Haec ellipsis omnibus linguis videtur esse communis; in latina lingua μέν particulae respondet »quidem«, in patria »wenigstens.« — πρὸσ γεγραμμένουσ M. προσγεγραμμένοις Rob.

v. 967. Weil glaubt, nach πατρός sei ein Vers ausgefallen, indessen liegt der Zusammenhang so klar zu Tage, dass wir durchaus nicht berechtigt sind, etwas zu ändern.

v. 968. ὡσ ἐλέγγεσϑαι M. ἐξελέγχεσϑαι Heimsoeth, der ὡς für den Rest eines über diesen Infinitiv geschriebenen ὡς δεῖ hält.

v. 969. εὔτυχον M. εὔτυχον Spanh. Dieses scheint auch der Scholiast gelesen zu haben: τὸ εἰπεῖν μυσαρόν τι κατὰ τῶν ξένων εὐχερές ἐστιν. Vermuthlich stand übrigens εὔστοχον. εὐπετές· εὐχερές. Hes.

v. 971 ff.

> ὑμᾶσ δ' ἐπαινῶ μὴ καταισχύνειν ἐμέ,
> ὥραν δ' ἐχούσασ τήνδ' ἐπίστρεπτον βροτοῖσ.
> τέρειν' ὀπώρα δ' εὐφύλακτοσ οὐδαμῶσ.
> ϑῆρεσ δὲ χηραίνουσι καὶ βροτοὶ τιμήν
> καὶ κνώδαλα πτεροῦντα καὶ παιδοστιβῆ. 1000.
>   (πεδοστιβῆ Rob.)
> καρπώματα στάζοντα χηρύσσει Κύπρισ
> καλωρα κωλύουσαν ϑωσ μέν$^{ειν}_{ην}$ ἐρῶ
> καὶ παρϑένων χλιδαῖσιν κ. τ. λ. — Med.

Es sind zu diesen vielfach verdorbenen und entstellten Versen mancherlei Verbesserungs-Vorschläge gemacht worden; indessen finden wir bei näherer Prüfung, dass alle Ausleger an den ϑῆρες und κνώδαλα, sowie an Κύπρις und ἐρῶ gescheitert sind. Es wird daher nöthig sein, die Stelle in ihrem Zusammenhange darzulegen, um für die Erklärung und Kritik neuen Boden zu gewinnen. Nachdem die Danaiden von ihren Verfolgern glücklich befreit sind, ermahnt sie der Vater, den Argivern für ihre gastliche Aufnahme und den ihnen gewährten Schutz zu danken. Alsdann bittet er sie dringend, Tugend und Unschuld zu wahren. Was nun die Ermahnungen des Vaters betrifft, so erinnert er selbst an die frühern Rathschläge, die er seinen Töchtern ertheilt hat. (991). Hiermit bezieht er sich auf die Rede, die er v. 176—204 (Dind.) an dieselben hielt, wodurch er sie besonders zur Demuth und Bescheidenheit ermahnt und ihnen empfiehlt, die Augen züchtig niederzuschlagen; denn ein frecher Blick ziemt keiner Jungfrau, wol aber erkennt man aus dem Funkeln der Augen das Weib, das die Liebe des Mannes erfahren hat, wie Aeschylus in den Toxotides fgt. 255 bei Herm. sagt:

$$νέας \ γυναικὸς \ οὐ \ με \ μὴ \ λάϑῃ \ φλέγων$$
$$ὀφϑαλμὸς, \ ἥτις \ ἀνδρὸς \ ᾖ \ γεγευμένη·$$
$$ἔχω \ δὲ \ τούτων \ ϑυμὸν \ ἱππο/γνώμονα.$$

Der Jungfrau aber geziemt Verschämtheit und ein ruhiger Blick. Ein Gegenstück zu diesen Ermahnungen bildet unsere Stelle. Gar leicht, sagt der Vater, erhebt sich wider den fremden Ankömmling die Lästerzunge. Darum ermahne ich euch, mir keine Schande zu bereiten, da ihr nunmehr zu dem Alter erblüht seid, das die Männer anlockt. — Sie sollen also züchtig und rein leben und sich hüten, ihre Jungfräulichkeit preiszugeben. Nun aber weiss Danaus, dass er seinen Töchtern eine schwere Pflicht auferlegt; denn nicht leicht ist die liebliche Frucht zu hüten. Ihr stellen die Thiere nach, geflügelte und vierfüssige und nach der Jungfrauen herrlichen Gestalten werfen die vorübergehenden Männer der liebetrunkenen Blicke Geschoss. So würde die Rede des Vaters im Zusammenhange lauten; denn es ist wol klar, dass jener Satz: $τέρειν' \ ὀπώρα \ δ' \ εὐφύλακτος \ οὐδαμῶς$ im Folgenden dadurch begründet wird, dass einmal die $ϑῆρεσ$ ihr nachstellen, sodann die Männer, welche sie voll Verlangen anschauen. Hermann scheint sich nun die $ϑῆρες$ an unserer Stelle nicht haben erklären zu können. Daher verändert er mit Wieseler $ϑῆρες$ in $ϑήραις$, indem er den Vers liest;

$$ϑήραις \ δὲ \ κηραίνουσί \ νιν \ βροτοί· \ τί \ μήν;$$

Der Sinn aber soll sein: arcere dicitur Venus congressum, quia etiam bestiae feminae, quum nondum maturae sunt, marem admittere detrectant. Abgesehen nun davon, was Welcker Rh. Mus. 1854 p. 185 bemerkt, »man begreife nicht, warum Danaus seine Töchter von diesem schwierigen Naturgesetze unterhalten solle.

das zu gewahren die Gelegenheit nicht so häufig sei, um die Jungfrauen füglich darauf hinweisen zu können, wenn es sonst schicklich wäre«; sind ja schon die Jungfrauen zum reifern Alter erblüht und es ist auch die Emendation in sofern unmöglich, weil jenes Wort im folgenden Verse vorausgesetzt wird, wo es in κνώ-δαλα πτερῶντα καὶ πεδοστιβῆ specialisirt wird, wie Burgard in seiner Dissertation über μέν und δέ p. 93 gegen die Schwerdt'sche Umstellung weiter ausführt. Daher ist zu untersuchen, ob sich nicht θῆρες rechtfertigen und erklären lässt. Θῆρες sind nun die götterentsprossenen, sagenhaften Gestalten der Urzeit, die halb Mensch, halb Thier waren. So nennt z. B. Aeschylus die Sphinx Sept. 558:

οὐδ᾽ εἰσαμεῖψαι θηρὸς ἐχθίστου δάκους
εἰκὼ φέροντα πολεμίας ἐπ᾽ ἀσπίδος.

In den Trach. bezeichnet Sophocles die Centauren häufig mit diesem Namen (v. 680, 576, 1164), die sonst auch in der Ilias und bei Pindar φῆρες heissen. Von den Satyrn heisst es Eur. Cycl. 620: σιγᾶτε πρὸς θεῶν, θῆρες, ἡσυχάζετε. Dass diese Wesen schönen Frauen und Jungfrauen nachzustellen pflegten, ist aus der Mythe bekannt. Der Centaur Nessus wollte der Deianira Gewalt anthun; ein Satyr bedrohte die Amymone (Apoll. 2, 1, 4.). Pasiphae gebar von einem Stier den Minotaurus; auch Jupiter nahte sich der Leda in Schwansgestalt, der Europa in der Gestalt eines Stieres. Mit Bezug hierauf lässt Aeschylus den Apollo von den Eumeniden sagen (v. 70)

ὕπνῳ πεσοῦσαι δ᾽ αἱ κατάπτυστοι κόραι,
Νυκτὸς παλαιαὶ παῖδες, αἷς οὐ μίγνυται
θεῶν τις οὐδ᾽ ἄνθρωπος οὐδὲ θήρ ποτε.

Er unterscheidet also hier die Beiwohnung der Weiber, die von einem Gotte, oder einem Menschen, oder einem Θήρ, d. i. einem jener Wesen, die halb Mensch, halb Thier sind, oder wenigstens in einem Thierkörper menschliche Neigungen haben. Auf ähnliche Weise sind auch die Verse in den Choephoren v. 595—601 zu verstehen:

ἀλλ᾽ ὑπέρτολμον ἀνδρὸς φρόνημα τίς λέγοι
καὶ γυναικῶν φρεσὶν τλαμόνων
παντόλμους ἔρωτας ἄταισι συννόμους βροτῶν;
συζύγους δ᾽ ὁμαυλίας
θηλυκρατὴς ἀπέρωτος ἔρως παρανικᾷ
κνωδάλων τε καὶ βροτῶν.

Aeschylus spricht hier von der Ausartung der Weiber, indem er zunächst die unnatürliche Liebe (ἀπέρωτος ἔρως) mancher zu den θῆρες erwähnt, indem sie die passenden Verbindungen verschmähen, wobei ihm die Pasiphae, Leda u. s. w. vorschweben mochten. Nur ist βροτῶν zweifelsohne corrupt. Da nun κνώδαλα hauptsächlich die auf der Erde wandelnden Thiere bedeutet, indem so besonders die Centauren genannt werden, so ist statt βροτῶν wohl πτερῶν zu lesen. Es ist nun hiernach wol klar, dass unsere oben gegebene Erklärung der Stelle θῆρες δὲ κτραίνουσι κ. τ. λ. »die Thiere aber beschädigen sie, sowohl die geflügelten Ungeheuer, als auch, die auf der Erde wandeln« nicht allein statthaft ist, sondern ganz den Aeschyleischen Anschauungen entspricht, zumal Danaus in der Zeit lebte, wo dergleichen κνώδαλα die Töchter der Menschen zu beunruhigen pflegten. In der That rechtfertigte ja auch die Zukunft die Besorgniss des Vaters: τέρειν' ὀπώρα δ' εὐφύλακτος οὐδαμῶς· und es erscheint hier die Herbeiziehung der κνώδαλα als eine vom Dichter beabsichtigte Anspielung auf das folgende Satyrspiel, wie Kruse Hik. p. 24 mit Recht bemerkt. — Wir sehen demnach, dass Hermann mit dem grössten Unrechte Wieseler folgte und θήραις schrieb. Dadurch aber, dass er die Stelle verkehrt auffasste, entstanden seine übrigen Irrthümer. Er glaubt nämlich, nach v. 1000 sei ein Vers ausgefallen; denn es sei undenkbar, dass, da die Vögel und die Vierfüssler erwähnt wurden, die Fische übergangen worden seien, zumal von einem Athenischen Dichter. Auch werde durch die Inconcinnität der Diction die Lücke angedeutet. Desshalb schiebt er folgenden Vers ein: καὶ νηκτὰ πάντως ἐστὶν ἁρπάζοντ' ἰδεῖν. Hermann vermengt hier Wahres und Falsches. Die Erwähnung der νηκτά ist völlig unstatthaft, da von derartigen Neigungen der Fische zu Weibern nichts weiter bekannt ist. Mit Recht verwirft auch daher Welcker die Herbeiziehung der Fische. (Rh. Mus. 1854, p. 185). Allerdings fehlt nun die Concinnität der Diction. Aber die Störung des Gedankenganges ist anderswo zu suchen. Streichen wir nämlich die beiden Verse 1000—1002: καρπώματα — ἐρῶ an dieser Stelle, so erscheint alles in schönster Ordnung; denn seine Behauptung τέρειν' ὀπώρα κ. τ. λ. begründet Danaus auf doppelte Weise: 1) die θῆρες stellen ihr nach und zwar die κνώδαλα πτερούντα und die πεδοστιβῆ; 2) suchen sie die sterblichen Männer zu gewinnen, indem er zugleich die Mittel angibt, deren sich diese bedienen, um ihren Zweck zu erreichen, nämlich die τοξεύματα ὀμμάτων. Es schliessen sich also die Worte καὶ κνώδαλα πτεροῦντα καὶ πεδυστιβῆ eng und naturgemäss an καὶ παρθένων χλιδαῖσιν an. Nachdem so durch das Ausstossen jener beiden Verse der unterbrochene Gedankenzusammenhang wieder hergestellt ist, bleibt uns noch übrig, die Corruptelen geringerer Art auszumerzen. Offenbar sind die Worte καὶ βροτοὶ τιμήν verdorben, da dieselben in keiner Weise erklärt werden können. Man könnte nun mit leichter Veränderung καὶ βροτῶν τιμήν lesen und τιμήν als gleichbedeutend mit γέρας auffassen, so dass es sich auf τέρειν' ὀπώρα bezöge; indessen scheint dem ganzen Gedankengange entsprechender zu sein, τιμήν in δίκην zu verwandeln, um das eigenthümliche der Vorstellung θῆρες δὲ χηραίνουσι zu mildern; statt καί schreiben wir mit Hermann νίν, um das Objekt zu χηραίνουσι zu gewinnen. Es bleibt uns nun noch übrig, die beiden Verse, welche wir von dieser Stelle entfernt haben, an ihren richtigen Ort zu stellen und zu emendiren. — Wenn auch der Vater Danaus seine Töchter mit Recht ermahnt, Tugend und Keuschheit zu bewahren, so kann er doch unmöglich gegen ein rechtmässiges Ehebündniss etwas einwenden. Denn eine Jungfrau, die unverehelicht bleibt, gleicht ja der Weinrebe, die ohne die stützende Ulme traurig am Boden hinschleicht und von niemand geachtet wird. — Ueberhaupt ist ja die Ehe die Grundidee des Stückes, die Ehe, welche gegenseitige Zuneigung schliesst. Derartig ist aber nicht der Bund, den die Aegyptiaden erstreben. Einmal verbietet ihn der Vater, dann aber fliehen die Töchter denselben, die ja immerfort zum Zeus flohen, sie vor der verhassten Ehe zu bewahren:

ὁ μέγας Ζεὺς ἀπαλέξαι
γάμον Αἰγυπτογενῆ μοι. (v. 1053).

Nur das Ehebündniss ist ihnen erwünscht, das Kypris schliesst und dem Eros zulächelt. Hierauf gehen die Worte des Chors von v. 1036 an. Jetzt aber soll sie frevelnder Raub in's Ehebett reissen, den allerdings der Götter schützende Obmacht gnädig abgewendet hatte; namentlich hatten sie diese Hilfe Kypris zu danken, der ehestiftenden Göttin, die an des Zeus Seite mit Hera vereint herrscht und den Mädchen, denen sie hold ist, die Verwirklichung der passenden Heirat als ersehntes Ziel von dem Vater der Götter und Menschen erfleht, wie sie ja auch vordem zu dem hohen Olymp aufstieg, um des Pandareos Töchtern der Vermälung Ziel zu erbitten:

εὖτ' Ἀφροδίτη δῖα προσέστιχε μακρὸν Ὄλυμπον
κούρης αἰτήσουσα τέλος θαλεροῖο γάμοιο
ἐς Δία τερπικέραυνον — Od. 20, 75.

Daher richten sie an diese liebreizende Göttin, die aber nur da
hold ist, wo Eros und Anteros verschwistert erscheinen, vorzüglich
ihre Bitten, sie auch fürderhin in ihren Schutz zu nehmen. — Da
nun der Zusammenhang zwischen der Rede des Vaters und dem
Chorgesange auf der Hand liegt, so sind sicherlich die oben erwähnten Verse auch nach dieser Beziehung hin zu erklären, wofür
aber auch die klarsten Indicien vorliegen. Wir haben hier ja die
Κύπρις und ἐρῶ, welches ursprünglich Ἔρῳ lautete und καλωρα
κωλύουσαν, welches sich offenbar auf den von Kypris verhinderten
Raub bezieht. Ehe wir aber zu dem einzelnen übergehen, müssen
wir über die ursprüngliche Stellung dieser Verse klar werden.
Unverkennbar ist nun die Beziehung zwischen ὑμᾶς δ' ἐπαινῶ und
κηρύσσει Κύπρις, ich heisse euch — Kypris befiehlt und es dürfte
wohl keine Frage sein, dass Κύπρις κηρύσσει κ. τ. λ. nur eine
weitere Ausführung des Befehles des Vaters ist. Daher schieben
wir die beiden Verse nach v. 997 ein (ὥραν . . . βροτοῖς). Wir
haben uns demnächst über die Form Ἔρῳ für Ἔρωτι zu rechtfertigen und dann noch einige naheliegende Verbesserungen an-
zureihen. Bekannt ist der Gebrauch der Form Ἔρος für Ἔρως bei
den Epikern; sie findet sich jedoch auch bei den Tragikern, jedoch
meistens nur im Nomin. und im accus. vgl. Soph. Electr. v. 198.
ἔρος ὁ κτείνας· Eur. Med. 152. τίς σοί ποτε τᾶς ἀπλάτου κοίτας
ἔρος. Hipp. 337. οἶον, μῆτερ, ἠράσθης ἔρον. v. 449. καὶ διδοῦσ'
ἔρον. So findet sich auch die Glosse bei Suidas Ἔρον· τὸν ἔρωτα
und v. Ἔρως· Ἀττικῶς δὲ ἀπὸ τοῦ ὁ ἔρος τοῦ ἔρου κλίνεται. Der
Dativ ἔρῳ findet sich Hom. Od. σ, 211. Ἔρῳ δ' ἄρα θυμὸν ἔθελχθεν
und den Gebrauch desselben bei den Tragikern documentirt die
Glosse bei Hesych. ἔρῳ· ἔχοντι, wofür zweifelsohne ἔρωτι zu lesen
ist, wie schon früher vermuthet wurde. Im Uebrigen sind nur
die Worte καλωρα κωλύουσαν θωσ stark corrumpirt; jedoch liegen
die Verbesserungen auf der Hand. Wenn wir nämlich bedenken,
dass Kypris es war, deren Hilfe die Danaiden ihre Rettung zu
verdanken hatten, so ist klar, dass statt καλωρα κωλύουσαν θωσ
zu lesen ist ἔλωρα κωλύουσα δ' ὡς μένειν Ἔρῳ. Denn die Silbe
κα in καλωρα ist wol nur Schreibfehler, der aus dem vorhergehenden κα-ρπώματα entstanden ist und keineswegs mit Schütz in
χάλωρα zu verändern. Nun kann aber der Vers κάρπώματα κ. τ. λ.

unmöglich ohne Verbindung mit dem vorigen stehen; daher haben wir die Stellung der beiden Verse zn ändern und übersetzen demnach die ganze Stelle:

Euch heiss' ich nun, mir zu bereiten keine Schmach,
Die ihr im Alter steht, das da die Männer lockt.
Sie, die den Raub verhindert, Kypris auch befiehlt,
Dass nur der Liebe bleib' bewahrt die reife Frucht.
Gar schwer zu hüten freilich ist die zarte Frucht:
Nach Menschen Art verderben sie die Thiere auch,
Vierfüss'ge Ungeheuer und geflügelte.

Ueber die Stellung des δέ in dem Verse ἐλ. κωλ. δ' ὡς vgl. Burgard p. 66 und über ὡς Suppl. 622 und Breitenbach zu Xenoph. Cyr. 1, 1, 2 und VI, 4, 16. Schliesslich will ich der Vollständigkeit wegen die bisherigen Emendationsversuche kurz zusammenstellen. Martin (p. 25) schreibt:

τέρειν' ὀπώρα δ' εὐφύλακτος οὐδαμῶς·
θεοί σφε χηραίνουσι καὶ βροτοί· τί μήν;
καὶ κνώδαλα πτεροῦντα καὶ πεδοστιβῆ
καρπώμαθ', ἃ στάζοντα χηρύσσει Κύπρις·
χάωρον ὤλεσ' ἄνθος ὃν μήνει' ἔρως.

»Et dii eam laedunt et mortales. Quid vero? etiam bestiae alatae et in solo incedentes laedunt fructum quem maturum Venus nuntiat. Vel immaturum florem perdit is, quem cupiditatis furor incendit.« Welcker möchte lesen καρπώμιτα στάζοντα χηρύσσειν Κύπρις χάλωρα κωλύουσ' ἄνθος μένειν ἐρᾷ, wenn ἄνθος nicht metrisch falsch wäre. Dindorf klammert die vier Verse θῆρες—ἐρῶ ein und liest, wie der M., ausser τί μήν; — πεδοστιβῆ. χάωρα κωλύουσαν ὡς μένειν ἐρῶ. Paley schreibt καρπώμαθ' ἃ στάζοντα χηρύσσει Κύπρις, χάωρα κωλύουσαν ὡς μένειν ὅρῳ., Ahrens χάλωρα κωλύουσ' ἂν ὡς μένειν ἐρῶ., Hartung τεμεῖν ... χάλωρα κωλύει σάθος μένειν Ἔρως., Weil wie Hermann ausser ὥραν κολούει χἄνθος οὐ μένειν ἐᾷ und zuvor mit Martin θεοί. Heimsoeth sagt folgendes: βοτὸν als Glosse von βοσχήματα scheint auch Hik. 999 angewandt zu sein, wenn dort überliefert ist: θῆρες δὲ χηραίνουσι καὶ βροτοὶ τιμήν, so scheinen die letzten Silben die disiecta membra des von der Glosse überschriebenen βοσχήματα zu sein und zu schreiben: θῆρές τε χηραίνουσι καὶ βοσχήματα καὶ κνώδαλα πτεροῦντα καὶ πεδοστιβῆ καρπώμαθ' ἃ στάζοντα χηρύσσει Κύπρις, ὥραν τ' ἀκωλύτως ὀρέπουσ' ἠνθισμένην, oder wie immer dieser unkenntlich gewordene Vers geheissen haben mag. ἐρῶ am Schlusse des

Verses wäre die Glosse ἔρως zu Κύπρις und nun erst folgt zu
dem τέ der Thiere das καί der Menschen.« — Einer Polemik im
Einzelnen glaube ich mich nach dem bisher Gesagten überheben
zu können.

v. 980. τόξευμ' — Vgl. Ag. 240. ὄμματος βέλει. 742. ὀμμάτων βέλος.

v. 982. νῦν ἐκληρώθη δορί M. οὔνεχ' ἡρέθη Heath. εἵνεχ'
Paley. »Quum οὔνεκα non patiatur, ut versum excidisse credamus,
exemplum hoc est audacissimi zeugmatis, de qua figura multi
incogitanter, cogitate Lobeckius scripsit ad Ai. v. 1035. Communis
notio sustinendi perferendique utrumque nomen regit.« Herm.
Schwerdt vergl. Anth. Pal. IX. 242 πόντου ἀροτρευτήρ. Callim. fgt.
436. Ovid. trist. I, 2, 76. vastum mutandis mercibus aequor
aro. Paley Eur. fgt. Sthen. IV. θάλασσα, τήν δ' ἀροῦμεν.

v. 984. οἰκήσεισ M. οἴκησις Rob. πάρα-πάρεστι.

v. 986. λατρῶν M. und Lobeck Prol. path. p. 401, λάτρων
Hermann. sine mercede, gratis Schütz. εὐπετῆ·»percommoda haec
sunt.« Eur. Phoen. 689.

v. 989—992. Antwort des Chors.

v. 990. οὔνεχ' M. εἵνεχ' Paley.

v. 991. εἰ γάρ τι μή θεοῖς M. Unnöthig Weil θεοῖς γάρ εἴ τι μή.

Gesang der hinausziehenden Chöre.

v. 993—1036.

Mit dem grössten Unrecht leugnen einige Kritiker die Betheiligung der Dienerinnen am Schlussgesange, wie Hermann und Enger.
Kruse gibt wenigstens soviel zu, dass die zweiten Vershälften re-
frainartig von den Dienerinnen wiederholt seien; indessen hat diese
Annahme auch nicht das Geringste für sich. Rossbach (de Eum.
antich. Vratisl. 1860 p. 8) vertheilt die einzelnen Strophen unter
Halbchöre, ohne sich über die Betheiligung der Dienerinnen weiter
auszusprechen; blos die letzten beiden Strophen lässt er den Gesammtchor singen nach folgendem Schema:

str. α' antistr. α'
A B
str. β' antistr. β'
A B
str. und antistr. γ'
AB AB
str. und antistr. δ'
Gesammtchor.

Alberti dagegen (de choro Suppl. p. 15), Haupt u. Droysen (Aeschyl. übers. Berlin 1868) nehmen an, dass die Dienerinnen mitgesungen hätten. In der That kann dieser Umstand auch in keiner Weise geleugnet werden. Wie will man v. 1022 (Dind.) ὑποδέξασθε δ᾽ ὀπαδοὶ μέλος anders erklären, als von dem Gesange der ὀπαδοί? Diesen Ausdruck aber von den Schwestern des zweiten Halbchores zu verstehen, ist unmöglich, da die Dienerinnen kurz vorher ὀπάονες genannt worden sind. Hierzu kommt, dass oben v. 976 die Danaiden in den unserem Canticum vorausgehenden Anapaesten die Dienerinnen auffordern, eine geordnete Aufstellung zu nehmen: τάσσεσθε φίλαι ὀμωίδες οὕτως ὡς ἐφ᾽ ἑκάστῃ διεκλήρωσεν Δαναὸς θεραποντίδα φερνήν. Kann man dieses erklären, wenn man nicht annimmt, dass hierdurch an die ὀπαδοί zugleich die Mahnung ergeht, sich an dem Auszugsliede zu betheiligen? Mit Recht weist nun Westphal (p. 28) die Ansicht Hermann's zurück, dieses sei per se indecorum, indem er auf die Choephoren verweist, »in denen der Chor der Dienerinnen als Vertreter des ethischen Momentes erscheint, der dem Orestes Rath und Aufmunterung zukommen lässt und ihm bei seinem zaudern die Gesetze der Blutrache vor die Seele führt.« Ganz dieselbe Stellung nehmen, wie Westphal weiter ausführt, in dem vorliegenden ἐξόδιον die ὀμωίδες ein, da sie ihre Herrinnen »zur weisen Mässigung, zur Unterordnung unter die Schranken, welche die Vorsehung dem Weibe bestimmt hat, zur Anerkennung der Macht der Aphrodite und zur Aufgebung subjektiven Eigenwillens ermahnen«. Somit steht wohl als unumstössliche Thatsache fest, dass die ὀμωίδες am Schlussgesange theilnahmen. Es fragt sich nun, wie wir das Lied unter die Danaiden und Dienerinnen zu vertheilen haben. Zunächst müssen wir die Schlusssyzygie (στρ. und ἀντ. δ᾽), die sich schon durch ihre metrische Form von dem Vorherigen unterscheidet, dem Gesammtchor der Danaiden zuschreiben, wie dieses auch von allen Kritikern geschehen ist. Es bilden diese Strophen ein feierliches Bittgebet zu Zeus, zu welchem die Jungfrauen durch die Ermahnungen ihrer Dienerinnen bewogen werden. — Dann können sich die Dienerinnen nicht an στρ. und ἀντ. α᾽ betheiligt haben. Dieses beweist der Inhalt dieser Strophen zur Evidenz. Nun weist aber der Bau dieser Partie klar und deutlich darauf hin, dass diese Strophen unter die Halbchöre der Danaiden zu vertheilen sind, wie dieses Rossbach vorgenommen hat. Der erste Halbchor A singt die Verse bis ὑποδέξασθε κ. τ. λ., der zweite B bis πσταμοὺς, *A* wieder bis ἐπίδοι und *B* bis Κύπριδος. Es bleiben demnach noch στρ. und ἀντ. β´, στρ. und ἀντ. γ´ übrig. Die richtige Vertheilung dieser beiden Syzygien nun unter die Danaiden und δμωΐδες ist ohne Zweifel von Westphal gefunden, dessen Ansichten ich durchaus beipflichte mit der einzigen Ausnahme, dass ich einen Vers umstelle, wie ich weiter unten näher begründen werde.

Zuerst zeigt Westphal, dass entsprechend den Halbchören der Jungfrauen auch zwei Halbchöre der Dienerinnen anzunehmen seien, die er mit *Γ* und *J* bezeichnet; hierfür zeugen Sinn und Interpunktion von στρ. β´. Dann weist er nach, dass die ganze στρ. β´. nur von den Dienerinnen gesungen wurde. Während nämlich in ἀντ. α´. die Danaiden die aufgezwungene Ehe zurückweisen »μή δ᾽ ὑπ᾽ ἀνάγκας γάμος ἔλθοι Κυθερείας«, fangen im Gegensatze hierzu die Dienerinnen ihren Gesang mit einer Schilderung der Macht und Herrlichkeit der Aphrodite an. In ἀντ. β´ fallen wieder die Danaiden ein, indem sie ihrem Unwillen gegen die ungestümen Freier lauten Ausdruck geben. Ihnen antworten die Halbchöre der Dienerinnen mit einer Mahnung zur demüthigen Unterwerfung unter des Zeus Beschluss. Die Vertheilung von στρ. und ἀντ. γ´ bietet keine weitere Schwierigkeit, wenn wir v. 1055 die richtige Stellung angewiesen haben. (Vgl. Westphal p. 28, 29.)

v. 993. μαχρὰσ θεοῦσ γανάεντεσ M. μάχαρες Stanley. γανάοντες Herm., weil vor der Partic. Endung εις kein kurzes α vorausgehen könne, wenn es nicht zum Stamme gehöre, wie in δαέντες, ἀέντες. — γανάσσαι· σμῆξαι, ἡδῦναι. Hesych.

v. 994. Der Erasinos, Fluss in Argolis, ergiesst sich in den Korinthischen Meerbusen. Vgl. Strabo VIII, 6. ἄλλος δὲ ποταμὸς Ἐρασῖνος ἐν τῇ Ἀργείᾳ ἐστίν. οὗτος δὲ τὰς ἀρχὰς ἐκ Στυμφάλου τῆς Ἀρκαδίας λαμβάνει, καὶ τῆς ἐκεῖ λίμνης τῆς καλουμένης Στυμφαλίδος, ἐν ᾗ ὄτὰς ρνις μυθολογοῦσι τὰς ὑπὸ τοῦ Ἡρακλέους τοξεύμασι καὶ τυμπάνοις ἐξελαθείσας, καὶ αὐτὰς καλοῦσι Στυμφαλίδας· δύντα δ᾽ ὑπὸ γῆν φασι τοῦτον τὸν ποταμὸν, ἐκπίπτειν εἰς τὴν Ἀργείαν καὶ ποιεῖν ἐπίρρυτον τὸ πεδίον· τὸν δ᾽ Ἐρασῖνον καλοῦσι καὶ Ἀρσῖνον.

v. 995. περιναίετε M. οἷς .. περιναίεται Schütz. περιναίονται Herm.

v. 996. ὑποδέξασθ᾽ ὀπαδοί M. Heath besserte.

v. 997. μένοσ M. μέλος Lucas Legrand. αἰνὸσ δὲ M. αἶνος δὲ Rob.

v. 198. πρὸσ χοὰσ M. προχοάς Rob.

— 193 —

v. 1000. πολύτεχνοι — Anspielung auf die oben hervorge-
hobenen Eigenschaften des Nils, die hier auf die Flüsse von Argos
übertragen werden. Vgl. Aesch. fgt. 320 (Ahrens).

v. 1001. μελίσσουντεσ M. Pauw besserte.

v. 1004. κυθερείασ M. Κυθέρειος G. Hart. Herm. τέλος Weil
nach Od. 20, 75 τέλος θαλεροῖο γάμοιο, indem er γάμος für die in
den Text eingedrungene Glosse hält.

v. 1004. στύγειον M. στυγερὸν Turn. στυγερῶν Herm. »ut
mos est, quod a se alienum esse cupiunt, inimicis imprecantur.«
Vgl. Prom. 864. τοιάδ᾽ ἐπ᾽ ἐχθροὺς τοὺς ἐμοὺς ἔλθοι Κύπρις.

v. 1005. δ᾽ fügte Pauw hinzu. θεσμός· ὁ τοῦ ἡμετέρου ὕμνου
νόμος. schol. Westphal bestreitet die Bedeutung von θεσμός =
μέλος, er erklärt es vielmehr als »Brauch, Sitte.« ὅδ᾽ dann =
ἡμέτερος, den wir vertreten, εὔφρων verständig.

v. 1008. δ᾽ αἱ φίλαι M. δὲ φίλᾳ Bothe. δὲ φίλαι Par.

v. 1009. πύθοσ τ᾽ οὐδέν M. ᾇ τ᾽ Wellauer. θεακτορι πιθοῖ M.
θέλκτορι Bothe. πειθοῖ Par. Vgl. Ag. 664 σωτήρ Eum. 319 πράκτορες.

v. 1010. ἁρμονια. ι μ. οἶρ᾽ M. ἡ Ἁρμονία μετέχει τῆς Ἀφροδίτας schol. Derselbe las also auch δέδοται δ᾽ Ἁρμονίᾳ μοῖρ᾽
Ἀφροδίτας. In dem Hymnus auf Apollo v. 194 wird die Har-
monia unter dem Gefolge der Venus erwähnt.

αὐτὰρ ἐϋπλόκαμοι χάριτες καὶ ἐΰφρονες Ὧραι,
Ἁρμονίη θ᾽ Ἥβη τε Διὸς θυγάτηρ τ᾽ Ἀφροδίτη.

v. 1011. ψεδυρα M. ψεδυραὶ Stanley, Herm. Vgl. Hor. Od.
I. 2. 34.

v. 1012. φυγάδες δ᾽ ἐπιπνοίαι M. φυγάδεσσιν Burges ἐπιπνοίας
Turn. Richtig versteht es Kruse von dem zornmüthigen Heran-
schnauben der Aegypter. Vgl. Sept. 343. μαινόμενος δ᾽ ἐπιπνεῖ.
Antig. 136. μαινομένᾳ ξὺν ὁρμᾷ βακχεύων ἐπέπνει. Hermann
schreibt ἐπιπνοίαις, welches »propter fugiendi consilium quod cepi-
mus« heissen soll. ἐπιπλοίας Haupt und Paley.

v. 1014. εὔπλοιαν ἔπραξαν· δέδοικα, ὅτι εὐπλοίας ἔτυχον, μὴ
καὶ τὸ τοῦ γάμου τύχωσι. schol. πράττειν = sibi comparare, nan-
cisci. Vgl. Prom. 49. Pind. Isthm. 4, 8. κλέος ἔπραξαν. Nem. 5,
36. πράξειν ἄκοιτιν. Eur. Or. 355. θεόθεν πράξας ἅπερ ηὔχου.
vergleicht. Hermann durchaus falsch ἔκπλοιαν, indem er irrig
ταχ. διωγμ. von der schnellen Abfahrt der ägypt. Flotte versteht
und meint : ex eo colligunt, mox maiore cum apparatu reditu-
ros esse.

v. 1015. Vgl. Cho. 103. Pind. Pyth. XII, 30. τό γε μόρσιμον οὐ

13

παρφυκτόν. — Das πεπρωμένον erscheint als etwas völlig Wesenloses und bezeichnet einfach dasjenige, was ist oder kommen wird, weil es einmal ist oder kommen wird. μόρσιμον bedeutet das von der Μοῖρα Bestimmte. Die Μοῖρα selbst aber ist bald von den Göttern gesendet, und speziell von Zeus, bald entscheidet sie ohne denselben die Geschicke der Sterblichen. An unserer Stelle ist das μόρσιμον mit dem Willen des Zeus identisch. Vgl. Steusl. a. a. O. p. 13. Stein, de articuli apud Pindarum usu. Vratisl. 1868 p. 39. Es sind übrigens alle diese Begriffe Reste von dem ursprünglichen Dualismus, der den indogermanischen Religionen zu Grunde liegt und welcher im Iranischen in dem Gegensatze von Ormuzd und Ahriman gipfelt.

v. 1016. παραβάτασ ἐστὶν M. παρβατός ἐστιν Askew.

v. 1016. ἀπέρατοσ M. ἀπέραντος »unbegränzt« Dind.

v. 1018. Westphal nimmt πέλοι als Wunschoptativ, indem er die Auffassung als potentialis mit fehlendem ἄν, welche Kruse vertheidigt, bestreitet. — Jedoch ist diese Ansicht nicht richtig. Die Dienerinnen können ihre Meinung bloss bedingt aussprechen, nämlich wenn es so der Wille des Zeus ist. Es ist eben die bange Ahnung der Zukunft, welcher die Dienerinnen hier Worte leihen. μετὰ πολλῶν γυναικῶν καὶ οὗτος τελεσθήσεται, so das unvollst. schol. — προτέραν M. προτερᾶν Bothe. Man könnte auch an πρόπαρ ἄν denken. Vgl. Suppl. 791. πρόπαρ θανούσας δ᾽ Ἀΐδας ἀνάσσοι. ποτέ γ᾽ ἄν Taube.

v. 1020. In Entgegnung auf die Worte der Dienerinnen flehen die Jungfrauen zu Zeus, die Ehe mit den Söhnen des Aegyptus von ihnen abzuwenden.

v. 1021. Hierauf sollen jene antworten τὸ μὲν ἄν βέλτατον εἴη. Dieses können sie aber nicht gesagt haben, da sie ihre Herrinnen zur weisen Mässigung und zur Unterwerfung unter des Zeus Willen ermahnen, wie aus der Gegenstrophe klar hervorgeht. Daher ist der folgende Vers σὺ δὲ θέλγοις κ. τ. λ. an diese Stelle zu setzen und den Dienerinnen zuzutheilen; ἄθελκτον beziehen wir dann auf Zeus. Was einmal beschlossen ist, kann durch keine Bitten abgewendet werden; denn Zeus ist ἄθελκτος, oder wie oben der Chor der Dienerinnen v. 1022 ff. sagt: ὅ τί τοι μόρσιμόν ἐστιν, τὸ γένοιτ᾽ ἄν. Διὸς οὐ παρβατός ἐστιν μεγάλα φρὴν ἀπέραντος. — θέλγεισ ἀνάθελκτον M. ἄν ἄθελκτον Steph.

v. 1022. Hierauf erwidern nun die Danaiden mit Beziehung auf ihre oben ausgesprochene Bitte τὸ μὲν ἄν βέλτατον εἴη. Dieses, nämlich die Abwendung des Ehebündnisses mit den Aegyptiaden, möchte wol das Beste sein.

v. 1023. Gewissermassen prophetisch und die kommenden Dinge vorausschauend antwortet der Chor der Dienerinnen: Du aber weist nicht, was bevorsteht. Was das Beste ist, weiss Niemand. Vgl. Virg. Aen. X, 501. Nescia mens hominum fati sortisque futurae. — σὺ δέ γε »tu vero saltem.«

v. 1024. φρεναδίαν M. φρένα δίαν Rob.

v. 1026. Augenscheinlich muss dieser Vers den Dienerinnen zugetheilt werden. Zu der Verbindung von μέτριον und καιρός vergleicht Paley Hesiod. O. et D. 694. μέτρα φυλάσσεσθαι· καιρὸς δ᾽ ἐπὶ πᾶσιν ἄριστος und Pind. Ol. XIII, 47. ἕπεται ἐν ἑκάστῳ μέτρον· νοῆσαι δὲ καιρὸς ἄριστος.

v. 1028. ἀγάζειν — gewöhnlich aegre ferre erklärt nach Hesych. ἀγάζει· ἀγανακτεῖ, βαρέως φέρει, besser Weil »vorwitzig ausforschen« nach dem schol. λίαν ἐξετάζειν. Die beiden letzten Strophen singt der Chor der Danaiden. Unter den Klängen dieses Bittgesanges verlassen sie die Bühne. An eine Betheiligung der Dienerinnen ist bei diesen beiden Strophen nicht zu denken.

·,v. 1029. ζεῦ . . . γάμου M. γάμον Par. Ζεὺς . . . γάμον Rob. ἀποστρέψοι μοι Hartung.

v. 1031. κατασχέθων M. καταστροφάν Herm. κατάσχετον . . . κτίσας i. e. κατασχεθών, welches die in den Text gedrungene Erklärung sein soll. Weil. Paley behält mit Recht κατασχεθών bei = παύσας αὐτήν. Der folgende Participialsatz drückt dann den Erfolg aus.

v. 1034. καί τε M. καὶ τὸ Rob. ἡδέως ἔχω τὸ δίμοιρον τῶν κακῶν σὺν ἑνὶ ἀγαθῷ. ὅ ἐστι τῇ ἀπαλλαγῇ τοῦ γάμου. schol., wo Pind. Pyth, 3, 145 zitirt wird. Der Chor ist also mit dem δίμοιρον zufrieden. — Zu dem vorh. τὸ βέλτερον κακοῦ vergl. Stanley Cic. de off. III, 1. non solum ex malis eligere minima oportere, sed etiam excerpere ex his ipsis, si quid inesset, boni. Il. XVII, 105. κακῶν δέ κε φέρτατον εἴη. Arist. Eth. II, 9. Τῶν μὲν ἀγαθῶν ἀεὶ τὸ μέγιστον, τῶν κακῶν δὲ τοὐλάχιστον αἱρεῖσθαι.

v. 1035. δίκα δίκασ M. δίκᾳ δίκας Burges.

v. 1035. Kruse verbindet richtig λυτηρίοις mit εὐχαῖς, wozu er Soph. El. 622. λυτηρίους εὐχάς vergleicht.

v. 1036. μηχαναῖς θεοῦ πάρα — nämlich des Zeus.

Anhang.

A. Literatur.

Die von mir in der Einleitung benutzte Literatur habe ich an den betreffenden Stellen vollständig mitgetheilt. Nachzutragen wären noch: 1) W. Dindorf »über die mediceische Handschrift des Aeschylus« I. Artikel Philol. XVIII. 2. u. 3. Artikel Philol. XX. 3. Artikel, 2. Theil Philol. XXI. 2) Hugo Weber, Untersuchungen über das Lexikon des Hesychius. Philol. III. Suppl. Bd. p. 451—623. Was den Commentar anlangt, so kann ich die dort berührten Ausgaben als bekannt voraussetzen. Nach G. Hermann's Aeschylus (Berlin 1852) erschienen, um dieses kurz zu berühren: 1) Hartung, Danaiden. Leipzig 1854. 2) Paley, Aeschylus. London 1855. 3) Schwerdt, Hiketiden. Berlin 1858. 4) Kruse, Hiketiden. Stralsund 1861. 5) Dindorf, Aeschylus. V. Auflage. Leipzig 1865. 6) Weil, Supplices. (Die wichtigste Ausgabe). Giessen 1866. Die Abkürzungen, welche ich angewendet habe, sind die hergebrachten. (Vgl. die Ausgaben von Schütz, Halle 1809. vol. I. p. I—VIII. und G. Hermann). Von den Ausgaben vor Hermann sind ausser der schon erwähnten von Schütz und den Ausgaben Schaefer's und Dindorf's noch zu nennen: 1) S. Butler ed. Cantabr. 1809—1815. Diese Ausgabe enthält die Collation des Med., welche 1715 Salvinius, Professor in Florenz, für P. Needham, der eine neue Ausgabe des Aeschylus beabsichtigte, anfertigte; nach dessen Tode kam die Collation in die Hände von A. Askew und darauf in den Besitz Butler's (Vgl. tom. VIII. p. III.). 2) A. Wellauer, Leipzig 1823. 3 Bd. 3) C. G. Haupt, Supplices. Lipsiae 1829. Es finden sich hier nebst einer Auswahl aus den Noten von Burges auch die Scholien. — Die beste Ausgabe der Scholien ist die von Dindorf (Aeschyl. tragoed. superst. tom. III. Oxoniae 1851) Manche Specialforschungen hatte ich schon während meiner Studienzeit in Breslau Gelegenheit zu vergleichen. Einzelne treff-

liche Notizen zu einigen Versen der Supplices verdanke ich einer
zu jener Zeit erfolgten Mittheilung meines, leider zu früh für die
Wissenschaft verstorbenen Freundes N. Stenzel, wie ich dieses im
Commentare näher bemerkt habe. Verschiedenes ist mir erst durch
Auszüge in Zeitschriften, nam. im Philologus, und bei andern bekannt geworden. Hier konnte ich bei der Ausarbeitung des Commentars noch folgende Spezialarbeiten benutzen: 1) Hoche, Versuch
einer Darstellung der Irren der Io. Aschersleben 1835. Pr. 2)
Tittler, Coniectanea in Aeschyl. Supplices. Brieg 1840 Pr. 3) Marckscheffel, de emend. fab. Aeschyl., quae Supplices inscribitur. Hirsch-
berg 1841. Pr. 4) Noeggerath, de Aeschyl. Supplicibus. Arns-
berg 1844. Pr. 5) J. Sommerbrodt, de Aeschyli re scenica I.
Liegnitz 1848. Pr. II. Liegnitz 1851. Pr. III. Anclam 1858. Pr.
6) Schulze, de imaginibus et figurata Aeschyli elocutione. Hal-
berstadt 1854. Pr. 7) Todt, de Aeschyl. verborum inventore comm.
Halle 1855. Pr. 8) Dindorf, Aeschyl. Chorges. Philol. XII. 1857.
9) Enger, zur Exodus der Antigone des Sophocles und zum Doch-
mius (II. Stasimon der Supplices, dem er logaödischen Rhythmus
vindiciren will). Philol. XII. 1857. 10) E. Wentzel, über die sog.
absolute Partizipialconstruction der griechischen Sprache. Glogau
1857 C. Flemming. 11) Dindorf, Aeschyl. Chorges. Philol. XIII. 1858.
12) Martin, de aliquot locis Aeschyl. Suppl. etc. Posen 1858 Pr. 13)
Herausgeber der Gothaer Eumeniden, Kritisches zu Aesch. Suppl.
Rh. Mus. XIII. 1858. 14) Martin, zu Aeschyl. Suppl. v. 959. Rh. Mus.
XIII. 1858. 15) M. Schmidt, Rez. von Schwerdt, Supplices. Jahn's
Jahrb. 1859. 16) M. Schmidt, Aeschyl. Suppl. v. 463. ibid. 1859.
17) M. Schmidt, parerga critica (Suppl. 201, 426 ff.) Philol. XIV,
1859. 18) H. Petri, comm. de Aesch. Suppl. stasimo primo (gemeint ist die Parodos) I. Herford 1860 Pr. 19) W. Hoffmann,
Aesch. u. Herod. über den φϑόνος der Gottheit. Philol. XV. 1860.
20) Schmidt, de glossem. in Aesch. fab. ambitu. Demmin 1860 Pr.
21) A. Rossbach, de Eum. antich. commentatio. Vratislav. 1860 Pr.
22) Meffert, quaest. criticae in Suppl. Aeschyli Vratisl. 1861. 23)
Häcker, zur Hiketiden—Parodos. Zeitschr. f. d. Gymnasialw. 1861.
24) Proske, de enunc. final. apud tragicos usu et ratione. Vratisl.
1861 (diss.) 25) M. Burgard, de legibus, quibus in fabulis Aeschyl.
enunciata vincta sint. Vratisl. 1861. (diss.) 26) R. Peiper, Gymn.
Hirschbergensi .. gratul. (Suppl. 776—910) Vratisl. 1862. 27) A.
Meineke, kritische Bemerkungen über Aeschylus (p. 240—246.
Suppl. — Bemerkenswerth sind noch v. 324 μέγ' statt μέν v. 384.

εἴ πού τι κἄμοιτον τύχοι nach Hesych. ἄμοιος· κακός· Σικελοί, wofür er ἄμοιτος vermuthet.) Philol. XIX. 1862. 28) M. Lincke, Symb. critic. ad Aesch. Suppl. Jahn's Jahrb. 1863. 29) A. Meineke, Bemerkungen über Aeschylus. Philol. XX. 1863. (p. 99—70 Suppl.) 30) F. Sudhaus, de Aeschyli stichom. Treptow 1864 Pr. 31) M. Schmidt, zu Aeschyl. Suppl. Rh. Mus. XIX. 1864. 32) Tittler, zu Aeschylus (Suppl. 95 ff.). Jahn's Jahrb. 1865. 33) Romahn, Quaest. Aeschyl. Roessel 1866 Pr. 34) B. Steusloff, Zeus und die Gottheit bei Aeschylus. Lissa 1867 Pr. 35) C. Badham, adn it. Aeschyl. Philol. XXV. (Suppl. 61). 36) J. Rumpel, die Auflösungen im Trimeter bei Aeschylus und Soph. Phil. XXV. 37) L. Schmidt, zur Kritik des Aeschylus. ibid. XXV. (Suppl. 486. 514. ἀεὶ δ᾽ ἀνατόν ἐστι δεῖμ᾽ ἐξαισίων.) 38) W. Hamacher, de anapaesto in trim. Aeschyl. Trier 1867. Pr. 39) Menzel, quaest. Aeschyl. Breslau 1868 Pr. 40) M. Schmidt, in Aeschyl. Suppl. v. 162—167. Jahn's Jahrb. 1868. Während des Druckes endlich kamen mir folgende Werke zu Gesicht: 1) Rossbach und Westphal, Griechische Metrik II. Theil, 2. Auflage. Neu bearbeitet von R. Westphal. Leipzig 1868. Ich habe diese zweite Auflage an einzelnen Stellen des Commentars noch benutzen können. 2) J. H. Schmidt, die Eurhythmie in den Chorgesängen der Griechen. Text und Schemata sämmtlicher Chorika des Aeschylus u. s. w. Leipzig bei F. C. W. Vogel 1868. — Schmidt äussert hier p. 306 die Ansicht, dass die schwierigen und bis jetzt noch nicht geheilten Partien des Wechselgesanges zwischen Chor und Herold in den Supplices vermuthlich ägyptische Worte enthalten hätten. Denselben Gedanken habe ich seit Jahren verfolgt, ohne dass es mir bis jetzt gelungen wäre, mit Evidenz Aegyptisches nachzuweisen. ·Ich wurde zu meiner Annahme durch das öfters wiederholte βάρις geführt, welches Wort von Aeschylus doch wohl mit Bewusstsein seines ägyptischen Ursprunges (bari gen. fem. Nilschiff) gebraucht worden ist. Dann weist der Ausdruck »Stadt der Frommen« (πόλιν εὐσεβῶν) v. 852, welche Worte nur im Munde des Heroldes einen Sinn haben, auf eine genauere Bezeichnung dieser offenbar ägyptischen Stadt hin, welche vorhergehen musste. Diese Angabe schienen mir die Zeichen ἡσυδουπια τάπιτα zu enthalten, die, man mag sie zusammenstellen, wie man will, aus dem Griechischen wohl schwerlich erklärt werden können. Τάπιτα aber deutete ich »nach Tape (Theben).« Indessen bin ich, wie gesagt, mit diesen meinen Versuchen zu keinem befriedigenden Resultate gekommen. Vielleicht sind andere glück-

licher. τὸ δὲ ζητούμενον ἁλωτόν· ἐκφεύγει δὲ τἀμελούμενον (Soph.).
3) L. Schmidt, die Wiederholungen bei Aeschylus, Zeitschr. f. d.
Gymnasialw. 1868. p. 647 ff. Endlich erschienen 4) die Prolegomena zu Aeschylus von R. Westphal. Leipzig bei B. G. Teubner
1869, in denen p. 154—161 die Parodos behandelt wird. — In
den Nachträgen bin ich auf diese neuesten Erscheinungen, soweit
sie den Text der Supplices berühren, eingegangen. —

B. Verzeichniss der verbesserten Stellen mit Ausschluss der
Supplices.

				Pag.
Aeschyl.	Dan.	. . . . fgt.	44	5
,,	Pers.	. . . . v.	93 ff. . . .	37
,,	,,	. . . . v.	117	36
,,	,,	. . . . v.	134	33
,,	,,	. . . . v.	616	38
,,	Septem.	. . v.	392	35
	ctr. Theb.			
,,	,,	. . . . v.	763	32
,,	Choeph.	. . v.	484	33
,,	,,	. . v.	601 . . .	185
,,	Eumen.	. . v.	259	34
,,	,,	. . v.	783	35
Schol. zu Aesch.	Pers.	v.	34 (37).	28
,,	,,	v.	97 (95).	29
,,	,,	v.	131	29
,,	,,	v.	232	29
,,	,,	v.	316	29
,,	,,	v.	384 (378).	29
,,	,,	v.	419	29
,,	,,	v.	437	29
,,	,,	v.	571 (568).	29
,,	,,	v.	577 (558).	29
,,	,,	v.	641 (642).	29
,,	,,	v.	618	29
,,	,,	v.	858	29
,,	,,	v.	894	29
,,	,,	v.	900 (864).	29
,,	,,	v.	922	29
,,	,,	v.	923 (924).	29
,,	,,	v.	926	29
,,	Sept. ctr.	v.	3	13
	Theb.			
,,	,,	v.	4	13

			Pag.
Schol. zu Sept. ctr.	v.	7	13
,, ,,	v.	10	30
,, ,,	v.	421	30
,, ,,	v.	494	30
,, ,,	v.	581	30
,, ,,	v.	745	30
,, ,,	v.	773	30
,, ,,	v.	933	30
,, ,,	v.	937 (933).	30
,,	Choeph.	v.	42	30
,, ,,	v.	75	30
,, ,,	v.	506	30
,, ,,	v.	512	30
,, ,,	v.	602	31
,, ,,	v.	644	31
,, ,,	v	676	31
,, ,,	v.	777	31
,, ,,	v.	791	23
,, ,,	v.	804	31
,, ,,	v.	842 (843).	31
,,	Eumen.	v.	167	31
,, ,,	v.	535	31
,, ,,	v.	582	31
,, ,,	v.	604	31
,, ,,	v.	682 (687).	31
,, ,,	v.	689	31
,, ,,	v.	741	31
,, ,,	v.	783	35
,,	Prom.	v.	328 (316).	31
,, ,,	v.	472	31
Aristophan. Byz. fgt. 28 ed. Nauck			18
Suidas s. v. Δίδυμος			21
,, s. v. Ἡρακλείδης Ποντικός			24

C. Nachträge.

v. 8. ἀλλ᾽ αὐτογενεῖ, τὸν φυξάνορα Tittler. v. 43. Ζηνός —
ἔφαψιν ἐπωνυμίᾳ δ᾽ ἐπεκραίνετο μόρσιμος αἰὼν εὐλόγως, Ἔπαφόν
τ᾽ ἐγέννασεν —, H. Schmidt. Ζηνός — ἐφάψει ἐπωνυμίᾳ δ᾽ κ. τ. λ.
εὐλόγως, Ἔπαφον δ᾽ ἐγέννασεν — Westph. v. 68. ὕβριν δ᾽ ἐτύμως
στυγοῦντες, οὐ πέλοιτ᾽ ἂν ἔκδικοι νόμοις. H. Schmidt. οὐ πέλοιτ᾽ ἂν
ἔνδικοι γάμοις; Westph. v. 71 βωμὸς Ἄρης, H. Schmidt, Westph.
v. 73. εὖ θείη Διὸς, εὖ παναληθῶς Διὸς ἵμερος· οὐκ εὐθήρατος ἐτύχθη.
Tittler, Westph. — ἵμερος, welches Westphal von der Liebe des
Zeus zur Io versteht, fasst Tittler richtig als βουλή. Im Allgemeinen bezeichnet das Wort jede Richtung des Willens und kann
mit »Verlangen, Wunsch« übersetzt werden, wie z. B. Choeph. 299
πολλοὶ γὰρ εἰς ἓν συμπίτνουσι ἵμεροι, im Besondern dann »Begierde
nach Liebesgenuss, Liebesverlangen«, wie Suppl. 1005. ἱμέρου νικώμενος. v. 77. δάσκιοί τ᾽ ἀεὶ und in der antistr. κἂν σκότῳ μελαίνας
ξυντυχίας Westph. v. 97. κέντρον ἔχων, ἄφυκτον ἄτας δ᾽ ἀπάταν
μεταγνούς. Westph. v. 99. strophe und antistr. ς᾽ werden von Westph.
umgestellt. Für die Metakatatropa bestimmt derselbe ἀντ. ε᾽ und
στρ. ς᾽ (handschr. ἀντ. ς᾽) bis zum Refrain, für die Sphragis den
Refrain von στρ. ς᾽ und ἀντ. ς᾽. Mit στρ. ζ᾽ lässt er den Epilogus
beginnen. Ich bin, wie im Commentar angegeben ist, Steusloff
gefolgt (Zeus und die Gottheit u. s. w. p. 33), mit der Ausnahme,
dass ich ἀντ. ς᾽, welche jener zum Epilogus rechnet, zur Sphragis
zähle. — τοιαῦτα μέλεα, πάθεα θρεομένα λέγω Westph. v. 112.
ποῖ τόδε κῦμ᾽ ἐπάξει; Westph. Vielleicht ist zu schreiben: ποῖ τόδε
κῦμά μ᾽ ἄξει; v. 114. κάρβανον δ᾽ αὐδὰν Haupt ἱλέομαι μέν σ᾽ Ἀπίαν
βοῦνιν, κάρβανον αὐδὰν εἰ κοεῖς H. Schmidt. βοῦνιν. (κάρβανον
δ᾽ αὐδὰν, εὖ, γᾶ, κοννεῖς;) Westph. Die Form καρβάναν habe ich,
obwohl sich Agam. 1061 καρβάνῳ χειρί findet, aus folgenden Gründen
beibehalten. Zunächst ist die Femininform nach Analogie der
übrigen Adjektive unbedenklich; dann ist ja der Gebrauch der
Adjektive so schwankend, dass dasselbe Wort bei einem und demselben Schriftsteller abwechselnd als adiect. 2er oder 3er Endungen
vorkömmt. (Krüger, Gr. Gr. 22, 3. Anm.) Wenn aber irgendwo,
so wird an unserer Stelle durch die Handschriften sowohl, wie
durch das Versmass die Femininform angezeigt. Das καρβάνα δ᾽
(καρβὰν ἁδ᾽ αυδαν antistr.) kann nichts anderes sein, als καρβάναν.
Ein δέ können wir hier nicht gebrauchen; Δ des Med. ist aus Ν
corrumpirt. Augenscheinlich hat aber der Dichter mit Absicht

die volltönenden Formen χαρβάναν αὐδάν zusammengestellt. v. 124. πατὴρ ὁ παντόπτας Westph. Den Artikel tilgte schon Tittler. v. 127. ἢ ἢ ἢ ἢ Westph. v. 134. ἀδμῆτας ἀδμήτα Westph. v. 148. μαστίκτειρ᾽ Haupt aus dem Scholion μαστιγωτική. v. 150. οὐρανονίκου Haupt aus dem Schol. Endlich ist noch zu bemerken, dass Westphal die Schlusspartie von στρ. ϛ´ an unter Halbchöre vertheilt, so zwar, dass den ersten Theil der jedesmaligen Strophe der eine Halbchor, den Refrain der zweite singt. (Vgl. auch Metrik II. p. 308) v. 261. ἔχων δ᾽ zuerst von Tittler vorgeschlagen. v. 308. ἀφθόνῳ Med. ἀφώνω oder ἀφώνωι Guelf. und Esc. nach Dind. Philol. XVIII. a. 1862 p. 59. v. 935 und 937. L. Schmidt findet das doppelte πάρεστιν bedenklich, wie vorher schon Schütz, Paley, Hermann. — Mir scheint nun wahrscheinlich, dass v. 932 umzustellen und die ganze Stelle von v. 931 an folgendermassen zu lesen sei: καὶ δώματ᾽ ἐστὶ πολλὰ μὲν τὰ δήμια, | εἰ θυμός ἐστιν εὐτύχους ναίειν δόμους | πολλῶν μετ᾽ ἄλλων· εἰ δέ τις μείζων χάρις, | πάρεστιν οἰκεῖν καὶ μονορρύθμους δόμους· | δεδωμάτωμαι δ᾽ οὐδ᾽ ἐγὼ σμικρῷ χερί. | τούτων τὰ λῷστα κ. τ. λ.

Druckfehler.

P. 10. Z. 3. l. gewaltthätig p. 13. Z. 19. l. κυβερνήτην p. 15. Z. 11. l. Quint. Z. 2. v. u. l. καὶ p. 20, Z. 4. v. u. l. περισσοὶ p. 25. Z. 2. l. Thesmoph. p. 36. Z. 12. l. στρατεύματος p. 37. Z. 12. l. πύθηταί p. 39. Z. 14. l. Vratisl. p. 45. v. 74. l. Δὼς p. 46. v. 109. l. καλῶ, p. 47. v. 136. l. σπέρμα p. 60. v. 395. l. κήρυξ p. 86. Z. 15. l. φλυξανορίαν p. 91. Z. 5. l. οὕτως p. 94. Z. 13. l. ἐπέκραινε p. 102. Z. 9. v. u. l. besinge p. 117. Z. 30. l. των p. 128. Z. 2. v. u. l. εἶπωντι p. 131. Z. 18. l. iamque" p. 144. Z. 5. l. εἰσίκνουμένου p. 146. Z. 20. l. ἄθικτον p. 163. Z. 1. l. οἴχομαι φόβῳ p. 165. Z. 10. v. u. l. δίκαια) σέβεσθαι. p. 178. Z. 29 l. Wechselgesanges p. 192. Z. 10. v. u. l. τὰς ὄρνις.

www.ingramcontent.com/pod-product-compliance
Lightning Source LLC
Chambersburg PA
CBHW030832270326
41928CB00007B/1022